江西省社会科学规划重点项目"基于县域义务教育优质均衡发展视域的乡村教师教学胜任力研究"（17JY01）、江西省教育科学规划重点课题"城乡义务教育一体化视域下乡村教师专业核心素养测评与提升路径研究"（19ZD017）和江西省2011协同创新中心招标课题"教师质量模型与测评研究"（JXJSZLA01）的成果。

中小学教师
教学胜任力实证研究

何齐宗 等著

中国社会科学出版社

图书在版编目(CIP)数据

中小学教师教学胜任力实证研究 / 何齐宗等著. —北京：中国社会科学出版社，2020.8
ISBN 978-7-5203-6584-0

Ⅰ.①中⋯　Ⅱ.①何⋯　Ⅲ.①师资培养—研究—中国　Ⅳ.①G451.2

中国版本图书馆 CIP 数据核字(2020)第 092832 号

出 版 人	赵剑英
责任编辑	许　琳
责任校对	刘　娟
责任印制	郝美娜

出　　版	中国社会科学出版社
社　　址	北京鼓楼西大街甲 158 号
邮　　编	100720
网　　址	http://www.csspw.cn
发 行 部	010-84083685
门 市 部	010-84029450
经　　销	新华书店及其他书店

印刷装订　北京君升印刷有限公司
版　　次　2020 年 8 月第 1 版
印　　次　2020 年 8 月第 1 次印刷

开　　本　710×1000　1/16
印　　张　20
插　　页　2
字　　数　306 千字
定　　价　118.00 元

凡购买中国社会科学出版社图书，如有质量问题请与本社营销中心联系调换
电话：010-84083683
版权所有　侵权必究

目　　录

第一章　小学语文教师教学胜任力研究 …………………………… (1)
第一节　研究的背景、意义与方法 ………………………… (1)
　　一　研究背景 ………………………………………………… (1)
　　二　研究意义 ………………………………………………… (3)
　　三　研究方法 ………………………………………………… (4)
第二节　小学语文教师教学胜任力的调查与分析 ………… (4)
　　一　调查的设计 ……………………………………………… (4)
　　二　调查的实施 ……………………………………………… (6)
　　三　调查的对象 ……………………………………………… (6)
　　四　调查的结果 ……………………………………………… (8)
第三节　小学语文教师教学胜任力的影响因素 …………… (24)
　　一　教研组织 ………………………………………………… (24)
　　二　教师培训 ………………………………………………… (26)
　　三　文献阅读 ………………………………………………… (29)
　　四　教学借鉴 ………………………………………………… (32)
　　五　教学研究 ………………………………………………… (33)
　　六　教学压力 ………………………………………………… (35)
第四节　结论与建议 ………………………………………… (36)
　　一　基本结论 ………………………………………………… (36)
　　二　主要建议 ………………………………………………… (38)

第二章　小学数学教师教学胜任力研究 …………………………… (41)
第一节　研究的背景、意义与方法 ………………………… (41)
　　一　研究背景 ………………………………………………… (41)
　　二　研究意义 ………………………………………………… (42)

三　研究方法 …………………………………………… (43)

第二节　小学数学教师教学胜任力的调查与分析 ………… (43)
　　一　调查的设计 …………………………………………… (43)
　　二　调查的实施 …………………………………………… (44)
　　三　调查的对象 …………………………………………… (44)
　　四　调查的结果 …………………………………………… (46)

第三节　小学数学教师教学胜任力的影响因素 …………… (79)
　　一　教研组织 ……………………………………………… (79)
　　二　教师培训 ……………………………………………… (83)
　　三　文献阅读 ……………………………………………… (87)
　　四　教学借鉴 ……………………………………………… (94)
　　五　教学研究 ……………………………………………… (97)
　　六　教学压力 ……………………………………………… (100)

第四节　结论与建议 ………………………………………… (101)
　　一　基本结论 ……………………………………………… (101)
　　二　主要建议 ……………………………………………… (105)

第三章　中小学英语教师教学胜任力研究 ……………… (108)

第一节　研究的背景、意义与方法 ………………………… (108)
　　一　研究背景 ……………………………………………… (108)
　　二　研究意义 ……………………………………………… (109)
　　三　研究方法 ……………………………………………… (110)

第二节　中小学英语教师教学胜任力的调查与分析 ……… (110)
　　一　调查的设计 …………………………………………… (110)
　　二　调查的实施 …………………………………………… (111)
　　三　调查的对象 …………………………………………… (111)
　　四　调查的结果 …………………………………………… (113)

第三节　中小学英语教师教学胜任力的影响因素 ………… (132)
　　一　教研组织 ……………………………………………… (132)
　　二　教师培训 ……………………………………………… (134)
　　三　文献阅读 ……………………………………………… (136)
　　四　教学借鉴 ……………………………………………… (137)

五　教学压力 ……………………………………………… (141)
　第四节　结论与建议 ………………………………………… (142)
　　一　基本结论 ……………………………………………… (143)
　　二　主要建议 ……………………………………………… (145)

第四章　乡村教师教学胜任力研究 ………………………… (148)
　第一节　研究的背景、意义与方法 ………………………… (148)
　　一　研究背景 ……………………………………………… (148)
　　二　研究意义 ……………………………………………… (150)
　　三　研究方法 ……………………………………………… (150)
　第二节　乡村教师教学胜任力的调查与分析 ……………… (151)
　　一　调查的设计 …………………………………………… (151)
　　二　调查的实施 …………………………………………… (152)
　　三　调查的对象 …………………………………………… (152)
　　四　调查的结果 …………………………………………… (156)
　第三节　乡村教师教学胜任力的影响因素 ………………… (187)
　　一　教研组织 ……………………………………………… (188)
　　二　教师培训 ……………………………………………… (195)
　　三　文献阅读 ……………………………………………… (203)
　　四　教学借鉴 ……………………………………………… (216)
　　五　教学研究 ……………………………………………… (221)
　　六　教学压力 ……………………………………………… (223)
　第四节　结论与建议 ………………………………………… (226)
　　一　基本结论 ……………………………………………… (226)
　　二　主要建议 ……………………………………………… (228)

第五章　高中教师教学胜任力研究 ………………………… (232)
　第一节　研究的背景、意义与方法 ………………………… (232)
　　一　研究背景 ……………………………………………… (232)
　　二　研究意义 ……………………………………………… (233)
　　三　研究方法 ……………………………………………… (233)
　第二节　高中教师教学胜任力的调查与分析 ……………… (234)
　　一　调查的设计 …………………………………………… (234)

二　调查的实施 …………………………………………（235）
　　三　调查的对象 …………………………………………（235）
　　四　调查的结果 …………………………………………（238）
第三节　高中教师教学胜任力的影响因素 ………………（268）
　　一　教研组织 ……………………………………………（268）
　　二　教师培训 ……………………………………………（273）
　　三　文献阅读 ……………………………………………（279）
　　四　教学借鉴 ……………………………………………（290）
　　五　教学研究 ……………………………………………（295）
　　六　教学压力 ……………………………………………（298）
第四节　结论与建议 …………………………………………（300）
　　一　基本结论 ……………………………………………（300）
　　二　主要建议 ……………………………………………（303）

附录　中小学教师教学胜任力调查问卷 …………………（306）
后记 …………………………………………………………（313）

第一章　小学语文教师教学胜任力研究

本章研究的是小学语文教师教学胜任力问题。首先简要介绍小学语文教师教学胜任力研究的背景、意义与方法；其次阐述小学语文教师教学胜任力研究的设计、过程与结果；再次分析影响小学语文教师教学胜任力的因素；最后对小学语文教师教学胜任力的现状进行概括，并在此基础上提出提升小学语文教师教学胜任力的对策建议。

第一节　研究的背景、意义与方法

一　研究背景

我国的义务教育包括小学教育和初中教育两个阶段。小学教育作为义务教育的第一阶段，意义十分重大，是培养全面发展的人的基础阶段。提高小学教育质量的关键在于教师队伍的素质，其中教师的教学胜任力在教师素质中占有非常重要的地位。准确掌握教师教学胜任力水平，既能为提升教师管理水平提供有力的参考，又可以为提升教师队伍素质进而提升小学教育的质量提供可靠的依据。

（一）胜任力与教师胜任力研究领域的逐渐深入

19世纪末20世纪初，"科学管理之父"泰勒发起"管理胜任特征运动"，从而开启了胜任力研究。20世纪50年代初的美国国务院外交官选拔暴露了以智力测验为基础的人才选拔标准的弊端。20世纪70年代，哈佛大学教授戴维·麦克利兰在研究了诸多人才标准后发表了论文《测量胜任力而非智力》。他用数据说明了滥用智力测验对选拔人才的不科学性，并提出智商等因素对实际工作绩效影响的有限性。该文也直接激发了人们对于胜任力的研究。胜任力研究也逐渐由企业走向各个领域，胜任力研究逐渐成为研究的热点。

国内关于教师胜任力的研究晚于西方国家。从研究内容来说，国内外都注重教师胜任力模型的构建和分析优秀教师胜任力的特点；从研究方法来说，从单一研究方法到多种研究方法是国内外研究者所共同经历的，即从单一的文献法、观察法转为调查法、统计法、行为事件访谈法等多种研究方法。不同之处在于国外教师胜任力研究经历了从政府机构和社会团体为主导进行研究到个体研究的发展，但国内教师胜任力研究则始于个体研究。此后教师胜任力的研究成果不断增加，教师胜任力理论取得了长足的发展。该领域探索的不断深化，促使人们进一步关注教师教学胜任力的研究。正是在教师胜任力研究逐步深入的背景下，我们选择小学语文教师教学胜任力作为研究的课题。

(二) 提高初等教育质量的现实要求

教育事业的基础在初等教育，初等教育是提高教育质量的开端。自20世纪80年代以来，我国一系列关于初等教育的法律法规的颁布实施，让全体适龄儿童享受到初等教育并促进了初等教育的义务化。《2017年全国教育事业发展统计公报》的数据表明，我国共有小学学校16.70万所，可招收1766.55万名学生，实际在校生为10093.70万人，净入学率达到99.91%。[①] 当前我国初等教育基本达到全覆盖，关注的重点逐渐转移到教育质量。对小学语文教师教学胜任力的研究可以为初等教育质量的提高提供一定的参考和启示。

(三) 促进教师专业化发展的客观要求

1966年，联合国教科文组织与国际劳工组织提出并通过了《关于教师地位的建议》，由此教师专业化地位得以确立。时至今日，教师专业化也是各国教师发展的趋势。2003年，教育部师范教育司组织编写出版了《教师专业化的理论与实践》一书，全面而系统地阐述了教师专业化问题。教师的专业化发展离不开教师教学胜任力，于是教师教学胜任力的研究又推动着教师专业化的发展。小学语文教师的教学胜任力是其专业化的重要组成部分，因此研究小学语文教师教学胜任力可以促进小学语文教师

---

① 中华人民共和国教育部：《2017年全国教育事业发展统计公报》，http://www.gov.cn/shuju/2017-07/10/content_ 5209370.htm, 2017-7-10。

专业化的发展。

二 研究意义

2012年8月,国务院发布的《关于加强教师队伍建设的意见》提出,教师队伍建设要注重教师队伍的整体素质,要建立健全完善的教师评价制度。教师胜任力的研究可以为教师队伍的专业化建设和教师整体评价体系的建构提供新的方向和思路。我们以江西省所有地级市、80个县(区)的小学语文教师为研究对象开展抽样调查。通过对小学语文教师教学胜任力的研究,把握真实的情况、掌握问题原因、分析影响因素,为小学语文教师教学胜任力的提升提供理论参考和实践指导。

(一) 理论价值

教师胜任力是近年来教育研究的热点课题。我国教师胜任力研究虽然起步较晚,但发展较为迅速,取得了不少有价值的成果。纵观教师胜任力的研究成果,在研究内容上主要致力于理论探索、模型建构及对现状的分析;在研究对象上倾向于大学教师,而对中小学教师胜任力的研究相对较少,关于中小学教师教学胜任力的成果更少,而关于小学语文教师教学胜任力的研究成果则尚未见到。有鉴于此,本研究以小学语文教师教学胜任力为研究对象,有助于丰富教师胜任力和教师教学胜任力理论。

(二) 实践意义

本章旨在通过对江西省小学语文教师教学胜任力的研究,全面把握小学语文教师教学胜任力的现状和存在的问题以及影响小学语文教师教学胜任力的因素,并由此提出改善小学语文教师教学胜任力的有效策略。研究小学语文教师教学胜任力可以帮助小学语文教师认识自身教学胜任力的优势和劣势,包括知识素养、教学能力、职业品质和人格特质等,有利于自身的专业化和职业规划。同时,它也可为小学语文教师的选拔选聘、素质测评、绩效考核等提供依据。本研究关于小学语文教师教学胜任力的模型可用于测量小学语文教师教学胜任力水平,也可用于职业培训、课程设计和教师管理。

三　研究方法

（一）文献法

依靠图书馆和网络媒介收集胜任力和教师胜任力的相关文献资料，了解胜任力和教师胜任力研究领域的相关研究成果和最新动态，尤其是国内外关于教师胜任力和教师教学胜任力研究的成果，为本研究提供一定的理论基础。

（二）调查法

以江西省各地区小学语文教师为调查对象，采取发放纸质和电子两种调查问卷的形式，对全省小学语文教师教学胜任力进行调查和统计分析，目的是全面掌握全省小学语文教师教学胜任力的真实情况，发现小学语文教师教学胜任力存在的问题，同时探寻影响小学语文教师教学胜任力的因素，并在此基础上提出合理的对策建议。

（三）统计法

利用 SPSS23.0 软件及结构方程等统计方法，对回收的问卷进行统计，从教师的个人信息情况以及小学语文教师教学胜任力的现状、影响因素等进行系统的分析。

第二节　小学语文教师教学胜任力的调查与分析

为了全面掌握江西省小学语文教师教学胜任力的真实情况，我们以发放调查问卷的方式对该省小学语文教师教学胜任力进行抽样调查，对收集的调查结果通过 SPSS23.0 进行统计与分析。本节主要阐述调查的设计、实施、对象及结果。

一　调查的设计

（一）调查目的

本调查目的是掌握当前江西省小学语文教师教学胜任力的基本状况，分析影响小学语文教师教学胜任力水平的因素，为提出提升小学语文教师教学胜任力的对策建议提供坚实的基础。

（二）调查工具

本研究主要采取问卷调查的方法，对江西省所有设区市的小学语文教师教学胜任力进行调查。本研究采用何齐宗教授编制的调查问卷。对调查收集的数据，采用SPSS23.0软件对江西省小学语文教师教学胜任力进行统计分析。

该调查问卷由教师基本信息、教师行为项目和教学影响因素三个部分构成。第一部分为1至16题，由教师任教学校所在地、任教学校性质、性别、年龄、教龄、是否正编教师、学历、第一学历类别、第一学历所属专业、职称、任教主要课程、兼教课程、任教年级、周授课时数、是否担任班主任和个人受表彰情况构成。

第二部分为教师行为项目，共84道题。84道题目涉及小学语文教师教学胜任力的4个一级指标（知识素养、教学能力、职业品质和个人特质）以及每个一级指标下分别对应的11个二级指标，即教育知识、学科知识、通识知识、教学设计、教学实践、教学探索、职业态度、职业情感、职业追求、自我特性和人际特性。二级指标下对应50个三级指标，分别为教育理论知识、教育实践性知识、学科基本知识、学科前沿知识、自然科学知识、人文社科知识、教学目标设定、教学对象分析、信息获取与处理、教学内容安排、教学方法选择、课堂组织、语言表达、教学演示、教育技术运用、启发技巧、激励艺术、师生互动、教学自主、教学评价、教学反思、教学研究、教学改革、责任心、进取心、严谨性、师生关系、教学情感、专业认同、待遇认同、单位认同、职业规划、职业理想、职业信念、职业境界、适应性、坚持性、计划性、自信心、幽默感、批判思维、自我调控、心理状态、身体状况、民主性、平等性、公正性、宽容性、沟通能力、合作精神。调查问卷根据三级指标设定，每个三级指标设1—2个问题。

问卷采用6点计分法，"1""2""3""4""5""6"六个数字分别表示"极不符合"、"较不符合"、"有点不符合"、"有点符合"、"比较符合"、"完全符合"。得分越高说明该教师教学胜任力水平越高，反向计分题计分标准则与之相反。在84道题中，共含18道反向计分题，题号分别是1、2、8、27、28、48、49、51、52、57、60、66、67、68、69、70、74和75。

二 调查的实施

此次调查问卷主要通过纸质问卷和电子问卷的形式发放。2016年9月至2017年3月，笔者借"国培计划"教师培训的机会，合计发放问卷8000份（其中纸质问卷4800份，电子问卷3200份），回收7496份，回收率为93.7%；回收有效问卷6836份，有效率为91.1%。

三 调查的对象

本次调查的对象是江西省的小学语文教师，调查的范围涵盖了全省11个设区市、80个县（区）及其下属的乡（镇）和村，有效调查对象为6836人。

（一）地域分布

调查对象的区域分布情况如下：抚州528人，占7.7%；赣州936人，占13.7%；吉安409人，占6%；景德镇1454人，占21.3%；九江257人，占3.8%；南昌151人，占2.2%；萍乡86人，占1.3%；上饶1360人，占19.9%；新余50人，占0.7%；宜春1426人，占20.9%；鹰潭179人，占2.6%。

（二）学校类型

因本研究发放问卷主要借助江西师范大学承办的2016—2017年江西省中小学教师国家级培训计划教师培训，参加本次培训的对象以农村教师为主。来自城区学校的教师1639人，占24%；来自农村学校的教师5197人，占76%。本次调查的对象公办学校教师6714人，占98.2%；民办学校教师122人，占1.8%。

（三）性别结构

本研究样本中女性教师居多。男教师1897人，占27.8%；女教师4929人，占72.2%。

（四）年龄与教龄

1. 年龄分布

本次调查的小学语文教师年龄最小的为19岁，最大的60岁，平均年龄为33.5岁。另外，男教师的平均年龄为40.14岁，女教师的平均年龄为 30.01 岁。

为了更好地开展数据分析，我们将调查对象的年龄表述为字母 a，并按 10 岁分组，将所有年龄数据分为第一组（19≤a≤30）、第二组（30<a≤40）、第三组（40<a≤50）、第四组（50<a≤60）。调查对象中第一组（19≤a≤30）3188 人，占 46.6%；第二组（30<a≤40）1989 人，占 29.1%；第三组（40<a≤50）1321 人，占 19.3%；第四组（50<a≤60）338 人，占 5%。由此可知，本次调查对象年龄在 19 至 50 岁之间的小学语文教师分布较为均衡，而年龄在 51 至 60 岁之间的语文教师较少，但均有涉及。

2. 教龄分布

调查对象教龄最短的只有半年，教龄最长的达 40 年，平均教龄为 12.793 年，其中男教师平均教龄为 20.41 年，女教师平均教龄为 9.87 年。因时间跨度较大，我们将教龄用字母 b 表示，按 10 年一组进行划分，分为四个等级，第一组（0.50≤b≤10）、第二组（10<b≤20）、第三组（20<b≤30）和第四组（30<b≤40）。教师教龄在半年到 10 年的 3518 人，占 51.5%；教师教龄在 10 年至 20 年的 1650 人，占 24.1%；教师教龄在 20 到 30 年的 1314 人，占 19.2%；教师教龄在 30 到 40 年的 354 人，占 5.2%。

（五）学历结构

本次调查对象中的高中（或中专）学历的教师 368 人，占 5.4%；大专学历 2551 人，37.3%；本科学历 3895 人，占 57.0%；硕士和博士学历 13 人，占 0.2%；其他学历 9 人，占 0.1%。

本次调查对象第一学历为师范类专业的 5802 人，占 84.9%；第一学历为非师范类专业的 1034 人，仅占 15.1%。

（六）编制与职称结构

1. 编制结构

从调查对象的编制结构看，多数教师是国家正式编制。属于国家正式编制的教师 6489 人，占 94.9%；未获得国家编制的教师 347 人，仅占 5.1%。

2. 职称结构

从调查对象的职称结构看，拥有小教三级职称的教师 249 人，拥有小教二级职称的教师937人，拥有小教一级职称的教师2052人，拥有小教高级职称的教师2722人；没评职称的教师876人。此次调查中，获得小教一级和小教高级职称的教师较多，占比69.8%，仅占12.8%的小学语文教师尚未评职称。

（七）任教情况

1. 任教主要年级

从调查对象任教主要年级看，任教一年级的教师778人，占11.4%；任教二年级的967人，占14.1%；任教三年级的1196人，占17.5%；任教四年级的1274人，占18.6%；任教五年级的1437人，占21%；任教六年级的1184人，占17.3%。

2. 周课时量

从调查对象的周课时量看，在10课时及以下的264人，占3.9%；在11至15课时的2550人，占37.3%；16至20课时的2834人，占41.5%；在21课时及以上的1188人，占17.4%。由此可知，本次调查对象周课时主要集中在11—20课时之间。

3. 任班主任状况

调查对象担任班主任的5335人，占78%；未担任班主任的1501人，占22%。由此可见，小学语文教师大多数担任了班主任。

（八）受表彰情况

本次调查对象未受过表彰的1384人，占20.2%；受过校级表彰的1525人，占22.3%；受过县（区）级表彰的2239人，占32.8%；受过市级表彰的1106人，占16.2%；受过省级表彰的427人，占6.2%；受过国家级表彰的155人，占2.3%。

四 调查的结果

（一）指标得分

1. 一级指标得分

通过统计可知，本次调查对象教学胜任力总平均分为4.41。其中4个一级指标的平均分得分情况如下：知识素养为3.78、教学能力为4.78、职业品格为4.79、个人特质为4.27。可见，职业品格平均分得分最高，知识素养平均分得分最低。

表 1-1　　　　小学语文教师教学胜任力一级指标平均得分

一级指标	极小值	极大值	平均分
知识素养	1.00	6.00	3.78
教学能力	1.00	6.00	4.78
职业品格	1.00	6.00	4.79
个人特质	1.00	6.00	4.27

2. 二级指标得分

表 1-2　　　　小学语文教师教学胜任力二级指标平均得分

二级指标	极小值	极大值	平均分
学科知识	1.00	6.00	4.75
通识知识	1.00	6.00	3.73
教学设计	1.00	6.00	4.93
教学实施	1.00	6.00	4.59
教学探索	1.00	6.00	5.00
职业态度	1.00	6.00	5.12
职业情感	1.00	6.00	5.01
职业追求	1.00	6.00	4.32
自我特性	1.00	6.00	3.67
人际特征	1.00	6.00	4.74

由上表数据可知，在 11 个二级指标中，通识知识和自我特性两个指标平均分低于 4，教学探索、职业态度和职业情感三个指标平均分得分高于 5。

3. 三级指标得分

由表 1-3 数据可知，调查对象的 50 个三级指标平均得分最高的为宽容性（5.3727），最低的为教育理论知识（1.9973），4 分以上的指标有 41 个，5 分以上的指标有 20 个，3 分以下的三级指标有 6 个（教育理论知识、教学自主、职业规划、自我调控、心理状态、身体状况），严重地拉低了教师教学胜任力的总分。

表 1-3　　小学语文教师教学胜任力三级指标平均得分

三级指标	得分	三级指标	得分	三级指标	得分
教育理论知识	1.9973	师生互动	5.2466	职业境界	5.3631
教育实践知识	4.6495	教学自主	2.4217	适应性	3.4389
学科专业知识	4.8015	教学评价	5.0486	坚持性	5.1454
学科发展动态	4.6985	教学反思	5.1043	计划性	4.9715
人文社科知识	4.3827	教学研究	4.9639	自信心	4.9171
自然科学知识	3.0841	教学改革	4.9208	幽默感	4.5927
教学目标设定	5.1801	责任心	5.3087	批判思维	4.9737
教学对象分析	5.0469	进取心	5.1472	自我调控	2.5781
信息获取与处理	4.9725	严谨性	4.9772	心理状态	2.2586
教学内容安排	5.0638	师生关系	5.1845	身体状况	2.6047
教学方法选择	4.6829	教学情感	5.2120	民主性	4.7131
课堂组织	4.9816	专业认同	5.1647	平等性	3.1420
语言表达	5.1118	待遇认同	4.8484	公正性	5.2843
教学演示	4.7717	单位认同	4.6008	宽容性	5.3727
教育技术运用	4.7330	职业规划	2.1969	沟通能力	5.3534
启发技巧	5.0429	职业理想	5.3090	合作精神	5.3474
激励艺术	5.1830	职业信念	4.6333		

(二) 分类得分

1. 地区差异

采用单因素方差分析的方法，对不同地区小学语文教师教学胜任力进行地区差异分析，结果见表 1-4。

将教学胜任力总分及各一、二级指标得分作为因变量，地区作为因子进行单因素方差分析后得出表 1-4。由表中数据可知，小学语文教师地区变量在教学胜任力总分和一、二级指标因变量检验的显著性概率值 P 值均为 0.000<0.001，表示不同地区小学语文教师在教学胜任力总分及一、二级指标上均有极其显著的不同。

表 1-4　不同地区小学语文教师在教学胜任力总分与一、二级指标的差异比较

	F 值	P 值
胜任力总分	8.581	0.000
知识素养	11.063	0.000
教育知识	5.874	0.000
学科知识	13.938	0.000
通识知识	5.264	0.000
教学能力	12.574	0.000
教学设计	12.933	0.000
教学实施	10.533	0.000
教学探索	10.408	0.000
职业品格	4.128	0.000
职业态度	3.855	0.000
职业情感	6.013	0.000
职业追求	3.697	0.000
个人特质	3.652	0.000
自我特性	3.838	0.000
人际特征	2.604	0.000

表 1-5　不同地区小学语文教师教学胜任力平均分统计

所在地区	人数	胜任力总分	知识素养	教学能力	职业品格	个人特质
抚州	528	4.55	3.79	4.83	4.82	4.23
赣州	936	4.57	3.80	4.82	4.81	4.31
吉安	409	4.55	3.76	4.80	4.84	4.25
景德镇	1454	4.57	3.88	4.85	4.80	4.27
九江	257	4.34	3.55	4.47	4.66	4.15
南昌	151	4.41	3.67	4.57	4.68	4.21
萍乡	86	4.59	3.85	4.85	4.86	4.29
上饶	1360	4.50	3.71	4.72	4.77	4.26
新余	50	4.36	3.62	4.57	4.57	4.19
宜春	1426	4.55	3.80	4.80	4.80	4.28
鹰潭	179	4.50	3.74	4.72	4.79	4.24

表 1-5 为江西省 11 个设区市小学语文教师教学胜任力得分情况。其中萍乡市小学语文教师的教学胜任力总分和职业品格得分最高；萍乡市和景德镇市小学语文教师在教学能力上得分并列第一；景德镇市小学语文教师的知识素养得分最高；赣州市小学语文教师的个人特质得分最高；九江市小学语文教师的教学胜任力总分、知识素养、教学能力和个人特质得分均为最低；新余市小学语文教师的职业品格得分最低。

2. 学校差异

采用独立样本 T 检验的方法，对小学语文教师教学胜任力总分和一级指标进行不同学校（城乡）差异分析，结果见表 1-6。

表 1-6　小学语文教师教学胜任力总分和一级指标不同学校（城、乡）差异分析

	城区		乡村			
	M	SD	M	SD	t	p
胜任力总分	4.59	0.46	4.52	0.47	5.93	<0.01
知识素养	3.84	0.59	3.76	0.61	4.36	<0.01
教学能力	4.85	0.62	4.76	0.64	5.39	<0.01
职业品格	4.84	0.52	4.77	0.53	4.66	<0.01
个人特质	4.32	0.43	4.25	0.45	5.41	<0.01

从上表数据可知，胜任力总分、知识素养、教学能力、职业品格、个人特质均存在显著性学校性质差异（$t=5.93$，$p<0.01$；$t=4.36$，$p<0.01$；$t=5.39$，$p<0.01$；$t=4.66$，$p<0.01$；$t=5.41$，$p<0.01$），且城区学校显著高于乡村学校。

采用独立样本 T 检验的方法，对小学语文教师教学胜任力二级指标进行学校性质（城乡）差异分析，结果见表 1-7。

上表结果显示，二级指标各维度均存在显著性学校性质差异（$t=2.83$，$p<0.01$；$t=5.03$，$p<0.01$；$t=1.98$，$p<0.01$；$t=3.03$，$p<0.01$；$t=6.69$，$p<0.01$；$t=5.13$，$p<0.01$；$t=3.16$，$p<0.01$；$t=5.43$，$p<0.01$；$t=3.32$，$p<0.01$；$t=2.76$，$p<0.01$；$t=5.66$，$p<0.01$），且城区小学语文教师教学胜任力显著高于乡村小学语文教师。

表 1-7　小学语文教师教学胜任力二级指标学校性质（城乡）差异分析

	城区		乡村			
	M	SD	M	SD	t	p
教育知识	3.37	0.69	3.31	0.70	2.83	<0.01
学科知识	4.86	0.99	4.72	1.01	5.03	<0.01
通识知识	3.77	0.79	3.72	0.79	1.98	<0.05
教学设计	4.98	0.70	4.92	0.72	3.03	<0.01
教学实施	4.67	0.59	4.56	0.61	6.69	<0.01
教学探索	5.09	0.79	4.98	0.80	5.13	<0.01
职业态度	5.17	0.69	5.11	0.70	3.16	<0.01
职业情感	5.09	0.69	4.98	0.70	5.43	<0.01
职业追求	4.36	0.49	4.31	0.50	3.32	<0.01
自我特性	3.70	0.56	3.66	0.59	2.76	<0.01
人际特征	4.81	0.53	4.72	0.55	5.66	<0.01

3. 性别差异

采用独立样本 T 检验的方法，对小学语文教师教学胜任力总分与一级指标进行性别差异分析，结果见表1-8。

表 1-8　小学语文教师教学胜任力总分与一级指标性别差异分析

	男性		女性			
	M	SD	M	SD	t	p
胜任力总分	4.56	0.51	4.53	0.45	2.45	<0.01
知识素养	3.84	0.63	3.76	0.60	5.09	<0.01
教学能力	4.80	0.66	4.77	0.63	1.66	<0.10
职业品格	4.81	0.57	4.78	0.51	2.18	<0.03
个人特质	4.28	0.49	4.26	0.43	1.43	<0.15

表中结果显示，胜任力总分、知识素养和职业品格存在显著性性别差异（$t=2.45$，$p<0.01$；$t=5.09$，$p<0.01$；$t=2.18$，$p<0.03$），且男性显著高于女性。教学能力和个人特质不存在显著性差异。

用独立样本 T 检验的方法，对小学语文教师二级指标进行性别差异分析，结果见表1-9。

表 1-9　小学语文教师教学胜任力二级指标性别差异分析

	男性		女性			
	M	SD	M	SD	t	p
教育知识	3.41	0.73	3.29	0.68	6.45	<0.01
学科知识	4.85	0.99	4.71	1.00	5.33	<0.01
通识知识	3.69	0.82	3.75	0.78	-2.53	0.01
教学设计	4.95	0.75	4.93	0.71	1.10	0.27
教学实施	4.60	0.62	4.58	0.59	1.49	0.14
教学探索	5.04	0.83	4.99	0.79	2.42	0.02
职业态度	5.13	0.74	5.12	0.68	0.26	0.80
职业情感	5.05	0.74	4.99	0.68	3.09	<0.01
职业追求	4.35	0.54	4.31	0.48	2.47	0.01
自我特性	3.71	0.62	3.65	0.56	3.33	<0.01
人际特征	4.73	0.58	4.74	0.53	-0.69	0.49

从表中数据可知，教育知识、学科知识、教学探索、职业态度、职业追求和自我特性存在显著性性别差异（$t=6.45$，$p<0.01$；$t=5.33$，$p<0.01$；$t=2.42$，$p<0.05$；$t=3.09$，$p<0.01$；$t=2.47$，$p<0.05$；$t=3.33$，$p<0.01$），且男性高于女性。通识知识存在显著性别差异（$t=-2.53$，$p<0.05$）且女性显然高于男性。教学设计、教学实施、职业态度和人际特征不存在显著性性别差异。

4. 年龄与教龄差异

（1）年龄差异

在调查对象的信息描述中，将小学语文教师年龄数据分为四组等级数据，第一组为（$19 \leqslant a \leqslant 30$）、第二组为（$30 < a \leqslant 40$）、第三组为（$40 < a \leqslant 50$）、第四组为（$51 < a \leqslant 60$）。通过单因素分析，如表1-10所示，教学胜任力总分及所有一级指标 P 值均为0.000，体现出小学语文教师在教学胜任力总分及所有一级指标均呈现明显的年龄差异。具体见表1-10。

在二级指标中，小学语文教师教学胜任力也均呈现出明显的年龄差异，其中教育知识 $F=78.947$，$P=0.000<0.05$；学科知识 $F=134.45$，$P=0.000<0.05$；通识知识 $F=9.233$，$P=0.000<0.05$；教学设计 $F=75.026$，$P=0.000<0.05$；教学实施 $F=59.914$，$P=0.000<0.05$；教学探

索 $F=77.010$，$P=0.000<0.05$；职业态度 $F=25.357$，$P=0.000<0.05$；职业情感 $F=71,938$，$P=0.000<0.05$；职业追求 $F=5.581$，$P=0.001<0.05$；自我特性 $F=3.301$，$P=0.000<0.019$；人际特征 $F=19.050$，$P=0.000<0.05$。

表1-10 不同年龄小学语文教师教学胜任力总分与一级指标差异分析

	年龄分组	人数	平均分	显著性检验	
				F值	P值
胜任力总分	第一组	3188	4.4513	64.990	0.000
	第二组	1989	4.6007		
	第三组	1321	4.159		
	第四组	338	4.6156		
知识素养	第一组	3188	3.6477	110.260	0.000
	第二组	1989	3.8692		
	第三组	1321	3.9104		
	第四组	338	4.0479		
专业能力	第一组	3188	4.6558	78.190	0.000
	第二组	1989	4.8693		
	第三组	1321	4.9170		
	第四组	338	4.8605		
职业品格	第一组	3188	5.7161	39.212	0.000
	第二组	1989	4.837		
	第三组	1321	4.8658		
	第四组	338	4.8540		
个人特质	第一组	3188	4.2333	15.531	0.000
	第二组	1989	4.3215		
	第三组	1321	4.2767		
	第四组	338	4.3038		

（2）教龄差异

在对调查对象的描述信息中，我们将小学语文教师教龄记为b，分为四组等级数据，第一组为（0.5≤b≤10）、第二组为（10<b≤20）、第三组为（20<b≤30）、第四组为（30<b≤41）。按照教龄分组对小学语文教师教学胜任力总分和一级指标进行单因素分析，如表1-11所示。教学胜

任力总分及所有一级指标 P 值均为 0.000，说明小学语文教师的教学胜任力总分及所有一级指标均呈现明显的教龄差异。

表 1-11　不同教龄小学语文教师教学胜任力总分与一级指标差异分析

	教龄分组	N	平均分	显著性检验	
				F 值	P 值
胜任力总分	$0.5 \leq b \leq 10$	3518	4.4613	61.445	0.000
	$10 < b \leq 20$	1650	4.6078		
	$20 < b \leq 30$	1324	4.6124		
	$30 < b \leq 41$	354	4.6382		
知识素养	$0.5 \leq b \leq 10$	3518	3.6156	100.7901	0.000
	$10 < b \leq 20$	1650	3.8852		
	$20 < b \leq 30$	1324	3.8971		
	$30 < b \leq 41$	354	4.0417		
教学能力	$0.5 \leq b \leq 10$	3518	4.6687	75.512	0.000
	$10 < b \leq 20$	1650	4.8837		
	$20 < b \leq 30$	1324	4.9125		
	$30 < b \leq 41$	354	4.8919		
职业品格	$0.5 \leq b \leq 10$	3518	4.7257	36.349	0.000
	$10 < b \leq 20$	1650	4.8475		
	$20 < b \leq 30$	1324	4.8597		
	$30 < b \leq 41$	354	4.8882		
个人特质	$0.5 \leq b \leq 10$	3518	4.2383	11.827	0.000
	$10 < b \leq 20$	1650	4.3109		
	$20 < b \leq 30$	1324	4.2798		
	$30 < b \leq 41$	354	4.3150		

在二级指标中也均呈现出明显的教龄差异，其中，教育知识 $F=72.020$，$P=0.000<0.05$；学科知识 $F=127.821$，$P=0.000<0.05$；通识知识 $F=6.763$，$P=0.000<0.05$；教学设计 $F=72.158$，$P=0.000<0.05$；教学实施 $F=58.498$，$P=0.000<0.05$；教学探索 $F=73.896$，$P=0.000<0.05$；职业态度 $F=22.431$，$P=0.000<0.05$；职业情感 $F=67.485$，$P=0.000<0.05$；职业追求 $F=7.022$，$P=0.000<0.05$；自我特性 $F=2.212$，$P=0.006<0.05$；人际特征 $F=15.186$，$P=0.000<0.05$。

5. 学历差异

本次调查将教师的学历分为高中或中专、大专、大学本科、硕士研究生、博士研究生和其他几类。同时，对比了第一专业是否为师范类专业在教学胜任力水平上的区别。本次分析采用的是单因素方差分析的方法，结果详见表1-12。

表1-12　　小学语文教师教学胜任力总分和一级指标学历差异分析

	高中或中专		大专		本科		硕士		博士		其他		F	p
	M	SD	M	SD	M	SD	M	SD	M	SD	M	SD		
胜任力总分	4.56	0.51	4.54	0.46	4.53	0.47	4.63	0.40	4.61	0.00	4.57	0.55	0.74	0.59
知识素养	3.92	0.67	3.82	0.61	3.75	0.60	3.85	0.55	3.31	1.15	4.01	0.60	8.93	0.01
教学能力	4.82	0.67	4.80	0.63	4.76	0.64	5.00	0.41	4.83	0.08	4.86	0.85	1.46	0.20
职业品格	4.82	0.58	4.79	0.52	4.78	0.52	4.87	0.52	5.06	0.38	4.75	0.58	0.53	0.75
个人特质	4.24	0.46	4.26	0.45	4.28	0.45	4.26	0.44	4.34	0.08	4.28	0.53	0.61	0.69

表中结果显示，胜任力总分和一级指标均不存在显著性学历差异。

采用独立样本T检验的方法，对小学语文教师教学胜任能力总分和一级指标进行第一学历性质差异分析，结果见表1-13。

表1-13　　小学语文教师教学胜任能力总分和一级指标第一学历性质差异分析

	师范类		非师范类		t	p
	M	SD	M	SD		
胜任力总分	4.53	0.47	4.55	0.48	-0.88	0.38
知识素养	3.75	0.60	3.90	0.60	-6.94	<0.01
教学能力	4.78	0.63	4.78	0.65	-0.10	0.92
职业品格	4.79	0.52	4.79	0.55	0.17	0.86
个人特质	4.27	0.45	4.27	0.46	-0.15	0.88

上表数据显示，知识素养存在显著性第一学历性质差异（$t=-6.94$，$p<0.01$），且非师范类显著高于师范类。但胜任力总分和其他一级指标差异不明显。

6. 编制与职称差异

（1）编制差异

采用独立样本 T 检验的方法，对小学语文教师教学胜任力总分和一级指标进行不同编制的差异分析，结果见表1-14。

表1-14　小学教师教学胜任力总分和一级指标不同编制差异分析

	教师编制		非教师编制		t	p
	M	SD	M	SD		
胜任总分力	4.54	0.47	4.39	0.44	5.94	<0.01
知识素养	3.79	0.60	3.65	0.65	4.34	<0.01
教学能力	4.79	0.64	4.58	0.61	5.93	<0.01
职业品格	4.80	0.53	4.66	0.48	4.84	<0.01
个人特质	4.27	0.45	4.16	0.45	4.44	<0.01

上表数据显示，胜任力总分和一级指标均存在不同编制差异（$t=5.94$，$p<0.01$；$t=4.34$，$p<0.01$；$t=5.93$，$p<0.01$；$t=4.84$，$p<0.01$；$t=4.44$，$p<0.01$），且有正式编制教师显著高于非正式编制教师。

（2）职称差异

本次调查的小学语文教师职称分为"未评职称"、"小教三级"、"小教二级"、"小教一级"和"小教高级"五种。通过单因素方差分析的方法，对小学语文教师教学胜任力总分和一级指标进行不同职称差异分析，结果见表1-15。

表1-15　小学语文教师教学胜任力总分和一级指标不同职称差异分析

	小教三级		小教二级		小教一级		小教高级		没评职称		F	p
	M	SD	M	SD	M	SD	M	SD	M	SD		
胜任力总分	4.42	0.49	4.48	0.47	4.53	0.45	4.62	0.47	4.37	0.44	56.66	<0.01
知识素养	3.66	0.57	3.70	0.61	3.74	0.61	3.93	0.58	3.56	0.60	80.30	<0.01
教学能力	4.64	0.68	4.69	0.64	4.76	0.62	4.91	0.62	4.56	0.62	65.06	<0.01
职业品格	4.67	0.56	4.75	0.52	4.79	0.51	4.86	0.53	4.65	0.49	33.53	<0.01
个人特质	4.17	0.46	4.26	0.46	4.28	0.46	4.38	0.45	4.17	0.44	16.55	<0.01

上表数据显示，胜任力总分、教学能力、职业品格和个人特质不存在不同职称差异，知识素养存在显著性不同职称差异（$F = 80.30$，$p < 0.01$）。

经事后检验得知，在知识素养方面，小教三级教师显著高于没评职称教师，显著低于小教二级、小教一级和小教高级的教师；小教二级教师显著高于没评职称教师，显著低于小教一级和小教高级教师；小教一级教师显著高于没评职称教师，显著低于小教高级教师；小教高级教师显著高于没评职称教师。

表 1-16　不同职称小学语文教师在知识素养上的多重比较（LSD）

(I) 职称	(J) 职称	平均差异 (I-J)	标准误	P 值	95%信赖区间 下限	95%信赖区间 上限
小教三级	小教二级	-0.03640*	0.04226	0.389	-0.1192	0.0464
	小教一级	-0.08412*	0.03978	0.034	-0.1621	-0.0061
	小教高级	-0.26674*	0.03925	0.000	-0.3437	-0.1898
	没评职称	0.09785	0.04257	0.022	-0.0144	0.1813
小教二级	小教三级	0.03640*	0.04226	0.389	-0.0464	0.1192
	小教一级	-0.04771*	0.02337	0.041	-0.0935	-0.0019
	小教高级	-0.23034*	0.02245	0.000	-0.2744	-0.1863
	没评职称	0.13425*	0.02786	0.000	0.0796	0.1889
小教一级	小教三级	0.08412*	0.03978	0.034	0.0061	0.1621
	小教二级	0.04771*	0.02337	0.041	0.0019	0.0935
	小教高级	-0.18263*	0.01733	0.000	-0.2166	-0.1487
	没评职称	0.18196*	0.02303	0.000	0.1351	0.2289
小教高级	小教三级	0.26674*	0.03925	0.000	0.1898	0.3437
	小教二级	0.23034	0.02245	0.000	0.1863	0.2744
	小教一级	0.18263*	0.01733	0.000	0.1487	0.2166
	没评职称	0.36459*	0.02303	0.000	0.3195	0.4097

＊．平均值差异在 0.05 层级显著。

如表 1-16 所示，通过组间对比发现，没评职称的小学语文教师和小教三级、小教二级的小学语文教师知识素养得分对比差异不显著，而其他职称教师的知识素养均存在显著差异。

表 1-17　不同职称小学语文教师在教学能力上的多重比较（LSD）

（I）职称	（J）职称	平均差异(I-J)	标准误	P值	95%信赖区间	
					下限	上限
小教三级	小教二级	-0.05069*	0.04455	0.255	-0.1380	0.0366
	小教一级	-0.12680*	0.04193	0.003	-0.2090	-0.0446
	小教高级	-0.27207*	0.04137	0.000	-0.3532	-0.1910
	没评职称	0.07757	0.04487	0.284	-0.0104	0.1655
小教二级	小教三级	0.05069*	0.04455	0.255	0.0366	0.1380
	小教一级	-0.07611*	0.02463	0.002	-0.1244	-0.0278
	小教高级	-0.22138*	0.02366	0.000	-0.2678	-0.1750
	没评职称	0.12826*	0.02936	0.000	0.0707	0.1858
小教一级	小教三级	0.12680*	0.04193	0.000	0.0446	0.2090
	小教二级	0.07611	0.02463	0.001	0.0278	0.1244
	小教高级	-0.14527*	0.01827	0.000	-0.1811	-0.1095
	没评职称	0.20437*	0.02522	0.000	0.1549	0.2538
小教高级	小教三级	0.27207*	0.04137	0.000	0.1910	0.3532
	小教二级	0.22138*	0.02366	0.000	0.1750	0.2678
	小教一级	0.24527*	0.01827	0.000	0.1095	0.1811
	没评职称	0.34964*	0.02427	0.000	0.3021	0.3972

＊. 平均值差异在0.05层级显著。

如表1-17所示，通过组间对比发现，没评职称的小学语文教师和小教三级、小教二级的小学语文教师教学能力得分对比不显著，而其他职称教师的教学能力均存在显著差异。

如表1-18所示，通过组间对比发现，未评职称的小学语文教师和小教一级的小学语文教师职业品格得分对比差异不显著，而其他职称教师的职业品格均存在显著差异。

表 1-18　不同职称小学语文教师在职业品格上的多重比较（LSD）

(I) 职称	(J) 职称	平均差异 (I-J)	标准误	P 值	95%信赖区间	
					下限	上限
小教三级	小教二级	-0.07877*	0.03722	0.034	-0.1517	-0.0058
	小教一级	-0.11600*	0.03503	0.001	-0.1847	-0.0473
	小教高级	-0.18741*	0.03456	0.000	-0.2552	-0.1197
	没评职称	-0.02740	0.03749	0.446	-0.0461	0.1009
小教二级	小教三级	0.07877*	0.03722	0.034	0.0058	0.1517
	小教一级	-0.03723	0.02058	0.070	-0.0776	0.0031
	小教高级	-0.10865*	0.01799	0.000	-0.1474	-0.0699
	没评职称	0.10671*	0.02453	0.000	0.0581	0.1543
小教一级	小教三级	0.11600*	0.03503	0.001	0.0473	0.1847
	小教二级	0.03723	0.02058	0.070	-0.0031	0.0776
	小教高级	-0.07142*	0.01526	0.000	-0.1013	-0.0415
	没评职称	0.14340*	0.02107	0.000	0.1021	0.1847
小教高级	小教三级	0.01874*	0.03456	0.000	0.1197	0.2552
	小教二级	0.10865*	0.01977	0.000	0.0699	0.1474
	小教一级	0.07142*	0.01526	0.000	0.0415	0.1013
	没评职称	0.21482*	0.02028	0.000	0.1751	0.2546

*. 平均值差异在 0.05 层级显著。

表 1-19　不同职称小学语文教师在个人特质上的多重比较（LSD）

(I) 职称	(J) 职称	平均差异 (I-J)	标准误	P 值	95%信赖区间	
					下限	上限
小教三级	小教二级	-0.08631*	0.03183	0.007	-0.1487	-0.0239
	小教一级	-0.10781*	0.02996	0.000	-0.1665	-0.0491
	小教高级	-0.12341*	0.02956	0.000	-0.1814	-0.0655
	没评职称	-0.00272	0.03206	0.932	-0.0601	0.0656
小教二级	小教三级	0.08631*	0.03183	0.007	0.0239	0.1487
	小教一级	-0.02150	0.01760	0.222	-0.0560	0.0130
	小教高级	-0.03710*	0.01691	0.028	-0.0702	-0.0040
	没评职称	0.08903*	0.02098	0.000	0.0479	0.1302
小教一级	小教三级	0.10781*	0.02996	0.000	0.0491	0.1665
	小教二级	0.02150	0.01760	0.222	-0.0130	0.0560
	小教高级	-0.01560	0.013051	0.232	-0.0412	0.0100
	没评职称	0.11054*	0.01734	0.000	0.0752	0.1459
小教高级	小教三级	0.12341*	0.02956	0.000	0.0655	0.1814
	小教二级	0.03710*	0.01691	0.028	0.0040	0.0702
	小教一级	0.01560	0.01305	0.232	-0.0100	0.0412
	没评职称	0.12614*	0.01734	0.000	0.0921	0.1601

如表 1-19 所示，通过组间对比发现，未评职称的小学语文教师和小教三级的小学语文教师个人特质得分对比差异不显著，小教一级和小教二级、小教高级的小学语文教师个人特质得分差异不明显。

7. 任教情况差异

（1）任教年级差异

采用单因素方差分析的方法，对胜任力总分和一级指标进行任教不同年级差异分析，结果见表 1-20。

表 1-20　胜任力总分和一级指标在任教不同年级上的差异分析

	一年级		二年级		三年级		四年级		五年级		六年级		F	p
	M	SD	M	SD	M	SD	M	SD	M	SD	M	SD		
胜任力总分	4.53	0.46	4.56	0.45	4.51	0.50	4.52	0.48	4.53	0.46	4.57	0.45	2.33	0.04
知识素养	3.80	0.58	3.81	0.61	3.78	0.63	3.77	0.62	3.77	0.58	3.78	0.61	0.68	0.64
教学能力	4.78	0.62	4.80	0.63	4.76	0.66	4.76	0.66	4.77	0.63	4.81	0.61	1.45	0.20
职业品格	4.80	0.51	4.82	0.50	4.75	0.55	4.77	0.55	4.78	0.52	4.83	0.50	3.75	<0.05
个人特质	4.25	0.46	4.28	0.43	4.26	0.46	4.25	0.46	4.26	0.44	4.30	0.45	1.79	0.11

表中结果显示，胜任力总分和职业品格存在显著性任教不同年级的差异（$F=2.33$，$p<0.05$；$F=3.75$，$p<0.05$），知识素养，教学能力和个人特质不存在显著性任教不同年级差异。

（2）周课时量差异

采用单因素方差分析的方法，对小学语文教师教学胜任力总分和一级指标进行不同周课时量差异分析，结果见表 1-21。

表 1-21　小学语文教师教学胜任力总分和一级指标不同周课时量差异分析

	10 节及以下		11—15 节		16—20 节		21 节及以上		F	p
	M	SD	M	SD	M	SD	M	SD		
胜任力总分	4.56	0.47	4.56	0.47	4.52	0.46	4.50	0.48	5.69	<0.01
知识素养	3.87	0.70	3.81	0.59	3.78	0.59	3.72	0.64	8.76	<0.01
教学能力	4.81	0.62	4.82	0.63	4.76	0.63	4.73	0.67	6.24	<0.01
职业品格	4.80	0.52	4.81	0.53	4.78	0.52	4.77	0.53	2.57	0.05
个人特质	4.28	0.48	4.29	0.45	4.26	0.44	4.25	0.46	2.77	0.04

上表数据显示,胜任力总分、职业品格和个人特质不存在显著性不同课时差异,职业素养和教学能力存在显著性不同课时差异（$F=8.76$, $p<0.01$; $F=6.24$, $p<0.01$）。事后经检验得知,在知识素养方面,10节及以下显著高于11—15节、16—20节和21节及以上;11—15节显著高于16—20节和21节及以上;16—20节显著高于21节及以上。在教学能力方面,10节及以下显著低于11—15节,显著高于16—20节和21节及以上;11—15节显著高于16—20节和21节及以上;16—20节显著高于21节及以上。

（3）任班主任状况差异

采用独立样本 T 检验的方法,对小学语文教师教学胜任力总分和一级指标进行担任班主任差异分析,结果见表1-22。

表1-22 小学语文教师教学胜任力总分和一级指标担任班主任差异分析

	是		否		t	p
	M	SD	M	SD		
胜任力总分	4.53	0.47	4.54	0.47	-0.03	0.98
知识素养	3.78	0.61	3.80	0.59	-1.07	0.28
教学能力	4.78	0.64	4.78	0.63	0.15	0.88
职业品格	4.79	0.52	4.78	0.53	0.39	0.69
个人特质	4.27	0.45	4.27	0.46	-0.30	0.76

数据显示,小学语文教师教学胜任力总分和一级指标不存在显著性担任班主任的差异。

8. 受表彰情况的差异

采用单因素方差分析的方法,对小学语文教师教学胜任力总分和一级指标进行不同表彰级别的差异分析,结果见表1-23。

数据显示,胜任力总分、知识素养、教学能力和职业品格存在显著性不同级别的表彰差异（$F=61.63$, $p<0.01$; $F=44.48$, $p<0.01$; $F=63.65$, $p<0.01$; $F=50.78$, $p<0.01$）,个人特质不存在显著性不同级别表彰的差异。

表 1-23　小学语文教师教学胜任力总分和一级指标不同表彰级别差异分析

	无		校级表彰		县（区）级表彰		市级表彰		省级表彰		国家级表彰		F	p
	M	SD	M	SD	M	SD	M	SD	M	SD	M	SD		
胜任力总分	4.37	0.49	4.50	0.46	4.58	0.45	4.62	0.45	4.65	0.47	4.74	0.36	61.63	<0.01
知识素养	3.60	0.63	3.76	0.59	3.82	0.60	3.90	0.58	3.91	0.55	4.00	0.60	44.48	<0.01
教学能力	4.55	0.68	4.74	0.62	4.83	0.61	4.90	0.58	4.96	0.61	5.09	0.52	63.65	<0.01
职业品格	4.62	0.56	4.75	0.52	4.84	0.50	4.88	0.50	4.90	0.53	5.01	0.40	50.78	<0.01
个人特质	4.18	0.46	4.25	0.44	4.29	0.44	4.32	0.44	4.33	0.47	4.36	0.37	19.19	<0.01

第三节　小学语文教师教学胜任力的影响因素

本节拟对影响小学语文教师教学胜任力的因素进行系统的分析，主要探讨教研组织、教师培训、文献阅读频次、教学压力、教学借鉴和教学研究等因素对小学语文教师教学胜任力的影响。

一　教研组织

（一）教研组织及其活动开展和参与情况

通过对小学语文教师所在学校的教研组织情况进行统计。绝大部分小学语文教师任教的学校都建立了教研组织，只有极少数小学教师任教学校未建立教研组织。其中所在学校并未建立教研组织的小学教师占 4.1%；所在学校有教研组织但从未开展活动的占 3.0%；所在学校有教研组织且偶尔开展活动的占 31.5%；所在学校有教研组织且经常开展活动的占 61.4%。

采用单因素方差分析的方法，对小学语文教师教学胜任力总分和一级指标进行不同教研组织情况的差异分析，结果见表 1-24。

数据显示，胜任力总分、知识素养、教学能力、职业品格和个人特质均存在显著性不同教研组织情况差异（$F=174.83$，$p<0.01$；$F=55.95$，$p<0.01$；$F=219.13$，$p<0.01$；$F=144.44$，$p<0.01$；$F=47.73$，$p<0.01$）。

表 1-24　　小学语文教师教学胜任力总分和一级
指标不同教研组织情况差异分析

	没有建立教研组织		有，但未开展活动		有，偶尔开展活动		有，经常开展活动		F	p
	M	SD	M	SD	M	SD	M	SD		
胜任力总分	4.27	0.60	4.26	0.66	4.41	0.47	4.63	0.42	174.83	<0.01
知识素养	3.56	0.69	3.62	0.72	3.69	0.60	3.85	0.59	55.95	<0.01
教学能力	4.39	0.76	4.36	0.78	4.59	0.63	4.92	0.57	219.13	<0.01
职业品格	4.54	0.68	4.46	0.73	4.67	0.55	4.89	0.46	144.44	<0.01
个人特质	4.12	0.57	4.16	0.69	4.20	0.44	4.32	0.42	47.73	<0.01

事后经检验得知，在胜任力总分和一级指标上，有教研组织且经常开展教研活动的教师得分最高。

通过对小学语文教师参与所在学校的教研活动情况进行统计，发现 1760 位小学语文教师参加较多教研活动，3443 位小学语文教师经常参加教研活动，二者占此次调查总人数的 76.1%。从不参加教研活动和参加较少教研活动的小学语文教师共计 1290 人，占此次调查总人数的 18.9%。由此可知，大部分小学语文教师多次参与学校开展的教研活动。

采用单因素方差分析的方法，对小学语文教师教学胜任力总分和一级指标进行不同教研活动参与程度差异分析，结果见表 1-25。

表 1-25　　小学语文教师教学胜任力总分和一级指标进行
不同教研活动参与程度差异分析

	未组织所以不知道		从不参加		参加较少		参加较多		经常参加		F	p
	M	SD	M	SD	M	SD	M	SD	M	SD		
胜任力总分	4.26	0.61	4.20	0.48	4.34	0.48	4.48	0.01	4.66	0.40	178.55	<0.01
知识素养	3.53	0.70	3.52	0.65	3.64	0.60	3.76	0.60	3.87	0.58	57.32	<0.01
教学能力	4.37	0.78	4.36	0.74	4.48	0.74	4.48	0.62	4.71	0.61	215.32	<0.01
职业品格	4.52	0.69	4.37	0.69	4.58	0.56	4.73	0.53	4.93	0.45	155.06	<0.01
个人特质	4.11	0.59	4.07	0.44	4.17	0.47	4.24	0.46	4.33	0.40	48.66	<0.01

表中结果显示，未组织所以不知道、从不参加、参加较少、参加较多和经常参加存在显著性不同教研活动参与程度差异（$F = 178.55$，$p <$

0.01；$F=57.32$，$p<0.01$；$F=215.32$，$p<0.01$；$F=155.6$，$p<0.01$；$F=48.66$，$p<0.01$）。

事后经检验得知，在胜任力总分和各一级指标上，教师参加教研活动越多得分越高。

（二）对教研组织活动情况的评价

通过对小学语文教师所在教研组的教研活动开展情况的效果评价进行统计，可以看出，3755位小学语文教师认为参加教研活动的效果较好，144位小学语文教师认为参加教研活动的效果显著，二者占受调查人数的76.0%，19.0%的小学语文教师认为参加教研活动没有效果或效果较小。

采用单因素方差分析的方法，对小学语文教师教学胜任力总分和一级指标进行教研活动不同评价的差异分析，结果见表1-26。

表1-26　小学语文教师教学胜任力总分和一级指标教研活动不同评价差异分析

	未组织所以不知道		没有效果		效果较小		效果较好		效果显著		F	p
	M	SD	M	SD	M	SD	M	SD	M	SD		
胜任力总分	4.26	0.61	4.31	0.56	4.34	0.46	4.53	0.44	4.79	0.38	214.30	<0.01
知识素养	3.53	0.70	3.65	0.69	3.61	0.61	3.78	0.58	3.99	0.57	88.08	<0.01
教学能力	4.37	0.78	4.44	0.75	4.48	0.62	4.77	0.59	5.17	0.51	277.61	<0.01
职业品格	4.52	0.69	4.48	0.70	4.59	0.54	4.79	0.50	5.04	0.42	165.43	<0.01
个人特质	4.11	0.59	4.21	0.53	4.19	0.45	4.26	0.43	4.40	0.41	51.56	<0.01

数据显示，胜任力总分、知识素养、教学能力、职业品格和个人特质存在显著性教研活动不同评价差异（$F=214.30$，$p<0.01$；$F=88.08$，$p<0.01$；$F=277.61$，$p<0.01$；$F=165.43$，$p<0.01$；$F=51.56$，$p<0.01$）。

事后经检验得知，在胜任力总分和各一级指标上，教师对教研活动的效果评价越好得分越高。

二　教师培训

（一）教师培训的开展和参与情况

通过对小学语文教师参加教师培训情况进行统计，可以发现，211位小学语文教师所在学校未对其开展培训，2115 位小学语文教师所在学校对其培训较少。教师培训开展较多和经常开展培训的教师人数共计 4510 人，占 76%。

采用单因素方差分析的方法，对小学语文教师教学胜任力总分和一级指标进行不同教师培训情况的差异分析，结果见表 1-27。

表 1-27　　小学语文教师教学胜任力总分和一级指标不同教师培训情况差异分析

	从未开展		开展较少		开展较多		经常开展		F	p
	M	SD	M	SD	M	SD	M	SD		
胜任力总分	4.21	0.61	4.38	0.47	4.53	0.43	4.72	0.41	247.89	<0.01
知识素养	3.52	0.71	3.65	0.60	3.79	0.57	3.93	0.60	95.79	<0.01
教学能力	4.30	0.80	4.55	0.63	4.77	0.58	5.06	0.56	309.94	<0.01
职业品格	4.49	0.71	4.64	0.54	4.78	0.50	4.98	0.45	190.55	<0.01
个人特质	4.07	0.58	4.20	0.46	4.26	0.43	4.37	0.43	68.88	<0.01

数据显示，胜任力总分和一级指标均存在显著性不同教师培训情况差异（$F=247.89$，$p<0.01$；$F=95.79$，$p<0.01$；$F=309.94$，$p<0.01$；$F=190.55$，$p<0.01$；$F=68.88$，$p<0.01$）。

事后经检验可知，在胜任力总分和各一级指标上，教师培训开展越多得分越高。

通过对小学语文教师参加教师培训情况进行统计，发现有 2271 位教师参加培训较多，2885 位教师经常参加培训，二者占比为 75.4%。1459 位小学语文教师较少参加培训，10 位小学语文教师从不参加培训，共占比 21.4%。

采用单因素方差分析的方法，对小学语文教师教学胜任力总分和一级指标进行教师培训参加情况的差异分析，结果见表 1-28。

数据显示，胜任力总分、知识素养、教学能力、职业品格和个人特质均存在显著性教师培训参加情况差异（$F=187.81$，$p<0.01$；$F=58.39$，$p<0.01$；$F=214.91$，$p<0.01$；$F=166.87$，$p<0.01$；$F=57.47$，$p<0.01$）。

表 1-28　小学语文教师教学胜任力总分和一级指标教师培训参加情况差异分析

	从未开展所以不知道		从不参加		参加较少		参加较多		经常参加		F	p
	M	SD	M	SD	M	SD	M	SD	M	SD		
胜任力总分	4.21	0.61	4.21	0.39	4.35	0.49	4.49	0.45	4.69	0.40	187.81	<0.01
知识素养	3.52	0.71	3.49	0.67	3.64	0.62	3.76	0.58	3.89	0.59	58.39	<0.01
教学能力	4.30	0.80	4.23	0.49	4.51	0.64	4.72	0.60	5.00	056	214.91	<0.01
职业品格	4.49	0.71	4.37	0.52	4.59	0.57	4.74	0.51	4.96	0.44	166.87	<0.01
个人特质	4.07	0.58	4.28	0.35	4.18	0.47	4.24	0.44	4.35	0.41	57.47	<0.01

事后经检验得知，小学语文教师教学胜任力表现为参加培训频次越高得分也越高。

（二）对教师培训的评价

将小学语文教师对教师培训的评价情况进行统计，发现有 3458 位小学语文教师认为参加教师培训后收获较大，1890 位小学语文教师认为参加教师培训后收获很大，二者共计 5438 人，占比 78.2%；1245 位小学语文教师认为参加教师培训后收获较小，占比 18.2%。仅 0.5% 的教师认为参加教师培训后没有收获。

采用单因素方差分析的方法，对小学语文教师教学胜任力总分和一级指标进行教师培训不同评价的差异分析，结果见表 1-29。

表 1-29　小学语文教师教学胜任力总分和一级指标教师培训不同评价差异分析

	从未开展所以不知道		没有收获		收获较小		收获较大		收获很大		F	p
	M	SD	M	SD	M	SD	M	SD	M	SD		
胜任力总分	4.21	0.61	4.24	0.61	4.34	0.48	4.51	0.44	4.76	0.40	215.72	<0.01
知识素养	3.52	0.71	3.59	0.88	3.62	0.61	3.76	0.58	3.96	0.58	77.71	<0.01
教学能力	4.30	0.80	4.39	0.80	4.47	0.64	4.74	0.58	5.11	0.54	274.83	<0.01
职业品格	4.49	0.71	4.38	0.66	4.58	0.56	4.76	0.50	5.02	0.43	181.56	<0.01
个人特质	4.07	0.58	4.14	0.52	4.20	0.45	4.24	0.44	4.38	0.42	51.94	<0.01

数据显示，胜任力总分和一级指标均存在显著性教师培训不同评价差

异（$F=215.72$, $p<0.01$；$F=77.71$, $p<0.01$；$F=274.83$, $p<0.01$；$F=181.56$, $p<0.01$；$F=51.54$, $p<0.01$）。

经分析可知，在胜任力总分和各一级指标上，对教师培训效果评价越高得分也越高。

三 文献阅读

（一）教育教学类书刊阅读情况

采用单因素方差分析的方法，对小学语文教师教学胜任力总分和一级指标进行教育教学类书刊不同阅读频率的差异分析，结果见表1-30。

表1-30 小学语文教师教学胜任力总分和一级指标
教育教学类书刊不同阅读频率差异分析

	从不阅读		阅读较少		阅读较多		经常阅读		F	p
	M	SD	M	SD	M	SD	M	SD		
胜任力总分	3.90	1.05	4.33	0.44	4.58	0.44	4.79	0.38	427.82	<0.01
知识素养	3.31	0.98	3.59	0.59	3.82	0.58	4.01	0.57	192.93	<0.01
教学能力	3.93	1.14	4.45	0.60	4.85	0.57	5.17	0.51	570.65	<0.01
职业品格	4.06	1.24	4.58	0.52	4.83	0.50	5.04	0.42	326.71	<0.01
个人特质	3.91	1.01	4.18	0.44	4.28	0.45	4.39	0.41	87.43	<0.01

数据显示，胜任力总分和一级指标均存在显著性教育教学类书刊不同阅读频率差异（$F=427.82$, $p<0.01$；$F=192.93$, $p<0.01$；$F=570.65$, $p<0.01$；$F=326.71$, $p<0.01$；$F=87.43$, $p<0.01$）。

经分析可知，在胜任力总分和各一级指标上，从不阅读显著低于阅读较少、阅读较多和经常阅读；阅读较少显著低于阅读较多和经常阅读；阅读较多显著低于经常阅读。

（二）自然科学类书刊阅读情况

采用单因素方差分析的方法，对小学语文教师教学胜任力总分和一级指标进行自然科学类书刊不同阅读频率的差异分析，结果见表1-31。

数据显示，胜任力总分和一级指标均存在显著性自然科学类书刊不同阅读频率差异（$F=297.74$, $p<0.01$；$F=134.79$, $p<0.01$；$F=396.38$,

$p<0.01$;$F=205.63$,$p<0.01$;$F=77.93$,$p<0.01$)。

表1-31　　　小学语文教师教学胜任力总分和一级
指标自然科学类书刊不同阅读频率差异分析

	从不阅读		阅读较少		阅读较多		经常阅读		F	p
	M	SD	M	SD	M	SD	M	SD		
胜任力总分	4.23	0.60	4.42	0.44	4.59	0.44	4.82	0.41	297.74	<0.01
知识素养	3.50	0.70	3.67	0.59	3.84	0.57	4.03	0.60	134.79	<0.01
教学能力	4.23	0.76	4.60	0.59	4.88	0.59	5.21	0.54	396.38	<0.01
职业品格	4.51	0.65	4.68	0.51	4.84	0.51	5.07	0.46	205.63	<0.01
个人特质	4.19	0.59	4.20	0.43	4.29	0.44	4.42	0.45	77.93	<0.01

经检验可知，在胜任力和各一级指标上，从不阅读显著低于阅读较少、阅读较多和经常阅读；阅读较少显著低于阅读较多和经常阅读；阅读较多显著低于经常阅读。

(三) 人文社科类书刊阅读情况

采用单因素方差分析的方法，对小学语文教师教学胜任力总分和一级指标进行人文社科类书刊不同阅读频率的差异分析，结果见表1-32。

表1-32　　　小学语文教师教学胜任力总分和一级指标人文
社科类书刊不同阅读频率差异分析

	从不阅读		阅读较少		阅读较多		经常阅读		F	p
	M	SD	M	SD	M	SD	M	SD		
胜任力总分	4.26	0.68	4.40	0.46	4.56	0.43	4.79	0.41	267.39	<0.01
知识素养	3.53	0.72	3.66	0.61	3.81	0.56	4.01	0.60	116.65	<0.01
教学能力	4.27	0.83	4.57	0.61	4.83	0.58	5.16	0.55	348.66	<0.01
职业品格	4.53	0.75	4.65	0.53	4.82	0.48	5.04	0.46	198.07	<0.01
个人特质	4.21	0.66	4.20	0.45	4.27	0.43	4.41	0.44	67.74	<0.01

数据显示，胜任力总分和一级指标均存在显著性人文社科类书刊不同阅读频率差异（$F=267.39$，$p<0.01$；$F=116.65$，$p<0.01$；$F=348.66$，$p<0.01$；$F=198.07$，$p<0.01$；$F=67.74$，$p<0.01$）。

事后经检验得知，从不阅读显著低于阅读较少、阅读较多和经常阅读；阅读较少显著低于阅读较多和经常阅读；阅读较多显著低于经常阅读。在个人特质方面从不阅读显著高于阅读较少，显著低于阅读较多和经常阅读；阅读较少显著低于阅读较多和经常阅读；阅读较多显著低于经常阅读。

（四）藏书及订阅报刊情况

采用单因素方差分析的方法，对小学语文教师教学胜任力总分和一级指标进行不同藏书情况的差异分析，结果见表1-33。

表1-33　　小学语文教师教学胜任力总分和一级指标不同藏书情况差异分析

	10本及以下		11—50本		51—100本		101本及以上		F	p
	M	SD	M	SD	M	SD	M	SD		
胜任力总分	4.31	0.54	4.47	0.44	4.63	0.44	4.73	0.40	196.00	<0.01
知识素养	3.56	0.67	3.73	0.58	3.87	0.59	3.96	0.57	93.38	<0.01
教学能力	4.43	0.70	4.69	0.60	4.92	0.59	5.06	0.56	233.29	<0.01
职业品格	4.55	0.61	4.73	0.51	4.87	0.49	5.00	0.44	165.64	<0.01
个人特质	4.18	0.52	4.23	0.43	4.31	0.43	4.38	0.43	48.84	<0.01

数据显示，胜任力总分和一级指标都体现出了在胜任力总分、知识素养以及教学能力和职业品格，均存在显著性不同藏书差异（$F=196.00$，$p<0.01$；$F=93.38$，$p<0.01$；$F=233.29$，$p<0.01$；$F=165.64$，$p<0.01$；$F=48.84$，$p<0.01$）。

事后经检验得知，在胜任力总分和各一级指标上，教师藏书为10本及以下显著低于11—50本、51—100本和101本及以上；11—50本显著低于51—100本和101本及以上，51—100本显著低于101本及以上。

采用单因素方差分析的方法，对小学语文教师教学胜任力总分和一级指标进行不同订阅报刊种类的差异分析，结果见表1-34。

数据显示，胜任力总分、知识素养、教学能力和职业品格存在显著性不同订阅报刊种类差异（$F=206.94$，$p<0.01$；$F=146.98$，$p<0.01$；$F=275.95$，$p<0.01$；$F=150.04$，$p<0.01$）。个人特质不存在显著性不同订阅报刊种类差异。

表 1-34　　小学语文教师教学胜任力总分和一级
指标不同订阅报刊种类差异分析

	没有订阅		1 种		2 种		3 种及以上		F	p
	M	SD	M	SD	M	SD	M	SD		
胜任力总分	4.38	0.47	4.50	0.45	4.62	0.45	4.77	0.41	206.94	<0.01
知识素养	3.59	0.60	3.77	0.58	3.89	0.59	4.00	0.58	146.98	<0.01
教学能力	4.54	0.63	4.72	0.61	4.92	0.58	5.13	0.55	275.95	<0.01
职业品格	4.64	0.53	4.75	0.52	4.87	0.51	5.02	0.45	150.04	<0.01
个人特质	4.21	0.45	4.25	0.43	4.29	0.45	4.38	0.45	36.84	<0.01

事后经检验得知，在胜任力总分和各一级指标上，没有订阅显著低于 1 种、2 种和 3 种及以上；1 种显著低于 2 种和 3 种及以上；2 种显著低于 3 种及以上。

四　教学借鉴

（一）教学观摩

采用单因素方差分析的方法，对小学语文教师教学胜任力总分和一级指标进行不同观摩教学频率的差异分析，结果见表 1-35。

表 1-35　　小学语文教师教学胜任力总分和一级
指标不同观摩教学频率差异分析

	从未观摩		观摩较少		观摩较多		经常观摩		F	p
	M	SD	M	SD	M	SD	M	SD		
胜任力总分	3.96	0.79	4.36	0.47	4.58	0.43	4.76	0.40	305.71	<0.01
知识素养	3.28	0.88	3.64	0.59	3.81	0.59	3.98	0.58	125.38	<0.01
教学能力	3.97	0.92	4.51	0.62	4.85	0.57	5.12	0.54	398.20	<0.01
职业品格	4.18	0.92	4.62	0.55	4.84	0.48	5.01	0.44	234.86	<0.01
个人特质	3.94	0.75	4.19	0.45	4.28	0.43	4.38	0.42	71.61	<0.01

数据显示，胜任力总分和一级指标均存在显著性不同观摩教学频率差异（$F=305.71$，$p<0.01$；$F=125.38$，$p<0.01$；$F=398.20$，$p<0.01$；$F=234.86$，$p<0.01$；$F=71.61$，$p<0.01$）。

事后经检验得知,在胜任力总分方面和各一级指标上,从未观摩显著低于观摩较少、观摩较多和经常观摩;观摩较少显著低于观摩较多和经常观摩;观摩较多显著低于经常观摩。

(二) 教学请教

表 1-36　不同请教教学频率小学语文教师教学胜任力指标得分差异分析

	从未请教		很少请教		有时请教		经常请教		F	p
	M	SD	M	SD	M	SD	M	SD		
胜任力总分	3.82	1.18	4.20	0.62	4.45	0.47	4.65	0.41	183.98	<0.01
知识素养	3.17	1.17	3.60	0.70	3.73	0.61	3.85	0.58	39.97	<0.01
教学能力	3.81	1.30	4.29	0.77	4.66	0.63	4.94	0.57	205.35	<0.01
职业品格	4.08	1.39	4.38	0.71	4.70	0.53	4.91	0.45	183.83	<0.01
个人特质	3.77	1.04	4.11	0.60	4.22	0.44	4.33	0.42	57.62	<0.01

数据显示,胜任力总分和一级指标均存在显著性不同请教教学频率差异($F=183.98$,$F=39.97$,$F=205.35$,$F=183.83$,$F=57.62$,$p<0.01$)。

事后经检验得知,在胜任力总分和各一级指标上,从未请教显著低于很少请教、有时请教和经常请教;很少请教显著低于有时请教和经常请教;有时请教显著低于经常请教。

五　教学研究

以小学语文教师承担的最高课题级别为自变量,以其教学胜任力总分及各一级指标得分为因变量做单因素分析,得出表1-37。结果表明,小学语文教师承担的课题级别影响其教学胜任力水平,同时影响其在知识素养、教学能力、职业品格及个人特质上的表现。

在教学研究成果方面,小学语文教师发表(含出版)的教学研究成果对小学语文教师教学胜任力水平也产生显著性影响。如表1-38所示,小学语文教师的胜任力总分 $F=109.206$,$P=0.000<0.05$。在各项一级指标中,知识素养 $F=108.322$,$P=0.000<0.05$;教学能力 $F=106.730$,$P=0.000<0.05$;职业品格 $F=42.153$,$P=0.000<0.05$;个人特质 $F=35.676$,$P=0.000<0.05$。这说明小学语文教师发表(含出版)的教学研

究成果也影响其在各一级指标上的表现。

表 1-37　承担不同最高级别课题小学语文教师教学胜任力指标得分差异分析表

最高课题级别	平均分		显著性检验	
			F 值	P 值
胜任力总分	没承担课题	4.4575	54.937	0.000
	校级课题	4.5929		
	县（区）级课题	4.6204		
	市级课题	4.6458		
	省级课题	4.7039		
	国家级课题	4.8107		
知识素养	没承担课题	3.6879	44.568	0.000
	校级课题	3.8948		
	县（区）级课题	3.8951		
	市级课题	3.8569		
	省级课题	4.9493		
	国家级课题	4.0385		
教学能力	没承担课题	4.6593	67.307	0.000
	校级课题	4.8883		
	县（区）级课题	4.9171		
	市级课题	4.9239		
	省级课题	5.0316		
	国家级课题	5.1214		
职业品格	没承担课题	4.7186	38.006	0.000
	校级课题	4.8306		
	县（区）级课题	4.8738		
	市级课题	4.9012		
	省级课题	4.9449		
	国家级课题	5.0717		
个人特质	没承担课题	4.2350	16.963	0.000
	校级课题	4.2691		
	县（区）级课题	4.2887		
	市级课题	4.3526		
	省级课题	4.3601		
	国家级课题	4.4716		

表 1-38　不同教学研究成果小学语文教师教学胜任力指标得分差异分析表

成果发表情况		平均分	显著性检验	
			F 值	P 值
胜任力总分	没有发表	4.4736	60.650	0.000
	1—2 篇	4.6101		
	3—4 篇	4.6536		
	5 篇及以上	4.6572		
知识素养	没有发表	3.7091	54.327	0.000
	1—2 篇	3.8626		
	3—4 篇	3.9493		
	5 篇及以上	3.9391		
教学能力	没有发表	4.6906	69.569	0.000
	1—2 篇	4.8836		
	3—4 篇	4.9594		
	5 篇及以上	4.9600		
职业品格	没有发表	4.7314	41.417	0.000
	1—2 篇	4.8705		
	3—4 篇	4.8756		
	5 篇及以上	4.8977		
个人特质	没有发表	4.2346	17.419	0.000
	1—2 篇	4.3040		
	3—4 篇	4.3355		
	5 篇及以上	4.3292		

六　教学压力

采用单因素方差分析的方法，对小学语文教师教学胜任力总分和一级指标进行承受不同教学压力的差异分析，结果见表 1-39。

调查结果显示，小学语文教师教学胜任力总分和知识素养、教学能力、职业品格和个人特质在不同的教学压力下均存在显著差异（$F=23.66$，$F=18.74$，$F=27.32$，$F=14.87$，$F=32.36$，$p<0.01$）。

表 1-39　　小学语文教师教学胜任力总分和一级指标
承受不同教学压力的差异分析

	没有压力		压力较少		压力较大		压力很大		F	p
	M	SD	M	SD	M	SD	M	SD		
胜任力总分	4.70	0.49	4.53	0.44	4.51	0.46	4.64	0.59	23.66	<0.01
知识素养	3.98	0.55	3.81	0.58	3.74	0.60	3.85	0.75	18.74	<0.01
教学能力	5.06	0.65	4.80	0.61	4.73	0.63	4.87	0.75	27.32	<0.01
职业品格	4.96	0.55	4.79	0.49	4.77	0.52	4.87	0.66	14.87	<0.01
个人特质	4.28	0.46	4.23	0.40	4.27	0.44	4.44	0.60	32.36	<0.01

事后经检验得知，在胜任力总分和各一级指标上，没有压力的小学语文教师教学胜任力显著高于压力较小、压力较大和压力很大的小学语文教师；压力较小的小学语文教师教学胜任力显著高于压力较大和压力很大的小学语文教师。

第四节　结论与建议

本节将在前文分析的基础上进一步概括江西省小学语文教师教学胜任力的水平和特点，并在此基础上提出提升江西省小学语文教师教学胜任力的对策建议。

一　基本结论

（一）小学语文教师教学胜任力处于中等偏上水平

经统计分析，江西省小学语文教师教学胜任力的平均得分为 4.41 分，这说明该省小学语文教师教学胜任力总体处于中等偏上水平。

具体来看，该省小学语文教师教学胜任力在各一级指标中的平均分由高到低排序分别为：职业品格、教学能力、个人特质和知识素养。由此可知，该省小学语文教师的职业品格和教学能力相对较好，但个人特质、尤其在知识素养方面亟待改进。小学语文教师在 11 个二级指标中有 7 个指标平均分超过了 4.5 分，其中有 3 个二级指标平均分超过 5 分，分别是教学探索（5.00 分）、职业态度（5.12 分）和职业情感（5.01 分），说明小学语文教师在这几个二级指标方面表现较好。另有 3 个二级指标平均分在4.5以下，分别是通识知识（3.73分）、职业追求（4.32分）和自我特性（3.67分），说明小学语文教师在这3个二级指标方面亟待加强。从三级指标看，小学语文教师在多数三级指标中得分较好，但在自然科学知识（3.08）、适应性（3.44）、平等性（3.14）方面，尤其是在教育理论知识（2.00）、教学自主（2.42）、职业规划（2.20）、自我调控（2.58）、心理状态（2.26）、身体状况（2.60）等方面需要加强。

（二）不同的小学语文教师教学胜任力存在差异

从所在地区看，该省11个设区市的小学语文教师教学胜任力总分情况如下：上饶（4.50）、萍乡（4.59）、吉安（4.55）、南昌（4.41）、景德镇（4.57）、抚州（4.55）、新余（4.36）、鹰潭（4.50）、宜春（4.55）、九江（4.34）、赣州（4.57）。

从教师任教区域看，城区小学语文教师的教学胜任力明显高于农村小学语文教师的教学胜任力。城区小学语文教师教学胜任力一级指标和大部分二级指标表现均优于乡村小学语文教师，其自我特性则逊色于乡村小学语文教师。

从性别看，小学语文男教师在教学胜任力总分及各一级指标的得分均高于女教师。在二级指标中，男教师除人际特征平均分低于女教师外，其他二级指标的平均分均高于女教师。

从年龄看，小学语文教师的教学胜任力在40—50岁间水平均值最高。而以50岁为临界点，年龄处于50岁前的小学语文教师其教学胜任力水平随年龄的增长而不断提升，但在50岁后趋于稳定。在一级指标中，小学语文教师的知识素养和个人特质随年龄的增长而不断得到提升，但教学能力和职业品格在50岁后趋于稳定。

从教龄看，在总体教学胜任力水平上，小学语文教师在教龄未满30年的时候，其教学胜任力水平随教龄的增长而不断提升，但教龄满30年后其教学胜任力趋于稳定。在一级指标中，小学语文教师的知识素养、职业道德和个人特质随教龄的增长而不断提升，但教学能力在教龄满30年后变化不显著。

从编制情况看，在教学胜任力总体和各一级指标上，已是国家正式编制的小学语文教师教学胜任力水平显著高于未获得国家正式编制的小学语文教师。

从职称看，小学语文教师教学胜任力总平均分高低进行排序依次为小教高级、小教一级、小教二级、小教三级和未评职称。这说明小学语文教师的职称等级越高，其教学胜任力水平也越高。

从每周课时量看，周课时在15节及以下的小学语文教师教学胜任力水平最高，随着课时量的增加教师的教学胜任力水平呈下降趋势。

从任班主任状况看，未任班主任的小学语文教师教学胜任力水平高于任班主任的小学语文教师。

从受表彰情况看，小学语文教师受表彰的层次越高其教学胜任力也越高。

（三）多种因素影响小学语文教师的教学胜任力水平

对江西省小学语文教师教学胜任力产生影响的因素主要有以下几个方面：

第一，开展教研活动。开展教研活动频率越高，越能够提升教师的教学水平。

第二，参与教师培训。小学语文教师所在学校组织的教师培训越多，教师的教学胜任力水平越能够得到显著提升。

第三，文献阅读。小学语文教师对各类文献阅读的频率越高，其教学胜任力也越能够得到提升。同理，小学语文教师的藏书越多、订阅的报刊种类越多，其教学胜任力水平也越高。

第四，教学借鉴。能够经常主动观摩其他教师的教学活动、经常向同事请教遇到的教学问题的小学语文教师在教学胜任力水平上的表现明显优于没有参加教学观摩与学习的教师。

第五，教学研究。小学语文教师承担的教学研究课题级别越高，发表（出版）的教学研究成果越多，其教学胜任力水平越高。

第六，教学压力。教学压力小的小学语文教师的教学胜任力水平要高于教学压力大的小学语文教师。

二　主要建议

根据江西省小学语文教师教学胜任力存在的问题及主要影响因素，提出如下对策建议。

（一）加强教研组织建设

从学校层面而言，教研组织是教师进行教学研究和思想交流的重要平台。学校要高度重视小学语文教师教研组织的建设，积极开展教研活动，不断加强教师之间的合作交流与相互沟通。教师自身应端正态度，积极参加教研组织开展的各类教研活动，从而提高教学胜任力水平。具体来说，一是要建立健全检查监督和教师教学考评机制，及时发现和解决问题，总结经验和教训。二是要结合学校自身实际，积极安排教研组织活动。三是要重视对教研组织负责人的培训指导。四是要为教学研究活动提供有效支持，比如要保证配备相关工具书、参考资料、信息技术设备、图书资料，外出参观学习以及开展有关教研活动、竞赛活动等的必要经费。

（二）激励教师参加培训

参加各类教师培训是提高小学语文教师教学胜任力的重要途径。学校要及时丰富教师培训的内容与形式，多开展具有时代性和可操作性的教师培训活动。同时，教师自己也要积极争取机会参加各类培训。学校可以考虑从以下几个方面激励教师参加培训：一是积极鼓励教师外出进修学习。可以根据实际情况，每年安排一定数量的小学语文教师进修学习。二是鼓励教师参加学历提升等形式的培训学习。三是对外出进修学习、参加培训的教师给予相应的补贴。四是把教师培训学习与教师职称晋升、评先和奖优等挂钩，形成教师培训的长效机制。

（三）积极开展教学观摩

教学观摩也是提升教师教学胜任力水平的一种有效途径。因此，学校可以将教学观摩制度化和规范化，定期或不定期地开展各种形式、各种类型的教学观摩活动，以提升教师的教学胜任力水平。小学语文教师自身也要主动参加学校组织的各种教学观摩活动，争取更多的学习交流机会。

（四）提高教师知识储备

调查发现，大部分小学语文教师在阅读人文社科、教育科学、自然科学等书刊越多，他们的教学胜任力水平也越高。有鉴于此，学校要改善图书馆等硬件设施，鼓励小学语文教师广泛涉猎，拓宽知识视野，提高知识涵养。小学语文教师自身要不断学习专业知识，尽可能拓展阅读范围，主动学习教育教学理论以及自然科学知识和人文社会科学知识，时刻关注专业动态，紧跟专业发展前沿。提高教师知识素养的不二法门仍然是"读书"，爱好读书应该是教师的职业素养和习惯。教师大量广泛的阅读可以为其教学提供广阔的智力背景。

（五）减轻教师心理压力

调查发现，教师教学压力太大会对教师教学胜任力产生不良的影响。学校应多方位地为教师营造和谐安定的工作环境，尽量减少教师的工作和生活压力，及时解决教师在工作和生活中面临的各类矛盾与冲突。教师的心理压力最终还是要靠教师自身去解决。教师可以从以下方面做出努力：首先，切实增强自我保健意识，正确全面地认识自我，保持平和心态。其次，要适时、适当、适度调节压力带来的不良情绪，积极发展自己的兴趣爱好，在工作之余要多寻找生活的乐趣，养成良好的生活习惯。再次，要不断扩展自己的朋友圈，提高自己的人际交往能力，在学校和生活中要全面构建自己的人际关系圈，这样一来教师在面对一些矛盾时才能及时得到同事、朋友和亲人的关心与关爱，帮助自己解决心理问题，减轻心理压力。最后，在工作和生活中要善于理性地看待问题，随时给予自己积极的心理暗示，多看到自己和他人身上的闪光点，保持积极乐观的工作态度，及时将压力转为动力。

第二章　小学数学教师教学胜任力研究

本章研究的是小学数学教师的教学胜任力问题。首先简要介绍小学数学教师教学胜任力研究的背景、意义与方法；其次阐述小学数学教师教学胜任力研究的设计、实施、对象与结果；再次分析影响小学数学教师教学胜任力的因素；最后对小学数学教师教学胜任力的现状进行概括，并在此基础上提出提升小学数学教师教学胜任力的对策建议。

第一节　研究的背景、意义与方法

一　研究背景

（一）时代发展的诉求

近年来，由教育部、财政部实施了"小学教师国家级培训计划"，简称"国培计划"，旨在全面提高中小学教师队伍的整体素质。当前，为促进教育的可持续发展，建设一支高素质的教师队伍刻不容缓。因此，为提升教师质量，我国出台了各级教师标准，制定了各种培训计划。在一定程度上，这些标准和计划的制定与实施对提高教师整体素质发挥了积极的作用。教师胜任力的研究，一则有利于细化教师的各项能力与素质，区分教师的绩效，对教师的招聘、培训、测评等具有重要的意义；二则有利于教师自身的专业发展。

（二）课程改革的需求

伴随着小学数学课程改革的发展和深化，陆续提出了许多新的符合社会发展的课程理念，针对小学数学课程内容、课程结构、课程决策、课程开发、课程组织与实施、课程评价等方面进行了改革，而教师是课程改革的实施者与推进者，要求教师改变传统的教学观念和教学方式以及课程的内容、结构与评价等,对教师的能力与素质提出了更高的要求。就目前而言,教师素质尚不能很好地适应课程改革的要求。① 例如,教师依然以教科书为中心,倚重传统的教学方式,教学理论与方式,以教师为中心的传统课堂仍在继续,教师的角色尚未发生应有的改变。

在课程与教学方面,传统的课堂与教学已不能适应当今社会的需要,提高教师的教学胜任力,培养高素质的教师队伍,已成为当今课程与改革中的重要内容。

二 研究意义

(一) 理论价值

近年来,教师胜任力逐步成为研究的热点,提高教师的能力和素质成为当代教育发展的重要任务之一。通过对以往研究的分析发现,我国对于教师胜任力的研究虽然起步较晚,但发展较快,取得了不少研究成果。但是我国学者主要将目光聚焦于理论的探索、模型的建构以及对现状的述评,缺乏规范的实证研究。因此,本研究拟对小学数学教师教学胜任力进行实证研究,在研究对象和研究内容上具有一定的创新性,细化了教师胜任力的研究,有助于丰富小学数学教师胜任力的理论。

(二) 现实意义

教师素质与教育质量息息相关,培养一支高素质的教师队伍有利于我国教育事业的发展。一方面,实证与理论相结合,通过对江西省小学数学教师教学胜任力现状进行调查,有利于揭示小学数学教师教学胜任力存在的问题。另一方面,对教师个人而言,有助于了解自身教学胜任力的水平,有利于教师进行自我反思,自我评价、自我提高,科学规划教师职业生涯,从而促进教师专业发展。对学校而言,通过了解学校小学数学教师教学胜任力的水平,将其纳入教师管理和评价的体系中,有助于提高学校教师管理的水平。

---

① 肖磊,靳玉乐:《中国新课程改革的检视:异域学者的观点》,《课程·教材·教法》2013 年第 6 期。

三　研究方法

（一）文献法

利用有效的图书及电子资源查找国内外关于小学数学教师教学胜任力的文献资料，并加以梳理、分析和研究。

（二）调查法

为了掌握小学数学教师教学胜任力的现状，通过设计调查问卷对江西省小学数学教师教学胜任力进行实际调查，并对调查数据进行全面的分析，呈现该省小学数学教师教学胜任力的基本情况。

（三）统计法

本研究运用统计学的方法对收集的数据进行分析和梳理，并通过SPSS22.0测量软件对样本数据进行处理与分析，为江西省小学数学教师教学胜任力现状及其影响因素的分析提供数据支持。

第二节　小学数学教师教学胜任力的调查与分析

为了收集小学数学教师教学胜任力的数据，掌握其教学胜任力的现状，我们通过发放问卷的方式，对江西省11个设区市的小学数学教师教学胜任力进行了较大样本的调查，使用SPSS22.0软件对调查数据进行统计分析，揭示该省小学数学教师教学胜任力的情况。

一　调查的设计

本研究采用何齐宗教授编制的调查问卷。该问卷由教师的个人信息、教师行为项目以及教学影响因素构成。

本问卷题目涉及小学数学教师教学胜任力的4个一级指标（知识素养、教学能力、职业品质和个人特质）以及每个一级指标下分别对应的二级指标11个，即教育知识、学科知识、通识知识、教学设计、教学实践、教学探索、职业态度、职业情感、职业追求、自我特性和人际特性。二级指标下对应50个三级指标，分别为教育理论知识、教育实践性知识、学科基本知识、学科前沿知识、自然科学知识、人文社科知识、教学目标设定、教学对象分析、信息获取与处理、教学内容安排、教学方法选择、课堂组织、语言表达、教学演示、教育技术运用、启发技巧、激励艺术、师生互动、教学自主、教学评价、教学反思、教学研究、教学改革、责任心、进取心、严谨性、师生关系、教学情感、专业认同、待遇认同、单位认同、职业规划、职业理想、职业信念、职业境界、适应性、坚持性、计划性、自信心、幽默感、批判思维、自我调控、心理状态、身体状况、民主性、平等性、公正性、宽容性、沟通能力、合作精神。

问卷分为三部分，第一部分为教师个人信息，共16题。第二部分为教师行为项目，共84题，采用6点计分法，题目包含了四个一级指标、11个二级指标以及50个三级指标。其中有18道题为反向记分题。第三部分为教学影响因素，共21题。

二 调查的实施

2016年9月至2017年4月期间，通过发放纸质问卷和电子问卷的方式，共发放问卷6000份，回收问卷5600份，回收率为93.3%。剔除无效问卷313份，有效问卷5287份，问卷有效率为94.4%。

三 调查的对象

本研究调查的对象是江西省的小学数学教师，调查范围覆盖全省。

（一）地域分布

调查对象覆盖了江西省11个设区市，具体分布情况为：抚州市423人，占8%；赣州市726人，占13.7%；吉安市318人，占6%；景德镇市1213人，占22.9%；九江市177人，占3.3%；南昌市116人，占2.2%；萍乡市52人，占1%；上饶市893人，占16.9%；新余市51人，占1%；宜春市1174人，占22.2%；鹰潭市144人，占2.7%。

（二）学校性质

调查对象所在学校性质（城、乡）情况为：城区小学教师1443人，占27.3%；乡村小学教师3844人，占72.7%。乡村学校的比例较大，其原因为本次问卷主要借助于江西省中小学教师参加"国培"的机会发放，而参加"国培"的教师大部分来自于乡村小学。

调查对象所在学校性质（公、私）情况为：公办学校教师5194人，占98.24%，民办小学教师93人，占1.76%。公办学校占大部分，而民办学校仅占小部分。

(三) 性别结构

在调查对象中，男女性别比例较为均衡。男教师 2657 人，占 50.3%；女教师 2630 人，占 49.7%。

(四) 年龄与教龄结构

1. 年龄状况

本次调查对象中年龄最小的 19 岁，最大的 59 岁，平均年龄 36.21 岁，年龄跨度较大。将年龄表述为 a，并按 10 岁一组分为四组，第一组（$19 \leq a \leq 30$）1818 人，占 34.4%；第二组（$30 < a \leq 40$）1697 人，占 32.1%；第三组（$40 < a \leq 50$）1343 人，占 25.4%；第四组（$50 < a \leq 60$）429 人，占 8.1%。可见，调查对象年龄分布集中在 19 岁到 50 岁之间，中青年教师所占比例较大。

2. 教龄状况

调查对象的教龄最短的半年，最长的 40 年，平均教龄为 15.474 年。用字母 b 来表述教龄，因教龄时间跨度较大，故以 10 年为一组进行划分，将调查对象划分为四组。第一组（$0.5 \leq b \leq 10$）2155 人，占 40.8%；第二组（$10 < b \leq 20$）1367 人，占 25.9%；第三组（$20 < b \leq 30$）1324 人，占 25%；第四组（$30 < b \leq 40$）441 人，占 8.3%。可见，教龄在 0.5 年至 10 年的小学数学教师人数最多，所占比例最大；而教龄在 30 年至 40 年的小学数学教师人数最少，所占比例最小。

(五) 编制与职称

1. 编制结构

已经获得国家编制的小学数学教师为 5124 人，占 96.92%；未获得国家编制的小学数学教师 163 人，占 3.08%。

2. 职称结构

调查对象的职称结构为：未评职称的小学数学教师 453 人，占 8.6%；职称为小教一级的教师 1455 人，占 27.5%；职称为小教二级的教师 605 人，占 11.4%；职称为小教三级的教师 153 人，占 2.9%；职称为小教高级的教师 2621 人，占 49.6%。

(六) 学历结构

调查对象的学历结构分布为：高中（或中专）330 人，占 6.2%；大专 2139 人，占 40.5%；本科 2805 人，占 53.1%；硕士 2 人，占 0.0%；博士 3 人，占 0.1%；其他占 0.2%。

调查对象第一学历性质为师范类的 4235 人，占 80.1%；非师范类 1052 人，占 19.9%。

（七）任教情况

1. 任教年级

调查对象主要任教年级分布情况如下：任教一年级 512 人，占 9.7%；任教二年级 704 人，占 13.3%；任教三年级 870 人，占 16.5%；任教四年级 1005 人，占 19%；任教五年级 1186 人，占 22.4%；任教六年级 1010 人，占 19.1%。

2. 周课时量

本研究的调查对象中每周课时量为 10 课时及以下的 300 人，占 5.7%；11—15 课时的 2244 人，占 42.4%；16—20 课时的 2065 人，占 39.1%；21 课时及以上的 678 人，占 12.8 人。可见，小学数学教师每周的课时量集中在 11—20 课时之间。

3. 任班主任状况

本次调查对象中担任班主任的 2753 人，占 52.1%；未担任班主任的 2534 人，占 47.9%。

（八）受表彰情况

本次调查对象受主要受表彰情况如下：未受过表彰的教师 851 人，占 16.1%；受过校级表彰的 1117 人，占 21.1%；受过县（区）级表彰的 1984 人，占 37.5%；受过市级表彰的 882 人，占 16.7%；受过省级表彰的 335 人，占 6.3%；受过国家级表彰的 118 人，占 2.2%。

四 调查的结果

（一）指标得分

调查对象一级指标平均分得分情况见表 2-1。

通过统计可知，本研究的调查对象胜任力总平均分为 4.45。由上表数据可知，四个一级指标平均分得分情况如下：知识素养为 3.85；教学能力为 4.84；职业品格为 4.81；个人特质为 4.28。可见，教学能力平均分得分最高，知识素养平均分得分最低。

表 2-1　　　　　小学数学教师一级指标平均分得分情况

一级指标	平均分	最小值	最大值
知识素养	3.85	1.00	6.00
教学能力	4.84	1.48	6.00
职业品格	4.81	1.25	6.00
个人特质	4.28	1.00	6.00

调查对象二级指标平均分得分情况见表 2-2。

表 2-2　　　　　小学数学教师二级指标平均分得分情况

二级指标	平均分	最小值	最大值
教育知识	3.41	1.00	6.00
学科知识	4.90	1.00	6.00
通识知识	3.69	1.00	6.00
教学设计	5.00	1.44	6.00
教学实施	4.63	1.54	6.00
教学探索	5.07	1.40	6.00
职业态度	5.13	1.38	6.00
职业情感	5.04	1.00	6.00
职业追求	3.91	0.90	6.00
自我特性	3.67	1.00	6.00
人际特性	4.75	1.00	6.00

由上表数据可知，在 11 个二级指标中，四个指标平均分得分低于 4，分别是教育知识、通识知识、职业追求和自我特性；四个指标平均分得分高于 5，分别为教学设计、教学探索、职业态度和职业情感。

（二）分类得分

地区差异

由上表可知，江西省 11 设区市的小学数学教师胜任力总分平均分得分有所不同。萍乡市小学数学教师教学胜任力总分平均分最高（4.6726），九江市小学数学教师教学胜任力总分平均分最低（4.4489）。

在4个一级指标的平均分中，各地区知识素养平均分总体分数偏低。

表2-3　不同地区小学数学教师教学胜任力平均分统计

地区	胜任力总分	知识素养	教学能力	职业品格	个人特质
抚州	4.5254	3.8463	4.7794	4.7875	4.2167
赣州	4.5736	3.7917	4.8377	4.8045	4.3170
吉安	4.5505	3.7913	4.8366	4.8016	4.2433
景德镇	4.6229	3.9665	4.9369	4.8551	4.2707
九江	4.4489	3.6992	4.6575	4.7387	4.1853
南昌	4.4676	3.6972	4.6820	4.7399	4.2210
萍乡	4.6726	3.9712	4.8839	4.8830	4.4669
上饶	4.5440	3.7984	4.7959	4.7982	4.2665
新余	4.4652	3.7819	4.6914	4.6789	4.2345
宜春	4.5840	3.8696	4.8392	4.8124	4.3176
鹰潭	4.4862	3.7743	4.7227	4.7488	4.2064

表2-4　不同地区小学数学教师教学胜任力总分与一级指标的差异分析

一级指标	显著性检验	
	F值	P值
胜任力总分	5.219	0.000
知识素养	9.094	0.000
专业能力	7.108	0.000
职业品格	2.270	0.000
个人特质	4.761	0.000

以地区为自变量，以教学胜任力总分、一级指标得分为因变量进行单因素方差分析（详见表2-4）。结果发现，胜任力总分P值为0.00，小于0.05。这表明小学数学教师教学胜任力总分均值呈现显著地区性差异，且从胜任力总分均值来看，萍乡市>景德镇市>宜春市>赣州市>吉安市>上饶市>抚州市>鹰潭市>南昌市>新余市>九江市。4个一级指标P值均为0.00，小于0.05，表明小数数学教师在知识素养、教学能力、职业品格、个人特质呈现显著的地区差异。

表 2-5　　　　不同地区教师教学胜任力二级指标的差异分析

二级指标	显著性检验	
	F 值	P 值
教育知识	4.727	0.000
学科知识	12.825	0.000
通识知识	3.214	0.000
教学设计	7.558	0.000
教学实施	5.423	0.000
教学探索	8.000	0.000
职业态度	1.805	0.054
职业情感	4.641	0.000
职业追求	2.309	0.011
自我特性	6.545	0.000
人际特性	3.083	0.001

在 11 个二级指标中，教育知识、学科知识、通识知识、教学设计、教学实施、教学探索、职业情感、自我特性 P 值均为 0.00，职业追求 P 值为 0.011，人际关系 P 值为 0.001，均小于 0.05，表明 10 个二级指标存在显著的地区差异。而职业态度 P 值为 0.054，大于 0.05，这表明小学数学教师的职业态度地区差异性不明显。

（三）学校差异

表 2-6　不同学校（城、乡）教师教学胜任力总分与一级指标差异分析

	学校性质（城、乡）	人数	平均分	显著性检验	
				T 值	P 值
胜任力总分	城区学校	1443	4.5830	1.443	0.750
	乡村学校	3844	4.5624		
知识素养	城区学校	1443	3.8731	1.692	0.049
	乡村学校	3844	3.8422		
教学能力	城区学校	1443	4.8502	1.070	0.893
	乡村学校	3844	4.8299		
职业品格	城区学校	1443	4.8194	0.839	0.897
	乡村学校	3844	4.8060		
个人特质	城区学校	1443	4.2946	1.766	0.623
	乡村学校	3844	4.2699		

以学校性质（城、乡）为自变量，胜任力总分和一级指标为因变量进行独立样本 T 检验。结果发现，胜任力总分 P 值为 0.750，大于 0.05，调查对象所在学校性质（城、乡）在教学胜任力总分不存在显著差异。在一级指标中，教学能力、职业品格、个人特质 P 值均大于 0.05，这说明调查对象所在不同性质（城、乡）学校在教学能力、职业品格、个人特质上也不存在显著差异，但知识素养 P 值为 0.049，小于 0.05，不同学校（城、乡）在知识素养上存在明显差异，且城区学校的小学数学教师的知识素养均值得分高于乡村学校的小学数学教师。

表 2-7　不同学校（城、乡）教师教学胜任力二级指标的差异分析

	学校性质（城、乡）	人数	平均分	显著性检验	
				T 值	P 值
教育知识	城区学校	1443	3.4205	0.907	0.102
	乡村学校	3844	3.4006		
学科知识	城区学校	1443	4.9369	1.805	0.034
	乡村学校	3844	4.8837		
通识知识	城区学校	1443	3.7145	1.268	0.810
	乡村学校	3844	3.6837		
教学设计	城区学校	1443	4.9925	-0.550	0.809
	乡村学校	3844	5.0042		
教学实施	城区学校	1443	4.6644	2.458	0.621
	乡村学校	3844	4.6200		
教学探索	城区学校	1443	5.0772	0.637	0.440
	乡村学校	3844	5.0620		
职业态度	城区学校	1443	5.1273	-0.547	0.905
	乡村学校	3844	5.1387		
职业情感	城区学校	1443	5.0588	1.560	0.385
	乡村学校	3844	5.0267		
职业追求	城区学校	1443	3.9236	1.350	0.907
	乡村学校	3844	3.9049		
个人特质	城区学校	1443	3.6878	1.103	0.951
	乡村学校	3844	3.6680		
人际特征	城区学校	1443	4.7714	1.700	0.406
	乡村学校	3844	4.7429		

以学校性质（城、乡）为自变量，二级指标为因变量进行独立样本 T 检验。由表中数据可知，学科知识呈现城乡差异，且城区学校优于乡村学校。

（四）性别差异

表 2-8　不同性别教师教学胜任力总分与一级指标的差异分析

	性别	人数	平均分	显著性检验	
				T 值	P 值
胜任力总分	男	2657	4.5893	3.365	0.005
	女	2630	4.5465		
知识素养	男	2657	3.8965	5.686	0.000
	女	2630	3.8042		
教学能力	男	2657	4.8588	2.778	0.153
	女	2630	4.8119		
职业品格	男	2657	4.8285	2.664	0.000
	女	2630	4.7907		
个人特质	男	4942	4.2903	2.201	0.003
	女	2630	4.2629		

以性别为自变量，教学胜任力总分及各一级指标为因变量进行独立样本 T 检验。结果发现小学数学教师教学胜任力总分 $P=0.005<0.05$，表明小学数学教师教学胜任力总分在性别上存在差异。在一级指标中，知识素养、职业品格、个人特质 P 值均小于 0.05，表明不同性别的数学教师在知识素养、职业品格、个人特质上存在显著性差异，但教学能力的性别差异不明显。在一级指标的均值得分上，男教师高于女教师。

以性别为自变量，二级指标为因变量进行独立样本 T 检验。结果发现，4 个二级指标（通识知识、教学设计、教学实施、教学探索）不存在性别差异；而其他 7 个二级指标（教育知识、学科知识、职业态度、职业情感、职业追求、自我特性、人际特性）P 值均小于 0.05，存在显著性别差异。从这些指标的均值来看，除学科知识男教师高于女教师外，其余指标（教育知识、职业态度、职业情感、职业追求、自我特质、人际特质）则女教师优于男教师。

表 2-9　　不同性别教师教学胜任力二级指标的差异分析

	性别	人数	平均分	显著性检验	
				T 值	P 值
教育知识	男	2657	3.4607	5.648	0.026
	女	2630	3.3509		
学科知识	男	2657	5.0004	7.860	0.000
	女	2630	4.7951		
通识知识	男	2657	4.6645	-2.564	0.124
	女	2630	3.7200		
教学设计	男	2657	5.0218	-2.201	0.132
	女	2630	4.9801		
教学实施	男	2657	4.6528	2.584	0.212
	女	2630	4.6112		
教学探索	男	2657	5.1011	3.309	0.299
	女	2630	5.0309		
职业态度	男	2657	5.1366	0.113	0.028
	女	2630	5.1345		
职业情感	男	2657	5.0655	3.295	0.000
	女	2630	5.0051		
职业追求	男	2657	3.9332	3.783	0.000
	女	2630	3.8865		
自我特性	男	2657	3.6954	2.753	0.015
	女	2630	3.6512		
人际特质	男	2657	4.7578	0.954	0.003
	女	2630	4.7435		

（五）年龄与教龄差异

1. 年龄差异

本研究将小学数学教师年龄分为四个组，分别为第一组（19≤a≤30）、第二组（30<a≤40）、第三组（40<a≤50）、第四组（51<a≤60）。

表 2-10　　不同年龄组教师胜任力总分与一级指标差异分析

	年龄分组	人数	平均分	显著性检验	
				T 值	P 值
胜任总分	第一组	1818	4.4708	44.817	0.000
	第二组	1697	4.5945		
	第三组	1343	4.6413		
	第四组	429	4.6454		
知识素养	第一组	1818	3.6920	82.882	0.000
	第二组	1697	4.8808		
	第三组	1343	3.9562		
	第四组	429	4.0726		
教学能力	第一组	1818	4.6928	56.729	0.000
	第二组	1697	4.8680		
	第三组	1343	4.9542		
	第四组	429	4.9397		
职业品格	第一组	1818	4.7160	34.525	0.000
	第二组	1697	4.8306		
	第三组	1343	4.8890		
	第四组	429	4.8757		
个人特质	第一组	1818	4.2450	4.874	0.002
	第二组	1697	4.3010		
	第三组	1343	4.2847		
	第四组	429	4.2896		

以年龄组为自变量，以胜任力总分、一级指标为因变量进行单因素分析。从表中数据可见，胜任力总分呈现显著的年龄差异，且年龄越大，胜任力总分均值越高。四个一级指标（知识素养、教学能力、职业品格、个人特质）P 值均小于 0.05，呈现显著的年龄差异。从均值看，第三组（40<a≤50）教学能力、职业品格均值最高，第四组（51<a≤60）知识素养、个人特质均值最高。11 个二级指标 P 值均小于 0.05，存在显著的年龄差异。从均值看，除通识知识、教学设计、职业追求、自我特性 4 个指标第四组（51<a≤60）均值最高，其余 7 个指标第三组（40<a≤50）均值最高。

表 2-11　　　　　不同年龄组教师二级指标差异分析

	年龄分组	人数	平均分	显著性检验	
				T 值	P 值
教育知识	第一组	1818	3.2599	53.901	0.000
	第二组	1697	3.4277		
	第三组	1343	3.4935		
	第四组	429	3.6661		
学科知识	第一组	1818	4.5905	112.318	0.000
	第二组	1697	4.9699		
	第三组	1343	5.1463		
	第四组	429	5.1422		
通识知识	第一组	1818	3.6579	4.723	0.003
	第二组	1697	3.6980		
	第三组	1343	3.6914		
	第四组	429	3.8159		
教学设计	第一组	1818	4.8468	53.356	0.000
	第二组	1697	5.0329		
	第三组	1343	5.1243		
	第四组	429	5.1430		
教学实施	第一组	1818	4.5132	42.416	0.000
	第二组	1697	4.6631		
	第三组	1343	4.7318		
	第四组	429	4.7013		
教学探索	第一组	1818	4.8824	60.899	0.000
	第二组	1697	5.1037		
	第三组	1343	5.2267		
	第四组	429	5.1939		
职业态度	第一组	1818	5.0254	27.561	0.000
	第二组	1697	5.1609		
	第三组	1343	5.2308		
	第四组	429	5.2040		
职业情感	第一组	1818	4.8840	55.214	0.000
	第二组	1697	5.0698		
	第三组	1343	5.1726		
	第四组	429	5.1119		

续表

	年龄分组	人数	平均分	显著性检验	
				T 值	P 值
职业追求	第一组	1818	3.8794	5.445	0.001
	第二组	1697	3.9157		
	第三组	1343	3.9281		
	第四组	429	3.9601		
自我特性	第一组	1818	3.6732	2.125	0.095
	第二组	1697	3.6906		
	第三组	1343	3.6425		
	第四组	429	3.7031		
人际特征	第一组	1818	4.6942	10.631	0.000
	第二组	1697	4.7806		
	第三组	1343	4.7893		
	第四组	429	4.7504		

由上表可知，11 个二级指标 P 值均小于 0.05，存在显著的年龄差异。从均值看，除通识知识、教学设计、职业追求、自我特性 4 个指标第四组（$51<a\leqslant 60$）均值最高，其余 7 个指标第三组（$40<a\leqslant 50$）均值最高。

表 2-12　不同年龄分段教师教学胜任力总分的多重比较（LSD）

因变量	年龄分段	均值差（I-J）	标准误	显著性	95%置信区间	
					下限	上限
胜任力总分	1—2	-0.12369*	0.1544	0.000	-0.1540	-0.0934
	1—3	-0.17044*	0.01646	0.000	-0.2027	-0.1382
	1—4	-0.17451*	0.02455	0.000	-0.2226	-0.1264
	2—3	-0.04675*	0.01671	0.005	-0.0795	-0.0140
	2—4	-0.05083*	0.02472	0.040	-0.0993	-0.0024
	3—4	0.00408*	0.02537	0.872	-0.0538	0.0457

＊. 均值差的显著性水平为 0.05。

以小学数学教师胜任力总分为因变量，以年龄分段为自变量进行 LSD

多重比较分析。由表中数据可知,第一组与第二组、第三组、第四以及第二组与第三组、第四组小学数学教师胜任力总分均值上存在显著差异。且年龄在第四组的小学数学教师教学胜任力总分均值最高,随着年龄的增加小学数学教师教学胜任力总分均值也提高。

表 2-13　不同年龄分段教师教学胜任力一级指标的多重比较（LSD）

因变量	年龄分段	均值差（I-J）	标准误	显著性	95%置信区间	
					下限	上限
知识素养	1—2	-0.18878*	0.01954	0.000	-0.2271	-0.1505
	1—3	-0.26412*	0.02083	0.000	-0.3050	-0.2233
	1—4	-0.38051*	0.03108	0.000	-0.4414	-0.3196
	2—3	-0.07534*	0.02115	0.000	-0.1168	-0.0339
	2—4	-0.19173	0.03128	0.000	-0.2531	-0.1304
	3—4	-0.11639*	0.03211	0.000	-0.1793	-0.0534
教学能力	1—2	-0.17522	0.02044	0.000	-0.2153	-0.1351
	1—3	-0.26148*	0.02179	0.000	-0.3042	-0.2188
	1—4	-0.24698*	0.03251	0.000	-0.3107	-0.1832
	2—3	-0.08627*	0.02212	0.000	-0.1296	-0.0429
	2—4	-0.07176*	0.03273	0.028	-0.1359	-0.0076
	3—4	0.01451	0.03359	0.666	-0.0513	0.0804
职业品格	1—2	-0.11452*	0.01723	0.000	-0.1483	-0.0807
	1—3	-0.17296*	0.01837	0.000	-0.2090	-0.1369
	1—4	-0.15965*	0.02741	0.000	-0.2134	-0.1059
	2—3	-0.05843*	0.01865	0.002	-0.0950	-0.0219
	2—4	-0.04515	0.02759	0.102	-0.0992	0.0090
	3—4	0.01331	0.02832	0.638	-0.0422	0.0688
个人特质	1—2	-0.05601*	0.01526	0.000	-0.0859	-0.0261
	1—3	-0.03971*	0.01626	0.015	-0.0716	-0.0078
	1—4	-0.04461	0.02426	0.066	-0.0922	0.0030
	2—3	0.01630	0.01651	0.324	-0.0161	0.0487
	2—4	0.01140	0.02442	0.641	-0.0365	0.0593
	3—4	-0.00490	0.02507	0.845	-0.0540	0.0442

*. 均值差的显著性水平为 0.05。

以年龄分段为自变量,以一级指标为因变量进行 LSD 多重比较分析。

结果发现,从知识素养来看,第一组与第二组、第一组与第三组、第一组与第四组、第二组与第三组、第二组与第四组、第三组与第四组小学数学教师存在显著差异。年龄在第二组的小学数学教师的知识素养均值得分最高,且第一组<第三组<第四组<第二组。从教学能力来看,第一组与第二组、第一组与第三组、第一组与第四组、第二组与第三组、第二组与第四组小学数学教师存在显著差异。年龄在第三组的小学数学教师的教学能力均值得分最高,且第一组<第二组<第四组<第三组。从职业品格来看,第

表 2-14　　不同教龄教师教学胜任力总分与一级指标差异分析

	年龄分组	人数	平均分	显著性检验	
				T 值	P 值
胜任力总分	第一组	2155	4.4751	51.268	0.000
	第二组	1367	4.6159		
	第三组	1324	4.6411		
	第四组	441	4.6540		
知识素养	第一组	2155	3.7068	83.308	0.000
	第二组	1367	3.9069		
	第三组	1324	3.9544		
	第四组	441	4.0669		
教学能力	第一组	2155	4.6976	65.786	0.000
	第二组	1367	4.8962		
	第三组	1324	4.9605		
	第四组	441	4.9454		
职业品格	第一组	2155	4.7195	39.066	0.000
	第二组	1367	4.8531		
	第三组	1324	4.8847		
	第四组	441	4.8909		
个人特质	第一组	2155	4.2461	6.561	0.000
	第二组	1367	4.3122		
	第三组	1324	4.2822		
	第四组	441	4.2996		

*. 均值差的显著性水平为 0.05。

一组与第二组、第一组与第三组、第一组与第四组、第二组与第三组小学数学教师存在显著差异。年龄在第三组的小学数学教师的职业品格均值得分最高，且第三组<第四组<第二组<第一组。从个人特质来看，第一组与第二组、第一组与第三组存在显著差异。年龄在第二组的小学数学教师的个人特质均值得分最高，且第二组<第四组<第三组<第一组。

2. 教龄差异

本研究将小学数学教师教龄分为四组，分别为第一组（$0.5 \leqslant b \leqslant 10$）、第二组（$10 < b \leqslant 20$）、第三组（$20 < b \leqslant 30$）和第四组（$30 < b \leqslant 40$）。

以年龄分组为自变量，以胜任力总分和一级指标为因变量进行单因素分析。由表2-14可见，胜任力总分 $P = 0.000 < 0.05$；知识素养 $P = 0.000 < 0.05$；教学能力 $P = 0.000 < 0.05$；职业品格 $P = 0.000 < 0.05$；个人特质 $P = 0.000 < 0.05$，说明胜任力总分、知识素养、教学能力、职业品格、个人特质存在显著的教龄差异。从均值上看，除教学能力第三组（$20 < b \leqslant 30$）均值最大外，其余三个一级指标（知识素养、职业品格、个人特质）第四组（$30 < b \leqslant 40$）均值最大。

表2-15　　　不同教龄教师教学胜任力二级指标差异分析

	年龄分组	人数	平均分	显著性检验	
				T值	P值
教育知识	第一组	2155	3.2825	46.079	0.000
	第二组	1367	3.4495		
	第三组	1324	3.4843		
	第四组	441	3.6400		
学科知识	第一组	2155	4.6097	124.431	0.000
	第二组	1367	5.0176		
	第三组	1324	5.1514		
	第四组	441	5.1780		
通识知识	第一组	2155	3.6527	5.372	0.001
	第二组	1367	3.7110		
	第三组	1324	3.6975		
	第四组	441	3.8095		

续表

	年龄分组	人数	平均分	显著性检验	
				T 值	P 值
教学设计	第一组	2155	4.8542	59.706	0.000
	第二组	1367	5.0610		
	第三组	1324	5.1312		
	第四组	441	5.1421		
教学实施	第一组	2155	4.4751	50.172	0.000
	第二组	1367	4.6159		
	第三组	1324	4.6411		
	第四组	441	4.6540		
教学探索	第一组	2155	4.5163	71.503	0.000
	第二组	1367	4.6884		
	第三组	1324	4.7358		
	第四组	441	4.7124		
职业态度	第一组	2155	5.0319	30.569	0.000
	第二组	1367	5.1777		
	第三组	1324	5.2357		
	第四组	441	5.2109		
职业情感	第一组	2155	4.8882	61.771	0.000
	第二组	1367	5.1184		
	第三组	1324	5.1528		
	第四组	441	5.1454		
职业追求	第一组	2155	3.8794	6.822	0.000
	第二组	1367	3.9225		
	第三组	1324	3.9276		
	第四组	441	3.9676		
自我特性	第一组	2155	3.6745	2.957	0.031
	第二组	1367	3.6982		
	第三组	1324	3.6359		
	第四组	441	3.6994		
人际特征	第一组	2155	4.6945	13.350	0.000
	第二组	1367	4.7946		
	第三组	1324	4.7900		
	第四组	441	4.7711		

以年级分组为自变量,以二级指标为因变量进行单因素分析。结果发现,11 个二级指标 $P<0.05$,说明二级指标存在着显著的教龄差异。且总体来说,小学数学教师的 11 个二级指标的均值得分随教龄的增加而提高。

表 2-16　　不同年龄分段教学胜任力总分的多重比较（LSD）

因变量	年龄分段	均值差 (I-J)	标准误	显著性	95%置信区间	
					下限	上限
胜任力总分	1—2	-0.14078*	0.01579	0.000	-0.1717	-0.1098
	1—3	-0.16603*	0.01595	0.000	-0.1973	-0.1348
	1—4	-0.17885*	0.02387	0.000	-0.2256	-0.1321
	2—3	-0.02525*	0.01761	0.152	-0.0598	0.0093
	2—4	-0.03807	0.02501	0.128	-0.0871	0.0109
	3—4	-0.1282	0.02511	0.610	-0.0620	0.0364

*. 均值差的显著性水平为 0.05。

以年龄分段为自变量,以胜任力总分为因变量进行 LSD 多重分析。结果发现,第一组与第二组、第一组与第三组、第一组与第四组 $P=0.000<0.05$,存在着显著的教龄差异。第二组与第三组为 $P=0.152$;第二组与第四组 $P=0.128$;第三组与第四组 $P=0.610$, P 值均大于 0.05,说明这些教龄组之间不存在显著差异。

从知识素养来看,第一组与第二组、第一组与第三组、第一组与第四组、第二组与第三组、第二组与第四组、第三组与第四组之间 P 值均小于 0.05,存在显著的教龄差异。教龄在第四组的小学数学教师的知识素养均值得分最高,且第一组<第二组<第三组<第四组。从教学能力来看,第一组与第二组、第一组与第三组、第一组与第四组、第二组与第三组之间 P 值均小于 0.05,存在着显著的教龄差异。教龄在第三组的小学数学教师的教学能力均值得分最高,且第一组<第二组<第四组<第三组。从职业品格和个人特质来看,第一组与第二组、第一组与第三组之间 P 值均小于 0.05,存在着显著的教龄差异。从职业品格来看,年龄在第四组的小学数学教师的职业品格均值得分最高,且第一组<第二组<第三组<第四组。从个人特质来看,年龄在第二组的小学数学教师的个人特质均值得分最高,且第一组<第三组<第四组<第二组。

(六) 编制与职称差异

1. 编制差异

表 2-17　不同编制教师教学胜任力总分与一级指标差异分析

	是否获得国家教师编制	人数	平均分	显著性检验	
				T 值	P 值
胜任力总分	是	5124	4.5735	4.897	0.000
	否	163	4.3935		
知识素养	是	5124	3.8575	4.765	0.000
	否	163	3.6334		
教学能力	是	5124	4.8423	4.554	0.000
	否	163	4.6119		
职业品格	是	5124	4.8149	4.139	0.000
	否	163	4.6454		
个人特质	是	5124	4.2807	3.623	0.000
	否	163	4.1504		

以是否获得编制为自变量，以胜任力总分和一级指标为因变量进行独立样本 T 检验。结果发现，胜任力总分与 4 个一级指标 $P=0.000<0.05$，说明小学数学教师是否获得国家编制对教学胜任力总分及其一级指标存在显著影响。从均值上看，已经获得教师编制的小学数学教师胜任力总分与 4 个一级指标的均值均高于未获得国家编制的小学数学教师。

从表中数据可知，11 个二级指标 P 值均小于 0.05，说明是否获得国家编制对小学数学教师教学胜任力二级指标有显著影响。总体来看，已经获得国家编制的小学数学教师二级指标平均分得分均高于未获得国家编制的小学数学教师，且学科知识平均分得分相差最大。

表 2-18　不同编制教师教学胜任力二级指标差异分析

	是否获得国家教师编制	人数	平均分	显著性检验	
				T 值	P 值
教育知识	是	5124	3.4112	2.941	0.003
	否	163	3.2454		

续表

	是否获得国家教师编制	人数	平均分	显著性检验	
				T 值	P 值
学科知识	是	5124	4.9112	5.548	0.000
	否	163	4.4908		
通识知识	是	5124	3.6965	2.306	0.021
	否	163	3.5521		
教学设计	是	5124	5.0079	4.048	0.000
	否	163	4.7860		
教学实施	是	5124	4.6390	4.775	0.000
	否	163	4.4167		
教学探索	是	5124	4.8491	3.650	0.000
	否	163	5.0731		
职业态度	是	5124	5.1392	2.215	0.027
	否	163	5.0199		
职业情感	是	5124	5.0447	5.683	0.000
	否	163	4.7441		
职业追求	是	5124	3.9131	2.826	0.005
	否	163	3.8123		
自我特性	是	5124	3.6776	2.972	0.003
	否	163	3.5399		
人际特征	是	5124	4.7545	2.886	0.004
	否	163	4.6301		

2. 职称差异

本研究将小学数学教师职称划分为五种,分别为"未评职称"、"小教三级"、"小教二级"、"小教一级"和"小教高级"。

表 2-19　不同职称教师教学胜任力总分与一级指标差异分析

	职称	人数	平均分	显著性检验	
				T 值	P 值
胜任力总分	没评职称	453	4.3750	43.342	0.000
	小教三级	153	4.3780		
	小教二级	605	4.5128		
	小教一级	1455	4.5521		
	小教高级	2621	4.6340		
知识素养	没评职称	453	3.5858	47.450	0.000
	小教三级	153	3.6830		
	小教二级	605	3.7500		
	小教一级	1455	3.8294		
	小教高级	2621	3.9411		
教学能力	没评职称	453	4.5905	44.925	0.000
	小教三级	153	4.5962		
	小教二级	605	4.7463		
	小教一级	1455	4.8032		
	小教高级	2621	4.9302		
职业品格	没评职称	453	4.6296	35.293	0.000
	小教三级	153	4.5801		
	小教二级	605	4.7631		
	小教一级	1455	4.7883		
	小教高级	2621	4.8768		
个人特质	没评职称	453	4.1504	13.455	0.000
	小教三级	153	4.1707		
	小教二级	605	4.2643		
	小教一级	1455	4.2855		
	小教高级	2621	4.3026		

以职称为自变量，以一级指标为因变量进行单因素分析。由表 2-19 可知，胜任力总分、知识素养、教学能力、职业品格、个人特质 $P =$ 0.000<0.05，不同职称的小学数学教师的胜任力总分、知识素养、教学能力、职业品格、个人特质存在着显著差异。从均值得分情况来看，除知识素养指标均值得分小教三级<没评职称外，其余指标均值得分均为没评

职称<小教三级<小教二级<小教三级<小教高级。

为了进一步详细了解不同职称小学数学教师之间教学胜任力之间的差异，我们以职称为自变量，以教学胜任力总分、一级指标为因变量进行 LSD 多重比较分析。本研究将职称分为 5 个等级，"1"为"未评职称"；"2"为"小教三级"；"3"为"小教二级"；"4"为"小教一级"；"5"为"小教高级"。

表 2-20　不同职称教师教学胜任力总分的多重比较（LSD）

因变量	职称	均值差(I-J)	标准误	显著性	95%置信区间	
					下限	上限
胜任力总分	1—2	-0.00301*	0.04263	0.944	-0.0866	0.0806
	1—3	-0.13778*	0.02832	0.000	-0.1933	-0.0823
	1—4	-0.17716*	0.02453	0.000	-0.2252	-0.1291
	1—5	-0.25901*	0.02320	0.000	-0.3045	0.2135
胜任力总分	2—3	0.03937	0.02205	0.074	-0.0039	0.0826
	2—4	0.17415*	0.03874	0.000	0.0982	0.2501
	2—5	-0.8185*	0.01490	0.000	-0.1111	-0.0526
	3—4	0.13477*	0.04125	0.001	0.0539	0.2156
	3—5	-0.12123*	0.02056	0.000	-0.1615	-0.0809
	4-5	-0.25600*	0.03791	0.000	-0.3303	-0.1817

*. 均值差的显著性水平为 0.05。

表 2-20 的数据表明，未评职称与小教二级、小教三级、小教高级之间 $P=0.000<0.05$，说明它们之间存在显著差异，且职称越高，胜任力总分得分越高。

表 2-21 中的数据表明，小教一级与小教二级、小教二级与小教三级小学数学教师知识素养得分 P 值大于 0.05，说明职称为小教一级与小教二级、小教二级与小教三级小学数学教师知识素养得分差异不明显。

由表 2-22 中数据可知，未评职称与小教一级、小教一级与小教二级小学数学教师教学能力得分 P 值大于 0.05，说明它们之间不存在显著差异。

表 2-21　　　　　不同职称教师知识素养的多重比较（LSD）

因变量	职称	均值差（I-J）	标准误	显著性	95%置信区间	
					下限	上限
知识素养	1—2	0.35533*	0.02962	0.000	0.1822	0.3050
	1—3	0.25814*	0.04842	0.003	0.0494	0.2343
	1—4	0.19115*	0.02626	0.005	0.0242	0.1346
	1—5	0.11177*	0.01903	0.000	-0.1491	-0.0745
	2—3	0.06699	0.5268	0.204	-0.0363	0.1703
	2—4	0.16418*	0.03617	0.000	0.0933	0.2351
	2—5	-0.7938*	0.02816	0.005	-0.1346	-0.0242
	3—4	0.09719	0.05444	0.074	-0.0095	0.2039
	3—5	-0.14637*	0.04948	0.003	-0.02434	-0.0494
	4-5	-0.24356*	0.03132	0.000	-0.3050	-0.1822

＊．均值差的显著性水平为 0.05。

表 2-22　　　　　不同职称教师教学能力的多重比较（LSD）

因变量	职称	均值差（I-J）	标准误	显著性	95%置信区间	
					下限	上限
教学能力	1—2	-0.0576	0.05659	0.919	-0.1167	0.1052
	1—3	-0.15584*	0.03760	0.000	-0.2296	-0.0821
	1—4	-0.21277*	0.03256	0.000	-0.2766	-0.1489
	1—5	-0.33978*	0.03079	0.000	-0.4002	-0.2794
	2—3	0.05692	0.02928	0.052	-0.1143	0.0005
	2—4	0.20701*	0.05143	0.000	0.1062	0.3078
	2—5	-0.12702*	0.01979	0.000	-0.1658	-0.0882
	3—4	0.15009*	0.05476	0.006	0.0427	0.2574
	3—5	-0.18394*	0.02730	0.000	-0.2375	-0.1304
	4-5	-0.33403*	0.05033	0.000	-0.4327	-0.2354

＊．均值差的显著性水平为 0.05。

表 2-23　　不同职称教师职业品格的多重比较（LSD）

因变量	职称	均值差(I-J)	标准误	显著性	95%置信区间	
					下限	上限
职业品格	1—2	0.04953	0.04758	0.298	-0.0437	0.1428
	1—3	-0.13349*	0.03162	0.000	-0.1955	-0.0715
	1—4	-0.15872*	0.02738	0.000	-0.2124	-0.1050
	1—5	-0.24723*	0.02589	0.000	-0.2980	-0.1965
	2—3	0.02523	0.02462	0.305	-0.0230	0.0735
	2—4	0.20825*	0.04325	0.000	0.1235	0.2930
	2—5	-0.08851*	0.01664	0.000	-0.1211	-0.0559
	3—4	0.18302*	0.04605	0.000	0.0928	0.2733
	3—5	-0.11374*	0.02295	0.000	-0.1587	-0.0687
	4-5	-0.29676*	0.04232	0.000	-0.3797	-0.2138

＊．均值差的显著性水平为 0.05。

由表 2-23 的数据可知，未评职称与小教一级、小教一级与小教二级的小学数学教师在职业品格得分 P 值均大于 0.05，表明它们之间不存在显著差异。

表 2-24　　不同职称教师个人特质的多重比较（LSD）

因变量	职称	均值差(I-J)	标准误	显著性	95%置信区间	
					下限	上限
个人特质	1—2	-0.02034*	0.04211	0.002	-0.1670	-0.0368
	1—3	-0.11396*	0.03130	0.000	-0.1744	-0.0517
	1—4	-0.13515*	0.03086	0.000	-0.2534	-0.1324
	1—5	-0.15226	0.03372	0.245	-0.1053	0.0269
	2—3	0.02120	0.02179	0.331	-0.0215	0.0639
	2—4	-0.11481*	0.03828	0.003	0.0398	0.1898
	2—5	-0.01711	0.01472	0.245	-0.0460	0.0118
	3—4	0.09361*	0.04075	0.022	-0.0137	0.1735
	3—5	-0.03830	0.02031	0.059	-0.0781	0.0015
	4-5	-0.13191*	0.03746	0.000	-0.2053	-0.0585

＊．均值差的显著性水平为 0.05。

从表 2-24 可看出，未评职称与小教高级、小教一级与小教二级、小教一级与小教高级小学数学教师在职业品格得分 P 值大于 0.05，表明它们之间不存在显著差异。

(七) 学历差异

本研究将小学数学教师学历分为高中（或中专）、大专、本科、硕士、博士和其他（高中或中专以下）。

表 2-25　不同学历教师教学胜任力总分与一级指标差异分析

	学历	人数	平均分	显著性检验	
				T 值	P 值
胜任力总分	高中（或中专）	330	4.6079	2.218	0.050
	大专	2139	4.5865		
	本科	2805	4.5492		
	硕士	2	4.6012		
	博士	3	4.4008		
	其他	8	4.6354		
知识素养	高中（或中专）	330	4.0356	11.489	0.000
	大专	2139	3.8767		
	本科	2805	3.8086		
	硕士	2	3.5623		
	博士	3	3.3333		
	其他	8	4.2500		
教学能力	高中（或中专）	330	4.8937	4.092	0.001
	大专	2139	4.8719		
	本科	2805	4.8005		
	硕士	2	5.0000		
	博士	3	4.6790		
	其他	8	4.9954		
职业品格	高中（或中专）	330	4.8342	1.808	0.108
	大专	2139	4.8312		
	本科	2805	4.7905		
	硕士	2	4.7292		
	博士	3	4.5972		
	其他	8	4.8698		
个人特质	高中（或中专）	330	4.2651	0.391	0.885
	大专	2139	4.2705		
	本科	2805	4.2831		
	硕士	2	4.3800		
	博士	3	4.2533		
	其他	8	4.1450		

表 2-26　不同学历教师教学胜任力二级指标差异分析

	学历	人数	平均分	显著性检验	
				T 值	P 值
教育知识	高中（或中专）	330	3.6553	11.803	0.000
	大专	2139	3.4187		
	本科	2805	3.3668		
	硕士	2	2.8750		
	博士	3	2.6667		
	其他	8	3.9063		
学科知识	高中（或中专）	330	5.0470	10.994	0.000
	大专	2139	4.9895		
	本科	2805	4.8102		
	硕士	2	4.5000		
	博士	3	4.6667		
	其他	8	5.4375		
通识知识	高中（或中专）	330	3.7848	1.215	0.229
	大专	2139	3.6800		
	本科	2805	3.6904		
	硕士	2	4.0000		
	博士	3	3.3333		
	其他	8	3.7500		
教学设计	高中（或中专）	330	5.0822	5.106	0.000
	大专	2139	5.0444		
	本科	2805	4.9577		
	硕士	2	5.4444		
	博士	3	4.9630		
	其他	8	5.1806		
教学实施	高中（或中专）	330	4.6606	2.072	0.066
	大专	2139	4.6575		
	本科	2805	4.6093		
	硕士	2	4.5769		
	博士	3	4.3590		
	其他	8	4.7981		
教学探索	高中（或中专）	330	5.1606	5.573	0.000
	大专	2139	5.1187		
	本科	2805	5.0145		
	硕士	2	5.3000		
	博士	3	5.0000		
	其他	8	5.1750		

续表

	学历	人数	平均分	显著性检验	
				T值	P值
职业态度	高中（或中专）	330	5.1814	2.894	0.011
	大专	2139	5.1674		
	本科	2805	5.1050		
	硕士	2	5.0625		
	博士	3	4.9583		
	其他	8	5.5313		
职业情感	高中（或中专）	330	5.0623	3.395	0.005
	大专	2139	5.0763		
	本科	2805	5.0020		
	硕士	2	4.9286		
	博士	3	4.7143		
	其他	8	4.8571		
职业追求	高中（或中专）	330	3.9133	0.111	0.990
	大专	2139	3.9076		
	本科	2805	3.9117		
	硕士	2	3.8500		
	博士	3	3.7667		
	其他	8	3.8625		
自我特质	高中（或中专）	330	3.6848	2.219	0.050
	大专	2139	3.6499		
	本科	2805	3.6909		
	硕士	2	4.0909		
	博士	3	3.5455		
	其他	8	3.2727		
人际特征	高中（或中专）	330	4.7210	0.360	0.876
	大专	2139	4.7582		
	本科	2805	4.7483		
	硕士	2	4.6071		
	博士	3	4.8095		
	其他	8	4.8304		

表中数据表明，不同学历的小学数学教师教学胜任力总分 $P=0.050=0.05$；知识素养 $P=0.000<0.05$；教学能力 $P=0.001<0.05$；职业品格 $P=0.108>0.05$；个人特质 $P=0.885>0.05$，不同学历层次的小学数学教师的知识素养和教学能力存在显著差异。从均值看，学历的高低与教学胜任力分数高低并不呈正比关系，且其他学历（高中或中专以下）的小学数学教师的教学胜任力在胜任力总分、知识素养、教学能力、职业品格均值得分最高，分析其原因为 8 名学历为其他（高中或中专以下）的小学数学教师其教龄在 20 年以上。

由表中数据可知，不同学历的小学数学教师的教育知识、学科知识、教学设计、教学探索、职业态度、职业情感具有显著差异。从均值看，学历为其他（高中或中专以下）的小学数学教师在教育知识、学科知识、教学实施、职业态度、人际特征得分最高。通过对 8 份问卷进行分析得知，8 名学历为其他（高中或中专以下）的小学数学教师其教龄在 20 年以上，由上文分析可知，总体来说教龄越长的小学数学教师其指标均值得分越高。

表 2-27　　不同学历教师教学胜任力总分的多重比较（LSD）

因变量	学历	均值差（I-J）	标准误	显著性	95%置信区间	
					下限	上限
胜任力总分	1—2	0.02140	0.02737	0.434	−0.0323	0.0751
	1—3	0.05875*	0.02694	0.029	0.0059	0.1115
	1—4	0.00671	0.32826	0.984	−0.6368	0.6502
	1—5	0.20711	0.26843	0.440	−0.3191	0.7333
	1—6	−0.02752	0.16561	0.868	−0.3522	0.2971
	2—3	0.03734*	0.01329	0.005	0.0113	0.0634
胜任力总分	2—4	−0.1469	0.32743	0.964	−0.6566	0.6272
	2—5	0.18571	0.26740	0.487	−0.3385	0.7099
	2—6	−0.04892	0.16394	0.765	−0.3703	0.2725
	3—4	−0.05204	0.32739	0.874	−0.6939	0.5898
	3—5	0.14836	0.26736	0.579	−0.3758	0.6725
	3—6	−0.08626	0.16387	0.599	−0.4075	0.2350
	4—5	0.20040	0.42251	0.635	−0.6279	1.0287
	4—6	−0.03423	0.36590	0.925	−0.7515	0.6831
	5—6	−0.23462	0.31334	0.454	−0.8489	0.3797

为了进一步详细了解不同学历小学数学教师之间教学胜任力的差异，我们以学历为自变量，以胜任力总分和一级指标为因变量进行 LSD 多重比较分析。本研究将"1"表示"高中（或中专）"；"2"表示"大专"；"3"表示"本科"；"4"表示"硕士"；"5"表示"博士"；"6"表示"其他"。

从表 2-27 中数据可知，小学数学教师学历为高中（或中专）与本科、大专与本科，小学数学教师在教师胜任力总分上 P 值小于 0.05，表明他们之间存在显著差异。学历为其他（高中或中专以下）的小学数学教师的教师胜任力总分均值得分最高，且不同学历的小学数学教师教学胜任力总分均值得分情况为博士<本科<大专<硕士<高中（或中专）<其他（高中或中专以下）。

表 2-28　　　　不同学历教师知识素养的多重比较（LSD）

因变量	学历	均值差（I-J）	标准误	显著性	95%置信区间	
					下限	上限
知识素养	1—2	0.15891*	0.03486	0.000	0.0906	0.2272
	1—3	0.22705*	0.03430	0.000	0.1598	0.2943
	1—4	0.47311	0.41802	0.258	-0.3464	1.2926
	1—5	0.70227*	0.34183	0.040	0.0322	1.3724
	1—6	-0.21439	0.21089	0.309	-0.6278	0.1990
	2—3	0.06814*	0.01692	0.000	0.0350	0.1013
	2—4	0.31419	0.41695	0.451	-0.5032	1.1316
	2—5	0.54336	0.34052	0.111	-0.1242	1.2109
	2—6	-0.37331	0.20877	0.074	-0.7826	0.0360
	3—4	0.24606	0.41691	0.555	-0.5713	1.0634
知识素养	3—5	0.47522	0.34046	0.163	-0.1922	1.1427
	3—6	-0.44144*	0.20868	0.034	-0.8505	-0.0324
	4—5	0.22917	0.53803	0.670	-0.8256	1.2839
	4—6	-0.68750	0.46595	0.140	-1.6010	0.2260
	5—6	-0.91667*	0.39902	0.022	-1.6989	-0.1344

由表 2-28 中数据可知，学历为高中（或中专）与大专、高中（或中专）与本科、高中（或中专）与博士、大专与本科、本科与其他、博士

与其他的小学数学教师在知识素养上的 P 值小于 0.05，表明他们之间存在显著差异。学历为其他（高中或中专以下）的小学数学教师的知识素养均值得分最高，且不同学历的小学数学教师知识素养均值得分情况为博士<硕士<本科<大专<高中（或中专）<其他（高中或中专以下）。

表 2-29　不同学历教师在教学能力上的多重比较（LSD）

因变量	学历	均值差（I-J）	标准误	显著性	95%置信区间	
					下限	上限
教学能力	1—2	0.02186	0.03633	0.547	-0.0494	0.0931
	1—3	0.09325*	0.03575	0.009	0.0232	0.1633
	1—4	-0.10629	0.43567	0.807	-0.9604	0.7478
	1—5	0.21470	0.35625	0.547	-0.4837	0.9131
	1—6	-0.10166	0.21979	0.644	-0.5325	0.3292
	2—3	0.07139*	0.01763	0.000	0.0368	0.1060
	2—4	-0.12815	0.43455	0.768	-0.9801	0.7238
	2—5	0.19284	0.35484	0.587	-0.5029	0.8886
	2—6	-0.12352	0.21758	0.570	-0.5501	0.3030
	3—4	-0.19954	0.43451	0.646	-1.0513	0.6523
	3—5	0.12145	0.35484	0.732	-0.5742	0.8171
	3—6	-0.19491	0.21748	0.370	-0.6213	0.2315
	4—5	0.32099	0.56074	0.567	-0.7783	1.4203
	4—6	0.00463	0.48562	0.992	-0.9474	0.9566
	5—6	-0.31636	0.41568	0.447	-1.1316	0.4989

由表 2-29 中数据中表明，学历为高中（或中专）与本科、大专与本科的小学数学教师在教学能力上 P 值小于 0.05，表明他们之间存在显著差异。学历为硕士的小学数学教师的教学能力均值得分最高，且不同学历的小学数学教师教学能力均值得分情况为博士<本科<大专<高中（或中专）<其他（高中或中专以下）<硕士。

由表 2-30 中数据可知，不同学历的小学数学教师在职业品格上的 P 值大于 0.05，表明他们之间差异不明显。学历为其他（高中或中专以下）的小学数学教师的职业品格均值得分最高，且不同学历的小学数学教师教学能力均值得分情况为博士<硕士<本科<大专<高中（或中专）<其他（高中或中专以下）。

表 2-30　　不同学历教师在职业品格上的多重比较（LSD）

因变量	学历	均值差 （I-J）	标准误	显著性	95%置信区间	
					下限	上限
职业品格	1—2	0.00301	0.03047	0.921	-0.0567	0.0627
	1—3	0.04372	0.02998	0.145	0.0151	0.1025
	1—4	0.10505	0.36541	0.774	-0.6113	0.8214
	1—5	0.23699	0.29880	0.428	-0.3488	0.8228
	1—6	-0.03557	0.18435	0.847	-0.3970	0.3258
	2—3	0.04072*	0.01479	0.006	0.0117	0.0697
	2—4	0.10204	0.36448	0.780	-0.6125	0.8166
	2—5	0.23399	0.29766	0.432	-0.3496	0.8175
	2—6	-0.03858	0.18249	0.833	-0.3963	0.3192
	3—4	0.06133	0.36444	0.866	-0.6531	0.7758
	3—5	0.19327	0.29761	0.516	-0.3902	0.7767
	3—6	-0.07930	0.18241	0.664	-0.4369	0.2783
	4—5	0.13194	0.47032	0.779	-0.7901	1.0540
	4—6	-0.14063	0.40731	0.730	-0.9391	0.6579
	5—6	-0.27257	0.34880	0.435	-0.9564	0.4112

表 2-31　　不同学历教师在个人特质上的多重比较（LSD）

因变量	学历	均值差 （I-J）	标准误	显著性	95%置信区间	
					下限	上限
个人特质	1—2	-0.00545	0.02677	0.839	-0.0579	0.0470
	1—3	-0.01796	0.02634	0.495	-0.0696	0.0337
	1—4	-0.11491	0.32101	0.720	-0.7442	0.5144
	1—5	0.01176	0.26250	0.964	-0.5028	0.5264
	1—6	0.12009	0.16195	0.458	-0.1974	0.4376
	2—3	-0.01251	0.01299	0.335	-0.0380	0.0130
	2—4	-0.10946	0.32019	0.732	-0.7372	0.5182
	2—5	0.01720	0.26149	0.948	-0.4954	0.5298
	2—6	0.12554	0.16032	0.434	-0.1888	0.4398
	3—4	-0.09695	0.32015	0.762	-0.7246	0.5307
	3—5	0.02972	0.26145	0.910	-0.4828	0.5423
	3—6	0.13805	0.16025	0.389	-0.1761	0.4522
	4—5	0.12667	0.41317	0.759	-0.6833	0.9366
	4—6	0.23500	0.35781	0.511	-0.4665	0.9365
	5—6	0.10833	0.30641	0.724	-0.4924	0.7090

由表 2-31 中数据可知，不同学历的小学数学教师在个人特质上的 P 值大于 0.05，表明他们之间差异不明显。学历为硕士的小学数学教师的个人特质均值得分最高，且不同学历的小学数学教师个人特质均值得分情况为其他（高中或中专以下）<博士<高中（或中专）<大专<本科<硕士。

表 2-32　第一学历性质分组教师教学胜任力总分与一级指标差异分析

	第一学历性质	人数	平均分	显著性检验	
				T 值	P 值
胜任力总分	师范类	4235	4.5684	0.135	0.892
	非师范类	1052	4.5663		
知识素养	师范类	4235	3.8347	-3.912	0.000
	非师范类	1052	3.9144		
教学能力	师范类	4235	4.8384	0.686	0.493
	非师范类	1052	4.8238		
职业品格	师范类	4235	4.8118	0.598	0.550
	非师范类	1052	4.8012		
个人特质	师范类	4235	4.2708	0.440	0.660
	非师范类	1052	4.2712		

以第一学历性质为自变量，以胜任力总分和一级指标为因变量进行独立样本 T 检验。结果发现，知识素养 P 值小于 0.05，表明第一学历是否为师范类影响小学数学教师的知识素养水平，但对其胜任力总分、教学能力、职业品格、个人特质等方面影响不突出。从均值看，第一学历为师范类的小学数学教师在胜任力总分、教学能力、职业品格均值得分略高于非师范类的小学数学教师。

（八）任教情况差异

1. 任教年级差异

由表中数据可知，任教不同年级的小学数学教师教学胜任力总分、教学能力、职业品格、个人特质、通识知识、教学实施、职业追求、个人特征 P 值小于 0.05，说明任教不同年级的小学数学教师在教学胜任力总分、教学能力、职业品格、个人特质、通识知识、教学实施、职业追求、个人特征存在显著差异。

表 2-33　　　　任教不同年级教师教学胜任力总分及各
一、二级指标得分差异分析

	平方和	df	平均值平方	F 值	显著性
胜任力总分	3.416	5	0.683	3.193	0.007
知识素养	3.846	5	0.769	2.195	0.052
教学能力	4.531	5	0.906	2.398	0.035
职业品格	3.667	5	0.733	2.766	0.017
个人特质	2.917	5	0.583	2.855	0.014
教育知识	2.440	5	0.488	0.971	0.434
学科知识	7.796	5	1.559	1.710	0.129
通识知识	7.915	5	1.583	2.559	0.026
教学设计	4.615	5	0.923	1.940	0.084
教学实施	4.666	5	0.933	2.720	0.018
教学探索	5.541	5	1.108	1.860	0.098
职业态度	5.019	5	1.004	2.191	0.052
职业情感	2.380	5	0.476	1.070	0.375
职业追求	3.609	5	0.722	3.597	0.003
自我特性	1.641	5	0.328	0.966	0.437
人际特征	4.845	5	0.969	3.306	0.006

为进一步了解任教不同年级的小学数学教师教学胜任力的差异，我们以任教年级为自变量，以胜任力总分、一级指标、二级指标为因变量进行 LSD 多重比较分析。在教学胜任力总分上，四年级与三年级、五年级、六年级的小学数学教师教学胜任力存在显著差异。在一级指标方面，四年级与二年级、三年级、五年级的小学数学教师在知识素养上存在显著差异。四年级与三年级、五年级、六年级的小学数学教师在教学能力、职业品格、个人特质上存在显著差异。在二级指标方面，四年级与五年级的小学数学教师在学科知识方面存在显著差异；三年级与四年级、三年级与六年级、四年级与五年级、五年级与六年级的小学教师在通识知识上存在显著

差异；四年级与三年级、四年级与五年级的小学数学教师在教学设计上存在显著差异，四年级与一年级、三年级、五年级、六年级的小学数学教师在教学实施上存在显著差异；四年级与五年级、六年级的小学数学教师在教学探索、职业态度、人际特征上存在显著差异。总的来看，小学低年级数学教师与小学中年级、高年级的数学教师在教学胜任力、一级指标和二级指标上大都不存在显著差异。

2. 周课时量差异

表 2-34　不同周课时量教师教学胜任力总分与一级指标差异分析

	周课时量	人数	平均分	显著性检验	
				F 值	P 值
胜任力总分	10 节及以下	300	4.5732	1.404	0.240
	11—15 节	2244	4.5825		
	16—20 节	2065	4.5555		
	21 节以上	678	4.5558		
知识素养	10 节及以下	300	3.8775	4.163	0.006
	11—15 节	2244	3.8766		
	16—20 节	2065	3.8375		
	21 节以上	678	3.7926		
教学能力	10 节及以下	300	4.8305	1.429	0.232
	11—15 节	2244	4.8538		
	16—20 节	2065	4.8268		
	21 节以上	678	4.8033		
职业品格	10 节及以下	300	4.8182	1.075	0.358
	11—15 节	2244	4.8227		
	16—20 节	2065	4.7949		
	21 节以上	678	4.8077		
个人特质	10 节及以下	300	4.2828	1.162	0.323
	11—15 节	2244	4.2847		
	16—20 节	2065	4.2624		
	21 节以上	678	4.2910		

从表中数据可知，不同周课时量的小学数学教师的知识素养水平存在显著差异。从均值可知，每周课时量为 11—15 节的小学数学教师在教学

胜任力总分、教学能力、职业品格均值得分最高。同时，在二级指标中，不同周课时量的小学数学教师在教育知识、职业追求水平上存在显著差异，且周课时量在16节以下的小学数学教师均值大都高于周课时量在16节以上的小学数学教师。

为进一步详细了解不同周课时量的小学数学教师之间的差异，我们以不同周课时量为自变量，以胜任力总分、一级指标、二级指标为因变量进行LSD事后多重比较。结果发现，周课时量在10节及以下与21节及以上、11—15节与16—20节、11—15节与21节以上的小学数学教师在知识素养水平上存在显著差异。周课时量11—15节与21节以上的小学数学教师在学科知识、通识知识、教学实施水平上存在显著差异。周课时量在10节及以下与11—15节、10节以下与16—20节的小学数学教师在职业追求上存在显著差异。

3. 是否担任班主任的差异

表2-35　是否担任班主任的教师教学胜任力与一级指标差异分析

	是否担任班主任	人数	平均分	显著性检验	
				T值	P值
胜任力总分	是	2753	4.5723	0.745	0.456
	否	2534	4.5631		
知识素养	是	2753	3.8414	−1.183	0.237
	否	2534	3.8606		
教学能力	是	2753	4.8410	0.683	0.495
	否	2534	4.8294		
职业品格	是	2753	4.8098	0.017	0.986
	否	2534	4.8096		
个人特质	是	8634	4.2888	2.037	0.042
	否	5087	4.2635		

本研究以是否担任班主任为自变量，以胜任力总分及一级指标为自变量进行独立样本T检验。结果发现，担任班主任与不担任班主任的小学数学教师在个人特质上存在显著差异。从均值上看，担任班主任的小学数学教师在胜任力总分、教学能力、职业品格、个人特质均值得分均高于未担任班主任的小学数学教师。在二级指标中，担任班主任与不担任班主任

的小学数学教师在自我特性上存在显著差异。从均值看，担任班主任的小学数学教师在教学设计、教学实施、教学探索、职业态度、职业追求、自我特性、人际特性均值得分均高于未担任班主任的小学数学教师。

（九）受表彰情况的差异

表 2-36　不同表彰级别教师教学胜任力总分与一级指标差异分析

	表彰级别	人数	平均分	显著性检验	
				T 值	P 值
胜任力总分	无	851	4.4057	34.534	0.000
	校级	1117	4.5337		
	县（区）级	1984	4.6028		
	市级	882	4.6323		
	省级	335	4.6983		
	国家级	118	4.6283		
知识素养	无	851	3.6630	24.948	0.000
	校级	1117	3.8418		
	县（区）级	1984	3.8740		
	市级	882	3.9341		
	省级	335	3.9701		
	国家级	118	3.9301		
教学能力	无	851	4.5989	40.554	0.000
	校级	1117	4.7893		
	县（区）级	1984	4.8858		
	市级	882	4.9346		
	省级	335	5.0043		
	国家级	118	4.9121		
职业品格	无	851	4.6472	28.487	0.000
	校级	1117	4.7665		
	县（区）级	1984	4.8533		
	市级	882	4.8674		
	省级	335	4.9327		
	国家级	118	4.8771		
个人特质	无	851	4.2028	9.344	0.000
	校级	1117	4.2558		
	县（区）级	1984	4.2898		
	市级	882	4.3034		
	省级	335	4.3756		
	国家级	118	4.3064		

本研究以表彰级别为自变量，以胜任力总分、一级指标为因变量进行单因素方差分析。结果发现，不同表彰级别的小学数学教师的教学胜任力总分存在显著性差异，且获得省级表彰的小学数学教师在教学胜任力总分均值得分最高。在一级指标中，4个一级指标 P 值均小于0.05，说明获得不同表彰级别的小学数学教师在知识素养、教学能力、职业品格、个人特质上存在显著差异，且获得省级表彰的小学数学教师在知识素养、教学能力、职业品格、个人特质均值得分最高。在二级指标中，除自我特性外的10个指标（教育知识、学科知识、通识知识、教学设计、教学实施、教学探索、职业态度、职业情感、职业追求、人际特征）P 值均小于0.05，说明获得不同级别表彰的小学数学教师在教育知识、学科知识、通识知识、教学设计、教学实施、教学探索、职业态度、职业情感、职业追求、人际特征上存在显著差异，且获得省级表彰的小学数学教师在教育知识、学科知识、教学设计、教学实施、教学探索、职业态度、职业情感、职业追求、人际特征上均值得分最高。

第三节　小学数学教师教学胜任力的影响因素

上节阐述的是江西省小学数学教师教学胜任力的现状以及在不同维度上的差异。为进一步了解该省小学数学教师教学胜任力的影响因素，本节将对其进行系统的分析。

一　教研组织

（一）教研组织活动开展与参与情况

以教研组织情况为自变量，以教学胜任力总分、一级指标为因变量进行单因素方差分析。结果表明，2.7%的学校没有建立教研组织；2.3%的学校有教研组织但从不开展活动。29.7%的学校有教研组织偶尔开展活动；65.3%的学校有教研组织经常开展活动。从均值看，有教研组织并且经常开展教研活动的学校的小学数学教师教学胜任力总分及一级指标均值得分最高。

表 2-37 教研组织情况与教师教学胜任力总分及一级指标得分差异分析

	教研组织情况	人数	平均分	显著性检验 F值	显著性检验 P值
胜任力总分	没有建立	144	4.3309	105.687	0.000
	有，但从未开展	121	4.3227		
	有，只偶尔开展	1569	4.4357		
	有，且经常开展	3453	4.6466		
知识素养	没有建立	144	3.6736	25.846	0.000
	有，但从未开展	121	3.8171		
	有，只偶尔开展	1569	3.7583		
	有，且经常开展	3453	3.9011		
教学能力	没有建立	144	4.4527	40.554	0.000
	有，但从未开展	121	4.4438		
	有，只偶尔开展	1569	4.6303		
	有，且经常开展	3453	4.9584		
职业品格	没有建立	144	4.5422	150.897	0.000
	有，但从未开展	121	4.4876		
	有，只偶尔开展	1569	4.6785		
	有，且经常开展	3453	4.8917		
个人特质	没有建立	144	4.2067	96.696	0.000
	有，但从未开展	121	4.1954		
	有，只偶尔开展	1569	4.2092		
	有，且经常开展	3453	4.3131		

由表中数据可知，小学数学教师所在学校的教研情况与其胜任力总分和 4 个一级指标均值得分存在显著差异。且经常开展教研活动的学校的小学数学教师在教学胜任力总分以及各个一级指标均值得分最高。在二级指标中，小学数学教师所在学校的教研情况 11 个二级指标均值得分存在显著差异。从均值看，除自我特性外，经常开展教研活动的学校的小学数学教师在 10 个二级指标（教育知识、学科知识、通识知识、教学设计、教学实施、教学探索、职业态度、职业情感、职业追求、人际特征）均值得分最高。通过 LSD 多重响应分析可知，经常开展教研活动学校的小学数学教师与其他三种教研活动开展情况学校的小学数学教师在各个指标均

值上存在差异。

(二) 教研组织活动的参与

表 2-38　　教研活动参加情况与教师教学胜任力总分及一级指标得分差异分析

	教研组织参与情况	人数	平均分	显著性检验 F 值	显著性检验 P 值
胜任力总分	从不参加	18	4.2004	107.162	0.000
	参加较少	859	4.3898		
	参加较多	1328	4.4788		
	经常参加	2905	4.6780		
知识素养	从不参加	18	3.5556	27.623	0.000
	参加较少	859	3.7187		
	参加较多	1328	3.8132		
	经常参加	2905	3.9196		
教学能力	从不参加	18	4.2428	144.025	0.000
	参加较少	859	4.5493		
	参加较多	1328	4.7177		
	经常参加	2905	4.9997		
职业品格	从不参加	18	4.5023	97.353	0.000
	参加较少	859	4.6287		
	参加较多	1328	4.7096		
	经常参加	2905	4.9274		
个人特质	从不参加	18	4.0711	26.660	0.000
	参加较少	859	4.2032		
	参加较多	1328	4.2123		
	经常参加	2905	4.3338		

本研究以教研组织参与情况为自变量，以胜任力总分与一级指标为因变量进行单因素方差分析。结果表明，0.3%的小学数学教师从不参加学校组织的教研活动；16.8%的小学数学教师参加学校组织的教研活动较少；26.1%的小学数学教师参加学校组织的教研活动较多；56.8%的小学数学教师经常参加学校组织的教研活动。从均值看，经常参加教研活动的

小学数学教师胜任力总分及一级指标均值得分最高。

由表 2-38 数据可知，教研活动不同参与程度的小学数学教师在教学胜任力总分（$P=0.000<0.05$）、知识素养（$P=0.000<0.05$）、教学能力（$P=0.000<0.05$）、职业品格（$P=0.000<0.05$）、个人特质（$P=0.000<0.05$）均值得分存在显著差异。且从均值来看，经常参与学校组织的教研活动的小学数学教师在教学胜任力总分、知识素养、教学能力、职业品格、个人特质上均值得分最高。在二级指标方面，除通识知识外，教研活动不同参与程度的小学数学教师在其余 10 个二级指标（$P=0.000<0.05$）均值得分存在显著差异。

（三）对教研组织活动的评价

表 2-39 不同教研活动评价与教师教学胜任力总分及一级指标得分差异分析

	教研活动评价	人数	平均分	显著性检验	
				F 值	P 值
胜任力总分	没有效果	39	4.3309	173.025	0.000
	效果较小	1000	4.3740		
	效果较好	2890	4.5460		
	效果显著	1181	4.8289		
知识素养	没有效果	39	3.6268	53.257	0.000
	效果较小	1000	3.7119		
	效果较好	2890	3.8337		
	效果显著	1181	4.0438		
教学能力	没有效果	39	4.4226	229.241	0.000
	效果较小	1000	4.5293		
	效果较好	2890	4.8138		
	效果显著	1181	5.2158		
职业品格	没有效果	39	4.5556	139.026	0.000
	效果较小	1000	4.6140		
	效果较好	2890	4.7918		
	效果显著	1181	5.0683		
个人特质	没有效果	39	4.2410	50.537	0.000
	效果较小	1000	4.1877		
	效果较好	2890	4.2490		
	效果显著	1181	4.4325		

由表 2-39 可知，0.7% 的小学数学教师认为开展教研活动对其没有效果；19.7% 的小学数学教师认为开展教研活动对其效果较小；56.5% 的小学数学教师认为开展教研活动对其效果较好；23.1% 的小学数学教师认为开展教研活动对其效果显著。从均值看，教研活动评价为效果显著的小学数学教师胜任力总分及一级指标均值得分最高。由此可见，大部分小学数学教师都肯定了开展教研活动对其自身发展的积极影响。通过 LSD 事后多重比较分析可知，教研活动的效果评价影响小学数学教师教学胜任力总分及一级指标均值得分。

同时，以教学评价效果为自变量，以教学胜任力总分、4 个一级指标、11 个二级指标为因变量进行单因素方差分析。结果表明，不同教研评价的小学数学教师在胜任力总分、4 个一级指标、11 个二级指标存在显著差异。从均值看，教研活动评价为效果显著的小学数学教师在二级指标均值得分最高。

二 教师培训

（一）教师培训的开展

根据表 2-40 数据可知，2.4% 的学校从未开展教师培训；29.3% 的学校教师培训较少；34% 的学校开展教师培训较多；34.3% 的学校经常开展教师培训。可见，大部分学校还是比较重视对教师的培训的。

本研究以教师培训开展情况为自变量，以教学胜任力总分、一级指标为自变量进行单因素方差分析，结果发现，不同教师培训开展频率的学校其小学数学教师在胜任力总分、知识素养、教学能力、职业品格、个人特质上存在显著差异。在二级指标中，教育知识、学科知识、通识知识、教学设计、教学实施、教学探索、职业态度、职业情感、职业追求、自我特性、人际特征 P 值均小于 0.05。可见，教师培训的开展影响二级指标均值得分。通过 LSD 事后多重比较分析可知，经常开展教师培训与其他三种培训频率（从未开展、开展较少、开展较多）存在显著差异，且教学培训的开展情况影响小学数学教师教学胜任力均值得分。

表 2-40　不同教师培训开展与教师教学胜任力总分及一级指标得分差异分析

	教师培训开展情况	人数	平均分	显著性检验	
				F 值	P 值
胜任力总分	从未开展	125	4.3259	194.968	0.000
	开展较少	1550	4.4092		
	开展较多	1799	4.5319		
	经常开展	1813	4.7562		
知识素养	从未开展	39	3.5840	67.565	0.000
	开展较少	1000	3.7399		
	开展较多	2890	3.8173		
	经常开展	1181	3.9966		
教学能力	从未开展	39	4.4400	252.614	0.000
	开展较少	1000	4.5921		
	开展较多	2890	4.7958		
	经常开展	1181	5.1102		
职业品格	从未开展	39	4.5760	162.283	0.000
	开展较少	1000	4.6434		
	开展较多	2890	4.7758		
	经常开展	1181	5.0016		
个人特质	从未开展	39	4.2000	53.320	0.000
	开展较少	1000	4.2009		
	开展较多	2890	4.2416		
	经常开展	1181	4.3816		

(二) 教师培训的参与

据表 2-41 中的数据可知，0.1%的小学数学教师从不参加教师培训；20.9%的小学数学教师参加教师培训；33%的小学数学教师参加较多教师培训；50%的小学数学教师经常参加教师培训。可见，大部分小学数学教师参加教师培训的积极性较高。

我们以教师培训参与情况为自变量，以教学胜任力总分、一级指标得分为因变量进行单因素方差分析，结果发现，不同参与教师培训程度的小学数学教师在胜任力总分、一级指标均值得分存在显著差异。从均值看，

表 2-41　不同教师培训参与情况与教师教学胜任力总分及一级指标得分差异分析

	教师培训参与度	人数	平均分	显著性检验	
				F 值	P 值
胜任力总分	从不参加	6	4.5496	140.678	0.000
	参加较少	1081	4.3819		
	参加较多	1704	4.4926		
	经常参加	2371	4.7199		
知识素养	从不参加	39	4.1458	35.155	0.000
	参加较少	1000	3.7367		
	参加较多	2890	3.8085		
	经常参加	1181	3.9461		
教学能力	从不参加	39	4.7778	183.976	0.000
	参加较少	1000	4.5462		
	参加较多	2890	4.7374		
	经常参加	1181	5.0588		
职业品格	从不参加	39	4.5833	131.017	0.000
	参加较少	1000	4.6040		
	参加较多	2890	4.7308		
	经常参加	1181	4.9730		
个人特质	从不参加	39	4.4000	36.606	0.000
	参加较少	1000	4.1975		
	参加较多	2890	4.2185		
	经常参加	1181	4.3583		

除个人特质外，经常参加教师培训的小学数学教师在胜任力总分、知识素养、教学能力、职业品格均值得分最高。通过 LSD 多重响应分析可知，经常参加教师培训的小学数学教师与其他参加频率（参加较少、参加较多）均值具有显著差异。且参加教师培训的频率影响其教学胜任力总分及一级指标的均值得分。

从每个二级指标群组之间来看，教育知识 $P=0.000<0.05$；学科知识 $P=0.000<0.05$；通识知识 $P=0.119>0.05$；教学设计 $P=0.000<0.05$；教学实施 $P=0.000<0.05$；教学探索 $P=0.000<0.05$；职业态度

$P=0.000<0.05$；职业情感 $P=0.000<0.05$；教学追求 $P=0.000<0.05$；自我特性 $P=0.005<0.05$；人际特征 $P=0.000<0.05$。由此可见，不同程度参与教师培训的小学数学教师在二级指标均值得分上存在显著差异。

（三）对教师培训的评价

表 2-42　　对教师培训不同评价与教师教学胜任力总分及一级指标得分差异分析

	教学培训评价情况	人数	平均分	显著性检验	
				F 值	P 值
胜任力总分	没有收获	22	4.4654	176.690	0.000
	收获较少	1068	4.3643		
	收获较多	2595	4.5330		
	收获很大	1477	4.7989		
知识素养	没有收获	22	3.6705	56.989	0.000
	收获较少	1068	3.6977		
	收获较多	2595	3.8327		
	收获很大	1477	4.0179		
教学能力	没有收获	22	4.5303	223.980	0.000
	收获较少	1068	4.5358		
	收获较多	2595	4.7891		
	收获很大	1477	5.1717		
职业品格	没有收获	22	4.7727	148.100	0.000
	收获较少	1068	4.5849		
	收获较多	2595	4.7823		
	收获很大	1477	5.0407		
个人特质	没有收获	22	4.3545	53.103	0.000
	收获较少	1068	4.1806		
	收获较多	2595	4.2411		
	收获很大	1477	4.4139		

从表 2-42 中数据可知，3.3%的小学数学教师认为参加教师培训对其

没有收获；19.7%的小学数学教师认为参加教师培训对其收获较少；50.4%的教师认为参加教师培训对其收获较多；26.6%的小学教师认为参加教师培训对其收获很大。可见大部分小学数学教师认为参加教师培训其有利于其自身发展的。

以不同的教师培训评价为自变量，以教学胜任力总分、一级指标得分为因变量进行单因素方差分析。结果发现，不同对教师培训效果评价的小学数学教师在教学胜任力总分、知识素养、教学能力、职业品格、个人特质均值得分上均存在显著差异。

从每个二级指标群组之间来看，教育知识 $P=0.000<0.05$；学科知识 $P=0.000<0.05$；通识知识 $P=0.000<0.05$；教学设计 $P=0.000<0.05$；教学实施 $P=0.000<0.05$；教学探索 $P=0.000<0.05$；职业态度 $P=0.000<0.05$；职业情感 $P=0.000<0.05$；教学追求 $P=0.000<0.05$；自我特性 $P=0.005<0.05$；人际特征 $P=0.000<0.05$。由此可见，对教师培训效果评价不同的小学数学教师在二级指标均值得分上存在显著差异。通过 LSD 事后多重比较分析可知，除个人特性外，对教师培训评价为收获很大的小学数学教师与其他两种评价（收获很少、收获较多）的小学数学教师在胜任力总分、一级指标、二级指标均值得分上存在显著差异，且小学数学教师对教师培训的情况影响教师胜任力总分及一级指标均值得分。

三 文献阅读

由表 2-43 中数据可知，0.5%的小学数学教师从不阅读教育教学类书刊；36.9%的小学数学教师阅读教育教学类书刊较少；36.9%的小学数学教师阅读教育教学类书刊较多；25.6%的小学数学教师经常阅读教育教学类书刊。可见，比较注重阅读教育教学书刊的小学数学教师还是占大部分，但是还有少部分小学数学教师从不阅读或者较少阅读教育教学类书刊。

以小学数学教师阅读教育教学书刊情况为自变量，以胜任力总分及一级指标得分为因变量进行单因素分析。结果发现，不同阅读教育教学书刊频率的小学数学教师在胜任力总分、一级指标均值得分上存在显著差异。从均值看，经常阅读教育教学书刊的小学数学教师在教学胜任力及一级指

表 2-43　不同阅读教育书刊情况教师教学胜任力总分及一级指标差异分析

	阅读情况	人数	平均分	显著性检验	
				F 值	P 值
胜任力总分	从不阅读	29	3.9499	316.733	0.000
	阅读较少	1952	4.3719		
	阅读较多	1953	4.5999		
	经常阅读	1353	4.8181		
知识素养	从不阅读	29	3.3750	133.159	0.000
	阅读较少	1952	3.6675		
	阅读较多	1953	3.9039		
	经常阅读	1353	4.0481		
教学能力	从不阅读	29	4.0281	432.006	0.000
	阅读较少	1952	4.5307		
	阅读较多	1953	4.8945		
	经常阅读	1353	5.2073		
职业品格	从不阅读	29	4.1221	254.415	0.000
	阅读较少	1952	4.6148		
	阅读较多	1953	4.8381		
	经常阅读	1353	5.0645		
个人特质	从不阅读	29	3.8841	70.313	0.000
	阅读较少	1952	4.1925		
	阅读较多	1953	4.2759		
	经常阅读	1353	4.4077		

标均值得分最高，且经常阅读>阅读较多>阅读较少>从不阅读。通过 LSD 事后多重比较分析可知，经常阅读教育教学书刊的小学数学教师与其他三种情况（从不阅读、阅读较少、阅读较多）的小学数学教师在胜任力总分及一级指标均值得分上存在显著差异，且阅读的频率影响小学数学教师胜任力总分及一级指标均值得分。

从每个二级指标群组之间来看，教育知识 $P=0.000<0.05$；学科知识 $P=0.000<0.05$；通识知识 $P=0.000<0.05$；教学设计 $P=0.000<0.05$；教学实施 $P=0.000<0.05$；教学探索 $P=0.000<0.05$；职业态度 $P=$

0.000<0.05；职业情感 $P=0.000<0.05$；教学追求 $P=0.000<0.05$；自我特性 $P=0.459>0.05$；人际特性 $P=0.000<0.05$。结果表明，除自我特性外，不同阅读教育教学书刊频率的小学数学教师在二级指标均值得分上存在显著差异。

表 2-44　不同阅读自然科学书刊情况教师教学胜任力总分及一级指标差异分析

	阅读情况	人数	平均分	显著性检验	
				F 值	P 值
胜任力总分	从不阅读	123	4.2346	228.090	0.000
	阅读较少	2582	4.4520		
	阅读较多	1544	4.6023		
	经常阅读	1038	4.8452		
知识素养	从不阅读	123	3.5701	86.547	0.000
	阅读较少	2582	3.7483		
	阅读较多	1544	3.9026		
	经常阅读	1038	4.0611		
教学能力	从不阅读	123	4.3345	294.027	0.000
	阅读较少	2582	4.6568		
	阅读较多	1544	4.9060		
	经常阅读	1038	5.2344		
职业品格	从不阅读	123	4.4654	177.337	0.000
	阅读较少	2582	4.6987		
	阅读较多	1544	4.8347		
	经常阅读	1038	5.0893		
个人特质	从不阅读	123	4.1177	67.316	0.000
	阅读较少	2582	4.2191		
	阅读较多	1544	4.2750		
	经常阅读	1038	4.4414		

由表 2-44 中数据可知，2.3%的小学数学教师从不阅读自然科学的书刊；48.8%的小学数学教师较少阅读自然科学书刊；29.2%的小学数学教师较多阅读自然科学书刊；19.6%的小学数学教师经常阅读自然科学书刊。可见，有一半左右的小学数学教师从不阅读或者较少阅读自然

科学书刊。

以小学数学教师阅读自然科学书刊为自变量，以胜任力总分和一级指标为因变量进行单因素方差分析。结果表明，不同阅读自然科学书刊频率的小学数学教师在胜任力总分、一级指标均值得分上存在显著差异。从均值看，经常阅读自然科学书刊的小学数学教师在胜任力总分和一级指标均值得分最高，且经常阅读>阅读较多>阅读较少>从不阅读。通过 LSD 事后多重比较分析可知，经常阅读自然科学书刊的小学数学教师与其他三种情况（从不阅读、阅读较少、阅读较多）的小学数学教师在胜任力总分及一级指标均值得分上存在显著差异，且阅读的频率影响小学数学教师胜任力总分及一级指标均值得分。

表 2-45　　不同阅读人文社科类书刊情况教师教学胜任力总分及一级指标差异分析

	阅读情况	人数	平均分	显著性检验	
				F 值	P 值
胜任力总分	从不阅读	95	4.2109	216.308	0.000
	阅读较少	2408	4.4441		
	阅读较多	1753	4.6011		
	经常阅读	1031	4.8341		
知识素养	从不阅读	95	3.4776	72.966	0.000
	阅读较少	2408	3.7658		
	阅读较多	1753	3.8676		
	经常阅读	1031	4.0542		
教学能力	从不阅读	95	4.3123	273.878	0.000
	阅读较少	2408	4.6479		
	阅读较多	1753	4.8955		
	经常阅读	1031	5.2197		
职业品格	从不阅读	95	4.4325	170.500	0.000
	阅读较少	2408	4.6873		
	阅读较多	1753	4.8424		
	经常阅读	1031	5.0784		
个人特质	从不阅读	95	4.1234	67.803	0.000
	阅读较少	2408	4.2075		
	阅读较多	1753	4.2862		
	经常阅读	1031	4.4362		

从每个二级指标群组之间来看，教育知识 $P=0.000<0.05$；学科知识 $P=0.000<0.05$；通识知识 $P=0.035<0.05$；教学设计 $P=0.000<0.05$；教学实施 $P=0.000<0.05$；教学探索 $P=0.000<0.05$；职业态度 $P=0.000<0.05$；职业情感 $P=0.000<0.05$；教学追求 $P=0.000<0.05$；自我特征 $P=0.000<0.05$；人际特征 $P=0.000<0.05$。可见，不同阅读自然科学书刊频率的小学数学教师在二级指标均值得分存在显著差异。

由表2-45中数据可知，1.8%的小学数学教师从不阅读人文社科的书刊；45.5%的小学数学教师较少阅读人文社科书刊；33.2%的小学数学教师较多阅读人文社科类书刊；19.5%的小学数学教师经常阅读人文社科类书刊。可见，有一半左右的小学数学教师从不阅读或者较少阅读人文社科类书刊。

以小学数学教师阅读人文社科书刊为自变量，以胜任力总分和一级指标为因变量进行单因素方差分析。结果表明，不同阅读人文社科书刊频率的小学数学教师在胜任力总分、一级指标均值得分上存在显著差异。从均值看，经常阅读人文社科书刊的小学数学教师在胜任力总分和一级指标均值得分最高，且经常阅读>阅读较多>阅读较少>从不阅读。通过LSD事后多重比较分析可知，经常阅读人文社科书刊的小学数学教师与其他三种情况（从不阅读、阅读较少、阅读较多）的小学数学教师在胜任力总分及一级指标均值得分上存在显著差异，且阅读的频率影响小学数学教师胜任力总分及一级指标均值得分。

从每个二级指标群组之间来看，教育知识 $P=0.000<0.05$；学科知识 $P=0.000<0.05$；通识知识 $P=0.003<0.05$；教学设计 $P=0.000<0.05$；教学实施 $P=0.000<0.05$；教学探索 $P=0.000<0.05$；职业态度 $P=0.000<0.05$；职业情感 $P=0.000<0.05$；教学追求 $P=0.000<0.05$；自我特性 $P=0.004<0.05$；人际特征 $P=0.000<0.05$。可见，不同阅读人文社科书刊频率的小学数学教师在二级指标均值得分上存在显著差异。

总的来说，不同的阅读书刊（教育教学、自然科学、人文社科）频率（从不阅读、阅读较少、阅读较多）影响小学数学教师的胜任力总分、一级指标、二级指标均值得分，且阅读频率越高的小学数学教师，其胜任力总分及一级指标均值得分越高。

表 2-46　不同藏书量教师教学胜任力总分及一级指标差异分析

	藏书数量	人数	平均分	显著性检验	
				F 值	P 值
胜任力总分	10 本及以下	769	4.3557	139.334	0.000
	11—50 本	2302	4.5144		
	51—100 本	1402	4.6619		
	101 本以上	814	4.7584		
知识素养	10 本及以下	769	3.6887	57.752	0.000
	11—50 本	2302	3.8050		
	51—100 本	1402	3.9171		
	101 本以上	814	4.0180		
教学能力	10 本及以下	769	4.5035	182.928	0.000
	11—50 本	2302	4.7605		
	51—100 本	1402	4.9830		
	101 本以上	814	5.1071		
职业品格	10 本及以下	769	4.5813	121.092	0.000
	11—50 本	2302	4.7578		
	51—100 本	1402	4.9075		
	101 本以上	814	5.0037		
个人特质	10 本及以下	769	4.1929	32.717	0.000
	11—50 本	2302	4.2421		
	51—100 本	1402	4.3176		
	101 本以上	814	4.3832		

表 2-47 中数据表明，除教材和参考书外，14.5% 的小学数学教师藏书量为 10 本以下；43.5% 的小学数学教师藏书量为 11—50 本；26.5% 的小学数学教师藏书量为 51—100 本；15.4% 的小学数学教师藏书量为 101 本以上。可见，小学数学教师藏书量集中在 11—100 本之间。

以小学数学教师藏书量为自变量，以教学胜任力总分及一级指标为因变量进行单因素方差分析。结果发现，不同藏书量的小学数学教师在胜任力总分、一级指标均值得分上存在显著差异。从均值上看，藏书量在 101 本以上的小学数学教师在教学胜任力总分及一级指标均值得分最高，且藏书量为 101 本以上>51—100 本>11—50 本>10 本以下。通过 LSD 事后多重比较分析可知，藏书量为 101 本以上的小学数学教师与其他三种藏书量（10 本以下、11—50 本、51—100 本）在教学胜任力总分及一级指标均值得分存在显著差异，且藏书量越高的小学数学教师其教学胜任力及一级指标均值得分越高。

表 2-47 不同报刊订阅情况教师教学胜任力总分及一级指标差异分析

	订阅情况	人数	平均分	显著性检验 F 值	P 值
胜任力总分	没有订阅	1549	4.3954	176.988	0.000
	1 种	1380	4.5285		
	2 种	1552	4.6546		
	3 种及以上	806	4.8005		
知识素养	没有订阅	1549	3.6711	95.451	0.000
	1 种	1380	3.8447		
	2 种	1552	3.9236		
	3 种及以上	806	4.0651		
教学能力	没有订阅	1549	4.5760	230.882	0.000
	1 种	1380	4.7772		
	2 种	1552	4.9670		
	3 种及以上	806	5.1806		
职业品格	没有订阅	1549	4.6478	138.477	0.000
	1 种	1380	4.7524		
	2 种	1552	4.9001		
	3 种及以上	806	5.0448		
个人特质	没有订阅	1549	4.1899	41.225	0.000
	1 种	1380	4.2637		
	2 种	1552	4.3156		
	3 种及以上	806	4.3909		

由表 2-47 中数据可知，29.3% 的小学数学教师没有订阅报纸和杂志；26.1% 的小学数学教师订阅 1 种报纸和杂志；29.4% 的小学数学教师订阅 2 种报纸和杂志；15.2% 的小学数学教师订阅 3 种及以上报纸和杂志。

以小学数学教师订阅情况为自变量，以胜任力总分、一级指标均值得分为因变量。结果发现，不同订阅量的小学数学教师在教学胜任力总分及一级指标均值得分存在显著差异。从均值看，订阅3种及以上的小学数学教师的教学胜任力总分、一级指标均值得分最高，且订阅3种及以上>订阅2种>订阅1种>没有订阅。通过LSD事后多重比较分析可知，订阅3种及以上的小学数学教师与其他三种订阅情况（没有订阅、订阅1种、订阅2种）在教学胜任力总分及一级指标均值得分上存在显著差异，且小学数学教师订阅报纸和杂志的种类越多，其教学胜任力总分和一级指标均值得分越高。

四 教学借鉴

（一）教学观摩

以小学数学教师观摩情况为自变量，以胜任力总分和一级指标为因变量进行单因素方差分析。

表2-48 不同教学观摩情况教师教学胜任力总分及一级指标差异分析

	观摩情况	人数	平均分	显著性检验	
				F 值	P 值
胜任力总分	从未观摩	44	4.2056	250.447	0.000
	观摩较少	1865	4.3919		
	观摩较多	2133	4.5843		
	经常观摩	1245	4.8167		
知识素养	从未观摩	44	3.5824	72.823	0.000
	观摩较少	1865	3.7219		
	观摩较多	2133	3.8652		
	经常观摩	1245	4.0279		
教学能力	从未观摩	44	4.2096	326.471	0.000
	观摩较少	1865	4.5680		
	观摩较多	2133	4.8736		
	经常观摩	1245	5.1929		
职业品格	从未观摩	44	4.5218	207.271	0.000
	观摩较少	1865	4.6254		
	观摩较多	2133	4.8286		
	经常观摩	1245	5.0634		
个人特质	从未观摩	44	4.0973	72.320	0.000
	观摩较少	1865	4.1920		
	观摩较多	2133	4.2673		
	经常观摩	1245	4.4259		

由表 2-48 中数据可知，0.8%的小学数学教师从未主动观摩其他教师的教学；35.3%的小学数学教师较少观摩其他教师的教学；40.3%的小学数学教师较多观摩其他教师的教学；23.5%的小学数学教师经常观摩其他教师的教学。可见，大部分小学数学教师还是比较注重教学观摩的。

结果表明，不同观摩频率的小学数学教师在胜任力总分、一级指标均值得分上存在显著差异。从均值上看，经常观摩其他教师教学的小学数学教师在胜任力总分和一级指标均值得分最高，且经常观摩>观摩较多>观摩较少>从未观摩。通过 LSD 事后多重比较分析可知，经常主动观摩其他教师教学的小学数学教师与其他三种情况（从不观摩、观摩较少、观摩较多）的小学数学教师在胜任力总分及一级指标均值得分上存在显著差异，且观摩的频率影响小学数学教师胜任力总分及一级指标均值得分。

从每个二级指标群组之间来看，教育知识 $P=0.000<0.05$；学科知识 $P=0.000<0.05$；通识知识 $P=0.003<0.05$；教学设计 $P=0.000<0.05$；教学实施 $P=0.000<0.05$；教学探索 $P=0.000<0.05$；职业态度 $P=0.000<0.05$；职业情感 $P=0.000<0.05$；教学追求 $P=0.000<0.05$；自我特性 $P=0.006<0.05$；人际特性 $P=0.000<0.05$。可见，不同观摩频率的小学数学教师在二级指标均值得分上存在显著差异。

（二）教学请教

以小学数学教师教学请教情况为自变量，以胜任力总分和一级指标为因变量进行单因素方差分析。

由表 2-49 中数据可知，0.3%的小学数学教师从未请教过同事教学问题；5.7%的小学数学教师很少请教过同事教学问题；47.2%的小学数学教师有时请教过同事教学问题；46.8%的小学数学教师经常请教同事教学问题。可见，大部分小学数学教师比较注重教学请教。

结果表明，不同请教频率的小学数学教师在胜任力总分、一级指标均值得分上存在显著差异。从均值看，经常请教其他教师教学的小学数学教师在胜任力总分和一级指标均值得分最高，且经常请教>有时请教>很少请教。通过 LSD 事后多重比较分析可知，经常请教同事教学问题的小学数学教师与其他三种情况（从不请教、很少请教、有时请教）的小学数学教师在胜任力总分、教学能力、职业品格、个人特质均值得分上存在显著差异，且请教的频率影响小学数学教师胜任力总分、教学能力、职业品格、个人特质均值得分。

表 2-49　不同教学请教情况教师教学胜任力总分及一级指标差异分析

	请教情况	人数	平均分	显著性检验	
				F 值	P 值
胜任力总分	从未请教	14	4.3588	121.998	0.000
	很少请教	303	4.2872		
	有时请教	2497	4.4885		
	经常请教	2473	4.6838		
知识素养	从未请教	14	3.8571	11.920	0.000
	很少请教	303	3.7488		
	有时请教	2497	3.8141		
	经常请教	2473	3.8999		
教学能力	从未请教	14	4.5688	148.960	0.000
	很少请教	303	4.4025		
	有时请教	2497	4.7253		
	经常请教	2473	5.0012		
职业品格	从未请教	14	4.5595	129.424	0.000
	很少请教	303	4.4582		
	有时请教	2497	4.7268		
	经常请教	2473	4.9379		
个人特质	从未请教	14	4.1000	40.734	0.000
	很少请教	303	4.1708		
	有时请教	2497	4.2199		
	经常请教	2473	4.3480		

从每个二级指标群组之间来看，教育知识 $P=0.341>0.05$；学科知识 $P=0.000<0.05$；通识知识 $P=0.218>0.05$；教学设计 $P=0.000<0.05$；教学实施 $P=0.000<0.05$；教学探索 $P=0.000<0.05$；职业态度 $P=0.000<0.05$；职业情感 $P=0.000<0.05$；教学追求 $P=0.000<0.05$；自我特性 $P=0.000<0.05$；人际特征 $P=0.000<0.05$。可见，除教育知识和通识知识外，不同请教频率的小学数学教师在二级指标均值得分上存在显著差异。

五 教学研究

以小学数学教师课题研究最高成果为自变量，以胜任力总分和一级指标为因变量进行单因素方差分析。

表 2-50　　承担不同最高课题级别教师教学胜任力总分及一级指标差异分析

	课题级别	人数	平均分	显著性检验	
				F 值	P 值
胜任力总分	没有承担	2652	4.4908	34.512	0.000
	校级	1153	4.6109		
	县（区）级	599	4.6975		
	市级	535	4.6322		
	省级	236	4.6739		
	国家级	122	4.7300		
知识素养	没有承担	2652	3.7638	26.601	0.000
	校级	1153	3.9056		
	县（区）级	599	3.9992		
	市级	535	3.9093		
	省级	236	3.9492		
	国家级	122	4.0523		
教学能力	没有承担	2652	4.7134	46.864	0.000
	校级	1153	4.9223		
	县（区）级	599	5.0253		
	市级	535	4.9329		
	省级	236	4.9765		
	国家级	122	5.0525		
职业品格	没有承担	2652	4.7395	23.814	0.000
	校级	1153	4.8448		
	县（区）级	599	4.9351		
	市级	535	4.8641		
	省级	236	4.9011		
	国家级	122	4.9826		
个人特质	没有承担	2652	4.2442	8.201	0.000
	校级	1153	4.2758		
	县（区）级	599	4.3387		
	市级	535	4.3160		
	省级	236	4.3608		
	国家级	122	4.3561		

由表 2-50 中数据可知，50.2%的小学数学教师没有承担任何课题；21.8%的小学数学教师课题最高级别为校级；11.1%的小学数学教师课题最高级别为县（区）级；10.1%的小学数学教师课题最高级别为市级；4.5%的小学数学教师课题最高级别为省级；2.3%的小学数学教师课题最高级别为国家级。可见，小学数学教师课题研究最高级别人数的比例与课题级别高低呈反比，课题级别越高，承担课题人数比例越低。

结果表明，承担不同最高级别课题的小学数学教师在胜任力总分、一级指标均值得分上存在显著差异。从均值看，最高级别课题为国家级的小学数学教师在教学胜任力总分、知识素养、教学能力、职业品格上均值得分最高。通过 LSD 事后多重比较分析可知，没有承担课题的小学数学教师与其他 5 种最高级别课题（校级、县（区）级、市级、省级、国家级）的小学数学教师在教学胜任力总分及一级指标均值得分上存在显著差异。

从每个二级指标群组之间来看，教育知识 $P=.000<0.05$；学科知识 $P=0.000<0.05$；通识知识 $P=0.020<0.05$；教学设计 $P=0.000<0.05$；教学实施 $P=0.000<0.05$；教学探索 $P=0.000<0.05$；职业态度 $P=0.000<0.05$；职业情感 $P=0.000<0.05$；教学追求 $P=0.000<0.05$；自我特性 $P=0.251>0.05$；人际特性 $P=0.000<0.05$。可见，除自我特性外，不同最高级别课题的小学数学教师在二级指标均值得分上存在显著差异。

由表 2-51 中数据可知，54.8%的小学数学教师没有发表任何研究成果；30.5%的小学数学教师发表了 1-2 篇（部）研究成果；10%的小学数学教师发表了 3-4 篇（部）研究成果；4.7%的小学数学教师发表了 5 篇（部）及以上研究成果。可见，大部分的小学数学教师并不重视研究成果的发表。

以小学数学教师研究成果发表情况为自变量，以教学胜任力总分和一级指标为因变量进行单因素方差分析。结果表明，不同研究成果发表量的小学数学教师在胜任力总分、一级指标均值得分上存在显著差异。从均值看，发表了 5 篇（部）及以上研究成果的小学数学教师在教学胜任力总分、知识素养、教学能力、职业品格、个人特质均值得分最高。通过 LSD 事后多重比较分析可知，除个人特质外，没有发表研究成果的小学数学教师与其他 3 种研究成果发表量，即 1—2 篇（部）、3—4 篇（部）、5 篇（部）及以上的小学数学教师在教学胜任力总分及一级指标均值得分上存在显著差异。

表 2-51　不同研究成果教师教学胜任力总分及一级指标差异分析

	研究成果	人数	平均分	显著性检验	
				F 值	P 值
胜任力总分	没有发表	14	4.5056	41.063	0.000
	1—2 篇（部）	303	4.6515		
	3—4 篇（部）	2497	4.6083		
	5 篇（部）及以上	2473	4.6675		
知识素养	没有发表	14	3.7726	38.843	0.000
	1—2 篇（部）	303	3.9353		
	3—4 篇（部）	2497	3.9468		
	5 篇（部）及以上	2473	4.0045		
教学能力	没有发表	14	4.7425	52.314	0.000
	1—2 篇（部）	303	4.9572		
	3—4 篇（部）	2497	4.8959		
	5 篇（部）及以上	2473	5.0006		
职业品格	没有发表	14	4.7526	27.393	0.000
	1—2 篇（部）	303	4.8864		
	3—4 篇（部）	2497	4.8485		
	5 篇（部）及以上	2473	4.8946		
个人特质	没有发表	14	4.2473	10.486	0.000
	1—2 篇（部）	303	4.3249		
	3—4 篇（部）	2497	4.2788		
	5 篇（部）及以上	2473	4.3020		

从每个二级指标群组之间来看，教育知识 $P=0.000<0.05$；学科知识 $P=0.000<0.05$；通识知识 $P=0.008<0.05$；教学设计 $P=0.000<0.05$；教学实施 $P=0.000<0.05$；教学探索 $P=0.000<0.05$；职业态度 $P=$

0.000<0.05；职业情感 $P=0.000<0.05$；教学追求 $P=0.000<0.05$；自我特性 $P=0.055>0.05$；人际特征 $P=0.000<0.05$。可见，除自我特性外，不同研究成果发表量的小学数学教师在二级指标均值得分上存在显著差异。

六 教学压力

以小学数学教师的教学压力程度为自变量，以教学胜任力总分及一级指标为因变量进行单因素方差分析。

表2-52 不同教学压力程度教师教学胜任力总分及一级指标差异分析

	压力程度	人数	平均分	显著性检验	
				F 值	P 值
胜任力总分	没有压力	264	4.7719	36.481	0.000
	压力较小	1982	4.5512		
	压力较大	2631	4.5371		
	压力很大	410	4.7159		
知识素养	没有压力	14	4.0705	16.536	0.000
	压力较小	303	3.8512		
	压力较大	2497	3.8181		
	压力很大	2473	3.9149		
教学能力	没有压力	14	5.1434	32.407	0.000
	压力较小	303	4.8394		
	压力较大	2497	4.7853		
	压力很大	2473	4.9398		
职业品格	没有压力	14	5.0137	27.498	0.000
	压力较小	303	4.7972		
	压力较大	2497	4.7774		
	压力很大	2473	4.9454		
个人特质	没有压力	14	4.3629	48.835	0.000
	压力较小	303	4.2278		
	压力较大	2497	4.2685		
	压力很大	2473	4.5100		

由表2-52中数据可知，5%的小学数学教师认为在教学方面没有压

力；37.5%的小学数学教师认为在教学方面压力较小；49.8%的小学数学教师认为在教学方面压力较大；7.8%的小学数学教师认为在教学方面压力很大。可见，一半左右的小学数学教师在教学方面压力较大或者很大。结果表明，不同教学压力程度的小学数学教师在胜任力总分、一级指标均值得分上存在显著差异。从均值看，在教学方面没有压力的小学数学教师在教学胜任力总分、知识素养、教学能力、职业品格均值得分最高。通过LSD 事后多重比较分析可知，在教学方面没有压力的小学数学教师与其他两种压力程度（压力较少、压力较大）的小学数学教师在教学胜任力总分及一级指标均值得分上存在显著差异。

从每个二级指标群组之间来看，教育知识 $P=0.003<0.05$；学科知识 $P=0.000<0.05$；通识知识 $P=0.008<0.05$；教学设计 $P=0.000<0.05$；教学实施 $P=0.000<0.05$；教学探索 $P=0.000<0.05$；职业态度 $P=0.000<0.05$；职业情感 $P=0.000<0.05$；教学追求 $P=0.000<0.05$；自我特征 $P=0.000<0.05$；人际特征 $P=0.000<0.05$。可见，不同教学压力程度的小学数学教师在二级指标均值得分上存在显著差异。

第四节　结论与建议

通过前文对问卷进行数据梳理和影响因素分析，我们对江西省小学数学教师教学胜任力的现状有了较为全面的了解。本节将在此基础上对小学数学教师教学胜任力作进一步的梳理和概括，得出江西省小学数学教师胜任力水平的基本结论，并提出提升江西省小学数学教师教学胜任力的对策建议。

一　基本结论

（一）小学数学教师教学胜任力总体处于中等偏上水平

研究表明，江西省小学数学教师教学胜任力总分均值4.45 分，说明江西省小学数学教师教学胜任力处在中等偏上水平。从一级指标看，知识素养均值为 3.85 分、教学能力均值为 4.84 分、职业品格为 4.81 分、个人特质为 4.28 分。可见，江西省小学数学教师的知识素养、个人特质水平偏弱。从二级指标看，教育知识（3.41）、通识知识（3.69）、职业追求（3.91）、自我特性（3.67）均值得分均小于4分，得分较低。而在三级指标中，教育理论知识（2.03）、自然科学知识（2.97）、师生互动（2.24）、教学自主（2.45）、职业规划（2.28）、适应性（3.37）、自我调控（2.59）、心理状态（2.28）、身体状况（2.53）、平等性（3.21）均值均低于4分。可见，有五分之一的三级指标均值得分偏低。说明江西省小学数学教师在教育理论知识、自然科学知识、师生互动、教学自主、职业规划、适应性、自我调控、心理状态、身体状况、平等性等方面亟待加强。

（二）不同的小学数学教师教学胜任力存在差异

从教师所在地区看，江西省11个设区市小学数学教师教学胜任力总分均值得分：抚州市为4.53分；赣州市为4.57分；吉安市为4.55分；景德镇市为4.62分；九江市为4.45分；南昌市为4.47分；萍乡市为4.67分；上饶市为4.54分；新余市为4.47分；宜春市为4.58分；鹰潭市为4.49分。因此，萍乡市>景德镇市>宜春市>赣州市>吉安市>上饶市>抚州市>鹰潭市>南昌市>新余市>九江市。由此可知，江西省不同地区的小学数学教师在教学胜任力总分及一级指标均值得分上存在显著差异。

从教师任教学校性质看，城区学校的小学数学教师在胜任力总分、知识素养、教学能力、职业品格、个人特质均值得分上高于乡村学校。在二级指标中，乡村学校的小学数学教师在教学设计和职业态度均值得分大于城市学校，其余9个二级指标均值得分均是城区学校大于乡村学校。

从教师性别看，不同性别的小学数学教师在教学胜任力总分、知识素养、职业品格、个人特质均值得分上存在显著差异，且男性小学数学教师均值大于女性小学数学教师。在二级指标上，男性小学数学教师在教育知识、学科知识、通识知识、教学设计、教学实施、教学探索、职业态度、职业情感、职业追求、自我特性、人际特性均值得分上高于女性教师。

从教师年龄看，第四年龄组（$51 < a \leq 60$）的小学数学教师教学胜任力总分均值最高，且不同年龄组的小学数学教师在胜任力总分、知识素养、教学能力、职业品格、个人特质、教育知识、学科知识、通识知识、教学设计、教学实施、教学探索、职业态度、职业情感、职业追求、人际特性均值得分上存在显著差异。通过LSD事后检验发现，除个人特质外，第一年龄组（$19 \leq a \leq 30$）与其他年龄组（$30 < a \leq 40$、$40 < a \leq 50$、$51 < a \leq$

60）的小学数学教师在胜任力总分及一级指标均值得分上存在显著差异，并且小学数学教师的年龄影响其教学胜任力总分、一级指标和二级指标的水平。

从教师教龄看，教龄在第四组（$30<b \leqslant 40$）的小学数学教师的教学胜任力总分均值得分最高。通过LSD事后检验可知，第一教龄组（$0.5 \leqslant b \leqslant 10$）与其他教龄组（$10<b \leqslant 20$、$20<b \leqslant 30$、$30<b \leqslant 40$）的小学数学教师在胜任力总分、一级指标、二级指标上存在显著差异。

从教师编制状况看，已获编制的小学数学教师在教学胜任力总分及一级指标均值得分上均高于未获编制的小学数学教师，并且已获得编制的小学数学教师与未获得编制的小学数学教师在教学胜任力总分及一级指标的得分上均存在显著差异。在二级指标上，已获编制的小学数学教师在二级指标均值得分上均高于未获编制的小学数学教师。

从教师职称看，职称为小教高级的小学数学教师在教学胜任力总分及一级指标的均值得分最高，且不同职称的小学数学教师在教学胜任力总分及一级指标的均值得分上存在显著差异。

从教师学历看，不同学历层次的小学数学教师在知识素养和教学能力均值得分上存在显著差异。在二级指标中，不同学历的小学数学教师在教育知识、学科知识、教学设计、教学探索、职业态度、职业情感均值得分上存在显著差异。但是并不是学历越高，教学胜任力、一级指标、二级指标均值得分越高。从第一学历性质来看，除知识素养外，不同第一学历性质的小学数学教师在教学胜任力总分及一级指标均值得分上不存在显著差异。

从教师任教情况看，任教不同年级的小学数学教师在教学胜任力总分、教学能力、职业品格、个人特质、通识知识、教学实施、职业追求、个人特征存在显著差异。不同周课时量的小学数学教师的知识素养水平存在显著差异，且周课时量在16节以下的小学数学教师均值大都高于周课时量在16节以上的小学数学教师。除个人特质外，不同担任班主任情况的小学数学教师在教学胜任力总分及一级指标得分上不存在显著差异。

从教师受表彰情况看，受过省级表彰的小学数学教师在教学胜任力总分及一级指标均值得分最高，且不同表彰情况的小学数学教师在教学胜任力总分及一级指标均值得分上存在显著差异。

(三) 多种因素影响小学数学教师的教学胜任力

研究表明，影响江西省小学数学教师教学胜任力的主要因素如下：

第一，教研活动的开展、参加与评价。学校教研活动开展的频率影响小学数学教师的教学胜任力水平，开展频率越高越有利于提高小学教师的教学胜任力水平。小学数学教师对教研活动的参与程度也影响其教学胜任力的水平，参与程度越高越有助于提高其教学胜任力的水平。同样，小学数学教师对教研活动的评价也影响其教学胜任力水平，评价越高其教学胜任力水平越高。

第二，教师培训的开展、参加与评价。教师培训开展的频率影响小学数学教师的教学胜任力水平，开展频率越高越有利于提高小学教师的教学胜任力水平。小学数学教师对教师培训的参与程度也影响其教学胜任力的水平，参与程度越高越有助于提高其教学胜任力的水平。同样，小学数学教师对教师培训的评价也影响其教学胜任力的水平，评价越高其教学胜任力水平越高。

第三，文献阅读类型与频率。阅读不同类型（教育教学类、自然科学类、人文社科类）的书刊频率越高，越有助于提高其教学胜任力水平。同时，小学数学教师的藏书量和订阅报刊量越多，越有助于提高其教学胜任力水平。

第四，教学观摩与请教。小学数学教师主动观摩或向其他教师请教教学的频率越高，越有助于提高其教学胜任力。

第五，教学研究课题与成果发表。小学数学教师承担教学研究课题的情况影响其教学胜任力的水平，并且级别越高其教学胜任力水平越高。同样，小学数学教师研究成果发表量也影响其教学胜任力水平，发表越多其教学胜任力水平越高。

第六，教学压力。小学数学教师的教学压力小有利于提高其教学胜任力水平，教学压力大则不利于其教学胜任力水平的提高。

第七，教学制约。从外在因素而言，教学任务重、家长不配合、经济待遇差是制约小学数学教师提高教学胜任力水平排名前三的因素。而对于内在因素而言，教学能力、教育理论、专业知识是制约小学数学教师提高教学水平排名前三的因素。

二 主要建议

针对江西省小学数学教师教学胜任力的现状，尤其是存在的问题及其影响因素，这里提出几点对策建议。

（一）加强教研组织建设

教研组织是学校教师相互切磋、交流的重要发展平台。学校在提升小学数学教师教学胜任力方面，首先要重视抓好教研组织的建设。可以考虑选择本校小学数学学科带头人为数学教研组织的负责人，全面负责数学教研活动的开展。其次要定期开展教研活动，可以考虑以周为单位，每周定期开展教研活动，邀请校内外的优秀专家、学者、教师进行演讲、汇报、讲课等。活动结束后，要安排全体教师与专家、学者进行交流、讨论。规定全体数学教师都要参与，并且要做好听课笔记，定期检查。最后可以考虑以年级为单位、以新教师为主要群体，开展赛课活动，这有助于新教师的专业成长。

（二）完善教师培训制度

教师培训有助于提升小学数学教师的教学胜任力水平。因此，学校要重视对小学数学教师的培训。对学校而言，要做好校内培训。首先，以"老"带"新"，建立教师导师制。新教师入职后，选择经验丰富、责任心强的"老"教师为导师，导师和新教师要互相定期听课，对新教师进行有针对性的指导。同时，学校要对导师给予一定的经济补偿。此举一方面有利于新教师的职业成长，另一方面也增强了"老"教师的职业认同感。其次，学校要重视选拔教师参加市级、省级和国家级的教师培训。学校在挑选参与培训的人员时要有科学、合理的依据，事先要通过相应的调查或测评，这样才能取得较好的效果。此外，可以考虑适当向新入职的教师倾斜。同时，要定期将教师组织起来进行校级培训。最后，学校要重视对教师培训效果的反馈。每次培训后要注重教师对培训效果的反馈，尤其是校级培训，对于参加培训的教师的意见要进行收集和分析，对培训存在的问题要认真对待，积极解决。

（三）促进教师教学观摩

小学数学教师教学观摩的频率影响其教学胜任力水平。因此，学校要定期组织教师到校内外听课，并且创建优质课堂，培养小学数学名师。第一，由学校教务处负责，开展听课活动，教师要定期听课，做好听课笔记，撰写评价与反思，学校要定期抽查。第二，创建和谐的同事关系，避免恶性竞争。学校要公平公正地对待每一位教师，鼓励同事之间相互切磋，共同进步。

（四）增加教师的阅读量

调查显示，江西省小学数学教师的知识素养水平普遍偏低，而小学数学教师的阅读书刊（教育教学类、自然科学类、人文社会类）的频率影响其教学胜任力水平。因此，在学校层面，要注重创设良好的阅读环境。第一，教师办公室可设置图书角，定期增设和替换各类书籍。第二，注重图书馆的建设，投入一定的资金建设专门的教师图书馆，定期更新书目。第三，定期举办读书交流活动，鼓励教师大量阅读，并对阅读量大的教师进行一定的奖励。对于教师个人而言，学无止境，时代在发展，教师要不断地充实自我，广泛阅读，不断关注教学的前沿。

（五）提升教师科研水平

小学数学教师不要只做教书匠，而要成为一个专家型的教师。在一定程度上，教学研究能力是一个重要的衡量指标。小学数学教师要善于发现教育教学问题，并且有进行行动研究的能力。为了提高小学数学教师的科研能力，学校要加强与高校的合作。在与高校的合作中，小学数学教师可以充实各种理论知识，学习和掌握教育科研的方法。与此同时，大学教师可以了解小学数学教学的现状，帮助小学数学教师开展教育教学研究，解决小学数学教育教学中的实际问题。鼓励教师申报各级教育教学研究课题，根据教师承担的课题不同级别给予相应的奖励，调动小学数学教师开展课题研究的积极性。

（六）重视教师自我提高

调查结果显示，教育理论知识、教学能力、专业知识、身体素质、心理素质是江西省小学数学教师最需要提高的素质排名前五的因素。因此，在教育理论知识、专业知识方面，小学教师在工作之余要注重对这些知识的系统学习。学校要注重小学数学教师教育理论及专业知识的学习，定期邀请专家来校讲学，指导小学数学教师将理论知识应用到平时的教学活动中去。在教学能力方面，向优秀教师学习是提高教学能力的重要方法。小学数学教师要做好教学笔记和教学反思，学校要定期抽查和检查。健康的体魄是做好教师工作的基础和保障。因此，学校可组建各种运动社团，在课后及假期可以定时开展团体运动和比赛活动，对于运动成绩优异者给予适当的精神或物质奖励，以调动教师参加体育活动的积极性。友好的同事关系有利于提升教师职业的幸福感，学校要营造轻松、愉快、积极、健康的工作氛围。同时可以考虑对心理素质较弱的教师进行心理辅导，帮助他们以积极、健康的心态面对教学和生活。

（七）关注教师性别差异

众所周知，男性与女性在思维上天生存在差异。总体而言，男性更偏向于逻辑理性思维，而女性更偏向于感性形象思维。小学数学学科具有其学科的特点，较为注重逻辑抽象思维。同时，由前文可知，男教师的教学胜任力水平高于女教师。一般而言，男性可能会更适合从事数学教学。因此，在小学数学教师的选拔上，可以根据实际情况适当向男性倾斜。

（八）减轻教师教学压力

小学数学教师的教学压力程度影响其教学胜任力的水平。从外在因素制约小学数学教师教学水平来看，教学任务重和家长不配合是排名前二的因素。每周课时量在16节以下的小学数学教师教学胜任力得分均值高于周课时量在16节以上的小学数学教师。因此，学校要改变单一的以学生成绩为主的教学评价体系，建构多主体评价（教师自我评价、同事评价、领导评价以及学生、家长评价）、课堂教学评价等，使教师评价更为公正公平，减轻教师的教学压力。在家校合作方面，学校可以考虑设立家长开放日，定期向家长开放，让家长了解学校和教师的工作，以取得他们的配合和支持，融洽家校和家长与教师的关系，从而化解家长与教师的分歧，减轻教师的工作压力。另外，学校在安排教学工作时，要充分考虑教师的承受能力，不安排过量的教学任务，尤其是要尽量减少不必要的事务。

（九）提高教师待遇水平

有2010名小学数学教师认为经济待遇差制约其提高教学水平。因此，国家和政府要重视提升小学数学教师的待遇问题，优化教师工资结构，多劳多得，使其能够获得与其工作数量与工作质量相匹配的经济待遇。增加教龄补贴，对教龄较长的教师进行适当的奖励。增设特优津贴，对于那些在教育教学方面特别优秀的教师给予一定的奖励，鼓励小学数学教师不断发展。

第三章　中小学英语教师教学胜任力研究

本章研究的是中小学英语教师教学胜任力问题。首先简要介绍中小学英语教师教学胜任力研究的背景、意义与方法；其次阐述中小学英语教师教学胜任力研究的设计、实施、对象与结果；再次分析影响中小学英语教师教学胜任力的因素；最后对中小学英语教师教学胜任力的现状进行概括，并在此基础上提出提升中小学英语教师教学胜任力的对策建议。

第一节　研究的背景、意义与方法

一　研究背景

（一）中小学英语课程改革的需求

新课程改革自施行以来，给教师和学生都带来了不少变化。一方面，课程改革方向必须适应时代需求。另一方面，课程改革实践又必然会出现新问题。课程改革不仅仅是课程教材内容的改变，对教师的要求也有变化。新课程改革强调课程教学要促进每个学生的身心健康发展，教会学生终身学习的能力。英国著名课程专家斯腾豪斯（L. Stehouse）认为，课程改革是人的改革，课程发展是人的发展，没有教师的发展就没有课程的发展。这就是说，教师是课程的实施者，他们的思想、观念、行为等对课程改革过程具有极强的影响力。相关文献表明，中小学英语在课程、教学等各方面出现的问题均由多种因素造成。如教师在教学过程中的观念改变缓慢、课堂教学内容过于形式化、部分教师还不能有效使用现代教学手段等。要解决这些问题，必须加强教师培训，增强教师的教学胜任力。英语教师教学胜任力的提升需要对英语教师的教学胜任力进行研究。

(二) 中小学英语教师专业化发展的要求

中小学英语教师的专业发展是素质教育和新课程改革实施的现实需要。教师的专业素养是教师专业化中的重要因素。教师的专业素养包括教师的教学能力、教师的专业精神等。教师的教学能力包括：理解他人和与他人交往的能力、管理能力、教育研究能力。教师的专业精神包括：进取心、事业心、健康心理、责任感、创新意识、对人生的态度等。教师专业化要求教师必须具有与时代精神相通的教育理念；要具有多层复合性的专业知识结构；要具有满足社会要求和期望的教学能力和专业精神。创建一支素质硬、胜任能力强的教师队伍，应加强教师队伍建设，促进教师专业成长。随着新课程改革的纵深推行，对教师这一职业的岗位要求亦越来越高，要求走专业化的道路。由于中小学英语课程的特殊性，中小学英语教师同样面临着专业发展的挑战。教师要达成专业发展的自我实现，就要不断更新教育理念与教学方法，树立专业发展的意识。为了有效地促进中小学英语教师的专业发展，同样需要了解他们教学胜任力的现状，尤其是他们在教学胜任力方面存在的问题及原因，这样才能找到提升其教学胜任力的路径与方法。

二 研究意义

(一) 理论意义

胜任力的研究早已在全球掀起高潮，多个国家研究并获得了一定的研究成果。但对中小学英语教师胜任力的研究还十分有限。通过文献分析发现，关于中小学英语教师胜任力的探讨还处于探索和摸索阶段。基于此，本研究选择江西省中小学英语教师作为研究对象，对该省中小学英语教师的教学胜任力的现状进行调查，分析存在的问题，并提出改进的策略建议。本研究有助于推动教师胜任力、尤其是中小学英语教师教学胜任力理论的发展。

(二) 实践意义

本研究通过对中小学英语教师教学胜任力的调查，旨在掌握中小学英语教师教学胜任力的现状，发现他们在教学胜任力方面存在的问题，剖析导致问题的原因，在此基础上提出提升其教学胜任力的对策建议。这项研究可以提高教师自身的专业意识，促进其专业发展和职业生涯的规划，为他们提升教学胜任力水平提供参考和启示。同时，这项研究可以为中小学英语教师队伍的建设，如招聘、培训、选拔、绩效管理等提供依据。

三 研究方法

本研究以江西省中小学英语教师作为研究对象，研究中具体运用的方法主要有以下几种：

（一）文献法

搜集和分析研究国内外关于胜任力、教师胜任力以及中小学英语教师胜任力等文献资料，从中选取与论文相关的信息，旨在全面了解相关领域的研究现状，为本研究提供重要的基础。

（二）调查法

本次调查采用江西师范大学何齐宗教授设计的调查问卷。问卷涵盖了英语教师教学胜任力的多个维度，包括教师的知识素养、教学能力、职业品质和个人特质。我们随机抽取了江西省的部分中小学英语教师展开问卷调查，并对教学胜任力的情况和影响中小学英语教师教学胜任力的因素进行分析，以量化的方式揭示江西省中小学英语教学教师胜任力的现状及其影响因素。

（三）统计分析法

本章主要采用独立样本 T 检验、平均数、差异 P 值检验和方差分析等统计分析方法，运用 SPSS22.0 处理数据。通过统计分析揭示中小学英语教师教学胜任力的现状及其影响因素。

第二节 中小学英语教师教学胜任力的调查与分析

为了掌握江西省中小学英语教师教学胜任力的现状及其影响因素，我们对该省中小学英语教师进行了实际调查。本节将对调查的设计、实施、对象及结果进行系统的阐述。

一 调查的设计

本研究采用何齐宗教授编制的调查问卷。问卷的内容由三部分组成。

第一部分主要收集被试的个人信息，包括性别、年龄、教龄、任教学校所在地、是否国编教师、任教学校性质、学历、第一学历类别、第一学历所属专业、职称、任教年级、任教课程、兼职课程、周授课时、是否受表彰及是否担任班主任，共16题。第二部分为正式测试题，共84题，涉及4个一级指标、11个二级指标和50个三级指标。选项中的1、2、3、4、5、6分别代表6个等级水平。"1"表示"极不符合"、"2"表示"较不符合"、"3"表示"有点不符合"、"4"表示"有点符合"、"5"表示"比较符合"、"6"表示"完全符合"。被试胜任力水平与得分呈正比例关系。其中还包含18道胜任力水平与得分呈反比例关系的题，题号分别是1、2、8、27、28、48、49、51、52、57、60、66、67、68、69、70、74、75。第三部分是相关影响因素，共21题。

二 调查的实施

此次调查问卷通过纸质问卷和电子问卷两种形式发放。2016年9月至2017年3月，借助"国培计划"教师培训的机会，发放纸质问卷998份，电子问卷470份，共计1468份。剔除无效问卷，共回收有效问卷1333份，有效率为90.8%。然后采用SPSS22.0系统软件对问卷进行分析。

三 调查的对象

此次调查对象是江西省中小学英语教师，涉及11个设区市。有效调查对象为1333人。

（一）地域分布

调查对象的地域分布情况如下：抚州68人，占5.1%；赣州193人，占14.5%；吉安68人，占5.1%；景德镇39人，占2.9%；九江125人，占9.4%；南昌75人，占5.6%；萍乡48人，占3.6%；上饶324人，占24.3%；新余23人，占1.7%；宜春315人，占23.6%；鹰潭55人，占4.1%。

（二）学校类型

调查对象来自城区学校的746人，占56%；来自乡村学校的587人，占44%。来自公办学校的教师1308人，占98.1%；来自民办学校教师25

人，占 1.9%。

（三）性别结构

本次调查对象中，女教师居多，男教师较少，男教师为 182 人，占 13.7%；女教师 1151 人，占 86.3%。

（四）年龄与教龄结构

1. 年龄结构

将江西省中小学英语教师年龄分为四个组别来统计。用 a 来代表被调查对象的年龄。其中第一组（19≤a≤30）、第二组（30<a≤40）、第三组（40<a≤50）、第四组（50<a）。本次调查对象中，第一组（19≤a≤30）800 人，占 60%；第二组（30<a≤40）382 人，占 28.7%；第三组（40<a≤50）124 人，占 9.3%；第四组（50<a）27 人，占 2%。可以看出，教师年龄在第一组（19≤a≤30）的居多，而在第四组(50<a)的较少。

2. 教龄结构

将调查对象的教龄分为四个组别来统计。用 b 来代表被调查对象的年龄。其中第一组（0.5≤b≤10）、第二组（10<b≤20）、第三组（20<b≤30）、第四组（30<b≤41）。调查对象的教龄情况如下：第一组（0.5≤b≤10）945 人，占 70.9%；第二组（10<b≤20）255 人，占 19.1%；第三组（20<b≤30）105 人，占 7.9%；第四组（30<b≤41）28 人，占 2.1%。由此可见，教龄在 10 年以内的中小学英语教师占多数。

（五）学历与职称结构

1. 学历结构

本次调查对象的学历情况如下：大专学历 242 人，占 18.2%；本科学历 1074 人，占 80.6%；硕士学历 5 人，占 0.5%。由此可知，超过一半的中小学英语教师拥有本科学历。

从第一学历性质看，大多数中小学英语教师来自师范院校。其中师范类的教师 1065 人，占 79.9%；非师范类教师 268 人，占 20.1%。

2. 职称结构

调查数据显示，已获小教高级的教师 147 人，占 11%；小教一级 491 人，占 31.4%；小教二级 157 人，占 11.8%；小教三级 30 人，占 2.3%；

中教高级 56 人，占 4.2%；中教一级 147 人，占 11%；中教二级 214 人，占 16.1%；中教三级 8 人，占 0.6%。

（六）编制状况

在调查对象中，属于国家编制的教师居多，占 95.3%；而非国家编制的教师仅占 4.7%。

（七）周课时量

本次调查对象中，周课时数在 10 节及以下的 115 人，占 8.6%；11—15 节的 784 人，占 56.1%；16—20 节的 356 人，占 26.7%；21 节及以上的 114 人，占总人数的 8.5%。可见，周课时数在 11—15 节的中小学英语教师较多。

（八）担任班主任情况

本次调查对象中有 481 人担任班主任，占 36.1%；未担任班主任的 852 人，占 63.9%。可见，未担任班主任的人数所占比例较高。

（九）受表彰情况

本次调查对象中受到国家表彰的 25 人，占 1.9%；受到省级表彰的 78 人，占 5.9%；受到市级表彰的 224 人，占 16.8%；受到县（区）级表彰的 451 人，占 33.8%；受到校级表彰的 255 人，占 19.1%；未受过表彰的 300 人，占 22.5%。可见，受到县（区）级表彰的中小学英语教师最多。

四　调查的结果

（一）指标得分

调查表明，江西省中小学英语教师教学胜任力的四个维度得分如下：知识素养 4.24、教学能力 4.77、职业品格 4.75、个人特质 4.77，总平均分 4.63。根据统计学高低分分组原则，将 1333 位中小学英语教师按教学胜任力得分高低分为高分组、中等组和低分组三个组别。高分组取分数排名前 27%，共 360 人；中等组取分数排名中间的 46%，共 613 人；低分组取分数排名后 27%，共 360 人。将个人教学胜任力总分标记为字母人数，当人数 ≥5.00 时，为高分组；当 4.32< 人数 <5.00 时，为中等组；当人数 ≤4.32 时，为低分组。

表 3-1　　教师教学胜任力一级指标与二级指标平均分统计

一级指标	得分	二级指标	得分
知识素养	4.2389	教育知识	4.2311
		学科知识	4.6572
		通识知识	3.8365
教学能力	4.7748	教学设计	4.8127
		教学实施	4.7204
		教学探索	4.8480
职业品格	4.7522	职业态度	4.9863
		职业情感	4.3646
		职业追求	4.8455
个人特质	4.7735	自我特性	4.2088
		人际特征	4.8763

表 3-1 为一级指标和二级指标平均分情况。由表中数据可知，本次调查对象在三个一级指标——教学能力、职业品格、个人特质上得分均高于 4.3 分，而知识素养的得分则低于 4.3 分。将四个指标按分数由高到低进行排序依次为教学能力、个人特质、职业品格和知识素养。这说明，教师在教学能力特征上表现较好，但在知识素养特征上表现相对不足。

再看二级指标。在 11 个二级指标中，有 8 个二级指标总平均分超过 4.3 分，另有 3 个二级指标在 4.3 分以下，分别是教育知识、通识知识和自我特征。说明在这三个二级指标方面还应加强。

(二) 分类得分

为进一步了解目前江西省中小学英语教师教学胜任力的情况，检验不同中小学英语教师样本之间存在的差异性，本研究采用单因素方差分析和独立样本 T 检验来分析样本。

1. 任教地区与学校差异

(1) 任教地区差异

如表 3-2 所示，中小学英语教师教学胜任力总分及其一级指标中，呈显著性差异的有知识素养和个人特质，P 值均小于 0.05。而在胜任力总分和教学能力、职业品格两个一级指标方面无明显相关，P 值均大于 0.05。

表 3-2　　不同地区中小学英语教师教学胜任力得分差异分析

		平方和	平均值平方	F 值	P 值
胜任力总分	群组之间	4.193	0.419	1.420	0.166
	在群组内	390.411	0.295		
	总计	394.603			
知识素养	群组之间	23.622	2.362	3.714	0.000
	在群组内	840.902	0.636		
	总计	864.524			
教学能力	群组之间	6.270	0.627	1.415	0.168
	在群组内	585.555	0.443		
	总计	591.825			
职业品格	群组之间	4.193	0.419	1.420	0.166
	在群组内	390.411	0.295		
	总计	394.603			
个人特质	群组之间	11.102	1.110	2.875	0.001
	在群组内	510.551	0.386		
	总计	521.652			

中小学英语教师所在地的胜任力总分平均值的情况详见图 3-1。

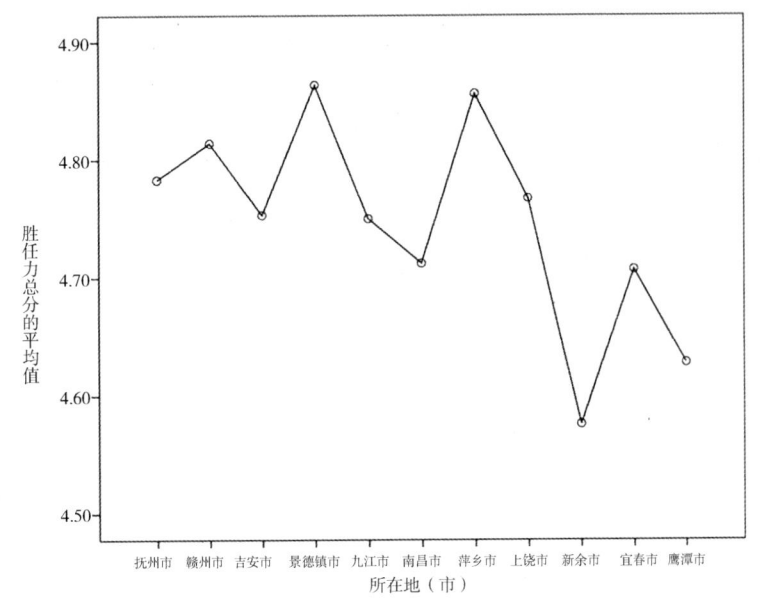

图 3-1　中小学英语教师所在地教学胜任力总分平均值统计

(2) 任教学校差异

表 3-3　不同学校（城、乡）教师教学胜任力总分与一级指标差异分析

	学校性质	人数	平均数	平均值的95%信赖区间		F 值	P 值
				下限	上限		
胜任力总分	城区学校	746	4.7589	4.7230	4.7949	0.263	0.608
	乡村学校	587	4.7435	4.6952	4.7919		
	总计	1333	4.7522	4.7229	4.7814		
知识素养	城区学校	746	4.0915	4.0369	4.1461	59.226	0.000
	乡村学校	587	4.4263	4.3595	4.4931		
	总计	1333	4.2389	4.1956	4.2822		
教学能力	城区学校	746	4.7859	4.7407	4.8310	0.467	0.495
	乡村学校	587	4.7607	4.7030	4.8185		
	总计	1333	4.7748	4.7390	4.8106		
职业品格	城区学校	746	4.7589	4.7230	4.7949	0.263	0.608
	乡村学校	587	4.7435	4.6952	4.7919		
	总计	1333	4.7522	4.7229	4.7814		
个人特质	城区学校	746	4.6556	4.6138	4.6973	63.019	0.000
	乡村学校	587	4.9235	4.8709	4.9761		
	总计	1333	4.7735	4.7399	4.8072		

如表 3-3 所示，从平均分来看，在胜任力总分、教学能力和职业品格方面，城区学校中小学英语教师的得分高于乡村学校中小学英语教师的得分；在知识素养和个人特质方面，乡村学校中小学英语教师的得分则高于城区学校中小学英语教师的得分。数据显示，中小学英语教师在知识素养和个人特质两方面，与所在学校的城乡性质呈现显著性差异（$P<0.05$）。而在教师教学胜任力总分、教学能力和职业品格三方面与其所在学校的城乡性质无明显差异（$P>0.05$）。

如表 3-4 所示，中小学英语教师教学胜任力总分与学校的公私性质之间不存在明显差异。P 值均大于 0.05。四个一级指标与学校的公私性质均未呈现显著相关性。

表 3-4　不同学校（公办、民办）胜任力总分与一级指标差异分析

	学校性质	人数	平均数	平均值的95%依赖区间		F 值	P 值
				下限	上限		
胜任力总分	公办学校	1308	4.7521	4.7225	4.7817	0.001	0.979
	民办学校	25	4.7550	4.5453	4.9647		
	总计	1333	4.7522	4.7229	4.7814		
知识素养	公办学校	1308	4.2357	4.1920	4.2793	1.149	0.284
	民办学校	25	4.4100	4.0580	4.7620		
	总计	1333	4.2389	4.1956	4.2822		
教学能力	公办学校	1308	4.7741	4.7380	4.8102	0.085	0.771
	民办学校	25	4.8133	4.5174	5.1093		
	总计	1333	4.7748	4.7390	4.8106		
职业品格	公办学校	1308	4.7521	4.7225	4.7817	0.001	0.979
	民办学校	25	4.7550	4.5453	4.9647		
	总计	1333	4.7522	4.7229	4.7814		
个人特质	公办学校	1308	4.7741	4.7401	4.8081	0.053	0.818
	民办学校	25	4.7450	4.4993	4.9907		
	总计	1333	4.7735	4.7399	4.8072		

2. 性别差异

以性别为自变量，以教学胜任力总分和一级指标为因变量做独立样本 T 检验。发现中小学英语教师性别与胜任力总分不相关。中小学英语教师的性别在教学能力、职业品格方面也无相关性。但是在知识素养和个人特质上呈现相关性。详见表 3-5。

表 3-5　不同性别教师教学胜任力独立样本 T 检验

	P 值	95%差异数的信赖区间	
		下限	上限
胜任力总分	0.694	−0.10228	0.06812
		−0.10398	0.06982
知识素养	0.009	−0.29275	−0.04115
		−0.29129	−0.04260
教学能力	0.217	−0.16990	0.03868
		−0.17285	0.04162
职业品格	0.694	−0.10228	0.06812
		−0.10398	0.06982
个人特质	0.055	−0.19350	0.00217
		−0.19050	−0.00083

之后通过单因素方差分析再次进行检验，也呈现同样的结果。具体情况见表3-6。

表3-6　不同性别教师教学胜任力总分与一级指标差异分析

		平方和	平均值平方	F 值	P 值
胜任力总分	群组之间	0.046	0.046	0.155	0.694
	在群组内	394.557	0.296		
	总计	394.603			
知识素养	群组之间	4.380	4.380	6.778	0.009
	在群组内	860.144	0.646		
	总计	864.524			
教学能力	群组之间	0.676	0.676	1.523	0.217
	在群组内	591.148	0.444		
	总计	591.825			
职业品格	群组之间	0.046	0.046	0.155	0.694
	在群组内	394.557	0.296		
	总计	394.603			
个人特质	群组之间	1.438	1.438	3.680	0.055
	在群组内	520.214	0.391		
	总计	521.652			

3. 年龄与教龄差异

（1）年龄差异

在知识素养、教学能力、职业品格和个人特质四个维度上，针对江西省中小学英语教师的年龄进行检验分析，并将教师样本按不同年龄分为四组：第一组（19≤a≤3）、第二组（30<a≤40）、第三组（40<a≤50）、第四组（50<a）。具体结果见表3-7。

如表3-7所示，从平均分看，除个人特质外，在胜任力总分、知识素养、教学能力和职业品格四方面，不同年龄中小学英语教师的均数中，第四组（50<a）比第三组（40<a≤50）分数高第二组（30<a≤40）第一组（19≤a≤3）分数高。调查结果显示，在教学能力和个人特质方面，呈现出明显的差异性。说明教师年龄与这两项指标存在相关性（$P<0.05$）。而与胜任力总分、知识素养和职业品格无明显相关性（$P>$

0.05)。

表 3-7　不同年龄教师教学胜任力总分与一级指标差异分析

		人数	平均数	平均值的95%信赖区间		F 值	P 值
				下限	上限		
知识素养	19≤a≤30	800	4.2447	4.1881	4.3012	1.423	0.234
	30<a≤40	382	4.2726	4.1927	4.3525		
	40<a≤50	124	4.1028	3.9657	4.2400		
	50<a	27	4.2176	3.8943	4.5409		
	总计	1333	4.2389	4.1956	4.2822		
教学能力	19≤a≤30	800	4.7286	4.6818	4.7754	3.455	0.016
	30<a≤40	382	4.8462	4.7801	4.9124		
	40<a≤50	124	4.8184	4.7073	4.9295		
	50<a	27	4.9342	4.6786	5.1898		
	总计	1333	4.7748	4.7390	4.8106		
职业品格	19≤a≤30	800	4.7338	4.6953	4.7722	1.179	0.316
	30<a≤40	382	4.7871	4.7345	4.8397		
	40<a≤50	124	4.7406	4.6503	4.8308		
	50<a	27	4.8565	4.5909	5.1221		
	总计	1333	4.7522	4.7229	4.7814		
个人特质	19≤a≤30	800	4.8231	4.7788	4.8674	7.077	0.000
	30<a≤40	382	4.7427	4.6807	4.8047		
	40<a≤50	124	4.5565	4.4629	4.6500		
	50<a	27	4.7392	4.5065	4.9719		
	总计	1333	4.7735	4.7399	4.8072		
胜任力总分	19≤a≤30	800	4.7338	4.6953	4.7722	1.179	0.316
	30<a≤40	382	4.7871	4.7345	4.8397		
	40<a≤50	124	4.7406	4.6503	4.8308		
	50<a	27	4.8565	4.5909	5.1221		
	总计	1333	4.7522	4.7229	4.7814		

(2) 教龄差异

将中小学英语教师教龄数据分为四个等级，分别为第一组（0.5≤b≤10）、第二组（10<b≤20）、第三组（20<b≤30）和第四组（30<b≤

41）。通过中小学英语教师教龄与胜任力总分及各一、二级指标进行单因素方差分析。结果详见表3-8。

表3-8　不同教龄教师教学胜任力总分与一级指标差异分析

		人数	平均数	平均值的95%信赖区间		F值	P值
				下限	上限		
知识素养	0.5≤b≤10	945	4.2463	4.1949	4.2977	0.365	0.778
	10<b≤20	255	4.2412	4.1424	4.3400		
	20<b≤30	105	4.1607	4.0034	4.3181		
	30<b≤41	28	4.2634	3.9311	4.5956		
	总计	1333	4.2389	4.1956	4.2822		
教学能力	0.5≤b≤10	945	4.7334	4.6908	4.7759	4.262	0.005
	10<b≤20	255	4.8691	4.7858	4.9525		
	20<b≤30	105	4.8801	4.7606	4.9995		
	30<b≤41	28	4.9193	4.6691	5.1695		
	总计	1333	4.7748	4.7390	4.8106		
职业品格	0.5≤b≤10	945	4.7360	4.7012	4.7709	0.970	0.406
	10<b≤20	255	4.7954	4.7285	4.8624		
	20<b≤30	105	4.7806	4.6836	4.8775		
	30<b≤41	28	4.7961	4.5410	5.0512		
	总计	1333	4.7522	4.7229	4.7814		
个人特质	0.5≤b≤10	945	4.8035	4.7634	4.8436	3.238	0.021
	10<b≤20	255	4.7297	4.6511	4.8084		
	20<b≤30	105	4.6230	4.5187	4.7273		
	30<b≤41	28	4.7247	4.4680	4.9814		
	总计	1333	4.7735	4.7399	4.8072		
胜任力总分	0.5≤b≤10	945	4.7360	4.7012	4.7709	0.970	0.406
	10<b≤20	255	4.7954	4.7285	4.8624		
	20<b≤30	105	4.7806	4.6836	4.8775		
	30<b≤41	28	4.7961	4.5410	5.0512		
	总计	1333	4.7522	4.7229	4.7814		

如表3-8所示，从平均分看，中小学英语教师的均数中，在教学能力方面，第一组（19≤a≤3）、第二组（30<a≤40）、第三组（40<a≤

50)分数依次递增。在个人特质方面,第一组(19≤a≤3)、第二组(30<a≤40)、第三组(40<a≤50)分数依次递减。结果显示,在教学能力和个人特质方面,呈现出明显的差异性。说明教师教龄与这两项指标存在相关性($P<0.05$)。而与胜任力总分、知识素养和职业品格无明显相关性($P>0.05$)。

4. 编制差异

表 3-9 数据显示,中小学英语教师的胜任力总分和 4 个一级指标的相关性都不大。P 值均大于 0.05。

表 3-9　　　不同编制教师教学胜任力总分与一级指标差异分析

	国家编制	人数	平均数	F 值	P 值
知识素养	是	1271	4.2383	0.017	0.896
	否	62	4.2520		
	总计	1333	4.2389		
教学能力	是	1271	4.7816	2.815	0.094
	否	62	4.6362		
	总计	1333	4.7748		
职业品格	是	1271	4.7526	0.017	0.895
	否	62	4.7433		
	总计	1333	4.7522		
个人特质	是	1271	4.7721	0.152	0.697
	否	62	4.8038		
	总计	1333	4.7735		
胜任力总分	是	1271	4.7526	0.017	0.895
	否	62	4.7433		
	总计	1333	4.7522		

5. 学历与职称差异

(1) 学历差异

以学历为因子,以教学胜任力和一级指标为因变量,做单因素方差分析。具体结果见表 3-10 所示。

表 3-10　不同学历教师教学胜任力总分与一级指标的差异分析

	学历	人数	平均数	F 值	P 值
胜任力总分	高中（或中专）	11	4.3636	2.681	0.046
	大专	242	4.8032		
	本科	1074	4.7443		
	硕士	6	4.8056		
	总计	1333	4.7522		
知识素养	高中（或中专）	11	4.1364	1.536	0.203
	大专	242	4.3321		
	本科	1074	4.2178		
	硕士	6	4.4583		
	总计	1333	4.2389		
教学能力	高中（或中专）	11	4.4377	2.423	0.064
	大专	242	4.8326		
	本科	1074	4.7629		
	硕士	6	5.1852		
	总计	1333	4.7748		
职业品格	高中（或中专）	11	4.3636	2.681	0.046
	大专	242	4.8032		
	本科	1074	4.7443		
	硕士	6	4.8056		
	总计	1333	4.7522		
个人特质	高中（或中专）	11	4.4280	2.317	0.074
	大专	242	4.8431		
	本科	1074	4.7621		
	硕士	6	4.6528		
	总计	1333	4.7735		

　　先从平均分看，在胜任力总分、知识素养、教学能力和职业品格方面，学历为高中的教师教学胜任力得分没有学历为大专的教师得分高；学历为本科的教师胜任力得分没有学历为硕士的教师得分高。而在个人特质方面，学历为本科的教师得分比学历为硕士的教师得分高。数据显示，中小学英语教师的学历在胜任力总分和职业品格两方面，与其呈现相关显著性（$P<$

0.05）。而知识素养和个人特质方面，与其存在的相关性不大（$P>0.05$）。

（2）职称差异

以职称为因子，以教学胜任力总分及一级指标为因变量，做单因素方差分析。结果见表3-11所示。

表3-11　　不同职称教师教学胜任力总分与一级指标差异分析

		平方和	平均值平方	F值	P值
知识素养	群组之间	151.898	16.878	31.333	0.000
	在群组内	712.626	0.539		
	总计	864.524			
教学能力	群组之间	9.962	1.107	2.517	0.007
	在群组内	581.863	0.440		
	总计	591.825			
职业品格	群组之间	4.501	0.500	1.696	0.085
	在群组内	390.102	0.295		
	总计	394.603			
个人特质	群组之间	77.142	8.571	25.511	0.000
	在群组内	444.510	0.336		
	总计	521.652			
胜任力总分	群组之间	4.501	0.500	1.696	0.085
	在群组内	390.102	0.295		
	总计	394.603			

调查数据显示，除了胜任力总分和职业品格外，其他3项一级指标与中小学英语教师的职称都具有显著的相关性。（$P<0.05$）。为进一步了解中小学英语教师在知识素养上的差异，之后进行了LSD事后多重比较。数据显示，职称在小教三级以下，中小学英语教师的教学胜任力水平差异不明显。而在中学教师中，职称越高胜任力水平越高。具体情况见表3-12所示。

表 3-12　　不同职称教师在知识素养上的多重比较（LSD）

(I) 职称	(J) 职称	平均差异 (I-J)	标准误	P 值	95%信赖区间 下限	95%信赖区间 上限
其他	小教三级	-0.82687*	0.19112	0.000	-1.2018	-0.4519
	小教二级	-0.68183*	0.14834	0.000	-0.9728	-0.3908
	小教一级	-0.78097*	0.14092	0.000	-1.0574	-0.5045
	小教高级	-0.96335*	0.14912	0.000	-1.2559	-0.6708
	没评职称	-0.67310*	0.15116	0.000	-0.9696	-0.3766
	中教三级	0.00647	0.29309	0.982	-0.5685	0.5814
	中教二级	-0.05311	0.14523	0.715	-0.3380	0.2318
	中教一级	-0.12236	0.14912	0.412	-0.4149	0.1702
	中教高级	-0.20782	0.16791	0.216	-0.5372	0.1216
小教三级	其他	0.82687*	0.19112	0.000	0.4519	1.2018
	小教二级	0.14504	0.14624	0.321	-0.1418	0.4319
	小教一级	0.04589	0.13871	0.741	-0.2262	0.3180
	小教高级	-0.13648	0.14703	0.353	-0.4249	0.1520
	没评职称	0.15377	0.14910	0.303	-0.1387	0.4463
	中教三级	0.83333*	0.29204	0.004	0.2604	1.4062
	中教二级	0.77375*	0.14308	0.000	0.4931	1.0544
	中教一级	0.70451*	0.14703	0.000	0.4161	0.9930
	中教高级	0.61905*	0.16605	0.000	0.2933	0.9448
小教二级	其他	0.68183*	0.14834	0.000	0.3908	0.9728
	小教三级	-0.14504	0.14624	0.321	-0.4319	0.1418
	小教一级	-0.09914	0.06868	0.149	-0.2339	0.0356
	小教高级	-0.28152*	0.08423	0.001	-0.4468	-0.1163
	没评职称	0.00873	0.08778	0.921	-0.1635	0.1809
	中教三级	0.68830*	0.26601	0.010	0.1664	1.2101
	中教二级	0.62872*	0.07712	0.000	0.4774	0.7800
	中教一级	0.55947*	0.08423	0.000	0.3942	0.7247
	中教高级	0.47401*	0.11423	0.000	0.2499	0.6981

续表

(I) 职称	(J) 职称	平均差异 (I-J)	标准误	P 值	95%信赖区间 下限	95%信赖区间 上限
小教一级	其他	0.78097*	0.14092	0.000	0.5045	1.0574
	小教三级	-0.04589	0.13871	0.741	-0.3180	0.2262
	小教二级	0.09914	0.06868	0.149	-0.0356	0.2339
	小教高级	-0.18237*	0.07035	0.010	-0.3204	-0.0444
	没评职称	0.10788	0.07457	0.148	-0.0384	0.2542
	中教三级	0.78744*	0.26195	0.003	0.2736	1.3013
	中教二级	0.72786*	0.06167	0.000	0.6069	0.8488
	中教一级	0.65861*	0.07035	0.000	0.5206	0.7966
	中教高级	0.57315*	0.10442	0.000	0.3683	0.7780
小教高级	其他	0.96335*	0.14912	0.000	0.6708	1.2559
	小教三级	0.13648	0.14703	0.353	-0.1520	0.4249
	小教二级	0.28152*	0.08423	0.001	0.1163	0.4468
	小教一级	0.18237*	0.07035	0.010	0.0444	0.3204
	没评职称	0.29025*	0.08910	0.001	0.1155	0.4650
	中教三级	0.96981*	0.26645	0.000	0.4471	1.4925
	中教二级	0.91023*	0.07862	0.000	0.7560	1.0645
	中教一级	0.84099*	0.08561	0.000	0.6730	1.0089
	中教高级	0.75553*	0.11525	0.000	0.5294	0.9816
没评职称	其他	0.67310*	0.15116	0.000	0.3766	0.9696
	小教三级	-0.15377	0.14910	0.303	-0.4463	0.1387
	小教二级	-0.00873	0.08778	0.921	-0.1809	0.1635
	小教一级	-0.10788	0.07457	0.148	-0.2542	0.0384
	小教高级	-0.29025*	0.08910	0.001	-0.4650	-0.1155
	中教三级	0.67956*	0.26759	0.011	0.1546	1.2045
	中教二级	0.61998*	0.08241	0.000	0.4583	0.7817
	中教一级	0.55074*	0.08910	0.000	0.3759	0.7255
	中教高级	0.46528*	0.11787	0.000	0.2340	0.6965

续表

(I) 职称	(J) 职称	平均差异(I-J)	标准误	P 值	95%信赖区间 下限	95%信赖区间 上限
中教三级	其他	-0.00647	0.29309	0.982	-0.5814	0.5685
	小教三级	-0.83333*	0.29204	0.004	-1.4062	-0.2604
	小教二级	-0.68830*	0.26601	0.010	-1.2101	-0.1664
	小教一级	-0.78744*	0.26195	0.003	-1.3013	-0.2736
	小教高级	-0.96981*	0.26645	0.000	-1.4925	-0.4471
	没评职称	-0.67956*	0.26759	0.011	-1.2045	-0.1546
	中教二级	-0.05958	0.26429	0.822	-0.5780	0.4589
	中教一级	-0.12883	0.26645	0.629	-0.6515	0.3939
	中教高级	-0.21429	0.27740	0.440	-0.7585	0.3299
中教二级	其他	0.05311	0.14523	0.715	-0.2318	0.3380
	小教三级	-0.77375*	0.14308	0.000	-1.0544	-0.4931
	小教二级	-0.62872*	0.07712	0.000	-0.7800	-0.4774
	小教一级	-0.72786*	0.06167	0.000	-0.8488	-0.6069
	小教高级	-0.91023*	0.07862	0.000	-1.0645	-0.7560
	没评职称	-0.61998*	0.08241	0.000	-0.7817	-0.4583
	中教三级	0.05958	0.26429	0.822	-0.4589	0.5780
	中教一级	-0.06925	0.07862	0.379	-0.2235	0.0850
	中教高级	-0.15471	0.11016	0.160	-0.3708	0.0614
中教一级	其他	0.12236	0.14912	0.412	-0.1702	0.4149
	小教三级	-0.70451*	0.14703	0.000	-0.9930	-0.4161
	小教二级	-0.55947*	0.08423	0.000	-0.7247	-0.3942
	小教一级	-0.65861*	0.07035	0.000	-0.7966	-0.5206
	小教高级	-0.84099*	0.08561	0.000	-1.0089	-0.6730
	没评职称	-0.55074*	0.08910	0.000	-0.7255	-0.3759
	中教三级	0.12883	0.26645	0.629	-0.3939	0.6515
	中教二级	0.06925	0.07862	0.379	-0.0850	0.2235
	中教高级	-0.08546	0.11525	0.459	-0.3116	0.1406

续表

（I）职称	（J）职称	平均差异（I-J）	标准误	P值	95%信赖区间	
					下限	上限
中教高级	其他	0.20782	0.16791	0.216	−0.1216	0.5372
	小教三级	−0.61905*	0.16605	0.000	−0.9448	−0.2933
	小教二级	−0.47401*	0.11423	0.000	−0.6981	−0.2499
	小教一级	−0.57315*	0.10442	0.000	−0.7780	−0.3683
	小教高级	−0.75553*	0.11525	0.000	−0.9816	−0.5294
	没评职称	−0.46528*	0.11787	0.000	−0.6965	−0.2340
	中教三级	0.21429	0.27740	0.440	−0.3299	0.7585
	中教二级	0.15471	0.11016	0.160	−0.0614	0.3708
	中教一级	0.08546	0.11525	0.459	−0.1406	0.3116

*．平均值差异在0.05层级显著。

6. 专业出身差异

针对中小学英语教师的专业出身是否为师范类，对研究对象进行独立样本T检验。具体结果如表3-13所示。

表3-13　　不同专业出身中小学英语教师独立样本T检验

专业出身		人数	平均数	P值
胜任力总分	师范类	1065	4.7613	
	非师范类	268	4.7160	0.223
	总计	1333	4.7522	
知识素养	师范类	1065	4.2601	
	非师范类	268	4.1549	0.054
	总计	1333	4.2389	
教学能力	师范类	1065	4.7969	
	非师范类	268	4.6870	0.020
	总计	1333	4.7748	
职业品格	师范类	1065	4.7613	
	非师范类	268	4.7160	0.223
	总计	1333	4.7522	
个人特质	师范类	1065	4.7759	
	非师范类	268	4.7640	0.789
	总计	1333	4.7735	

从平均分得分看，无论是在胜任力总分上，还是在一级指标上，师范类的中小学英语教师得分均比非师范类的中小学英语教师高。数据显示，不同专业出身的中小学英语教师在教学能力方面呈现出明显差异（$P<0.05$）。但在胜任力总分、知识素养、职业品格、个人特质方面，相关性不显著（$P>0.05$）。

7. 是否担任班主任的差异

以中小学英语教师是否担任班主任为分组变量，以教学胜任力总分及一级指标为因变量进行独立样本T检验。通过单因素方差分析，得到相同的P值。具体情况见表3-14所示。

表3-14　是否担任班主任的教师教学胜任力独立样本T检验

	是否担任班主任	人数	平均数	P值
胜任力总分	是	481	4.7711	0.339
	否	852	4.7414	
	总计	1333	4.7522	
知识素养	是	481	4.2510	0.680
	否	852	4.2321	
	总计	1333	4.2389	
教学能力	是	481	4.7836	0.719
	否	852	4.7699	
	总计	1333	4.7748	
职业品格	是	481	4.7711	0.339
	否	852	4.7414	
	总计	1333	4.7522	
个人特质	是	481	4.8299	0.013
	否	852	4.7417	
	总计	1333	4.7735	

从平均分得分看，无论是在胜任力总分上，还是在一级指标上，担任班主任的中小学英语教师得分均比未担任班主任的中小学英语教师高。数据显示，是否担任班主任的中小学英语教师在胜任力总分及知识素养、教学能力、职业品格、个人特质方面，相关性不显著（$P>0.05$）。

8. 平均周课时数

中小学英语教师的周课时数各不相同。本研究针对中小学英语教师的周课时数进行单因素检验分析，具体结果见表3-15所示。

表 3-15　不同周课时数的教师教学胜任力总分与一级指标的分析

	周课时数	人数	平均数	F 值	P 值
胜任力总分	10 节及以下	115	4.7152	0.868	0.457
	11—15 节	748	4.7424		
	16—20 节	356	4.7633		
	21 节及以上	114	4.8183		
	总计	1333	4.7522		
知识素养	10 节及以下	115	4.0609	5.285	0.001
	11—15 节	748	4.1999		
	16—20 节	356	4.3346		
	21 节及以上	114	4.3761		
	总计	1333	4.2389		
教学能力	10 节及以下	115	4.6928	1.708	0.163
	11—15 节	748	4.7603		
	16—20 节	356	4.8001		
	21 节及以上	114	4.8736		
	总计	1333	4.7748		
职业品格	10 节及以下	115	4.7152	0.868	0.457
	11—15 节	748	4.7424		
	16—20 节	356	4.7633		
	21 节及以上	114	4.8183		
	总计	1333	4.7522		
个人特质	10 节及以下	115	4.6098	8.615	0.000
	11—15 节	748	4.7319		
	16—20 节	356	4.8667		
	21 节及以上	114	4.9211		
	总计	1333	4.7735		

从平均分得分看，随着中小学英语教师的课时数的减少，得分递减。且在知识素养和个人特质方面，呈现出显著差异（$P<0.05$）。而在胜任力总分及与教学能力、职业品格的相关性不明显（$P>0.05$）。

9. 受表彰差异

中小学英语教师的受表彰情况各不相同。本研究以中小学英语教师受表彰级别为因子，以教学胜任力及一级指标为变量，进行单因素检验分析，具体结果如表 3-16 所示。

表 3-16　不同表彰级别的教师教学胜任力总分与一级指标的分析

	受表彰级别	人数	平均数	F 值	P 值
胜任力总分	无	300	4.6649	4.855	0.000
	校级表彰	255	4.7155		
	县（区）级表彰	451	4.7583		
	市级表彰	224	4.8151		
	省级表彰	78	4.9097		
	国家级表彰	25	5.0067		
	总计	1333	4.7522		
知识素养	无	300	4.1088	3.184	0.007
	校级表彰	255	4.1784		
	县（区）级表彰	451	4.2905		
	市级表彰	224	4.3281		
	省级表彰	78	4.3558		
	国家级表彰	25	4.3250		
	总计	1333	4.2389		
教学能力	无	300	4.5652	10.097	0.000
	校级表彰	255	4.7367		
	县（区）级表彰	451	4.8376		
	市级表彰	224	4.8940		
	省级表彰	78	4.9687		
	国家级表彰	25	4.8741		
	总计	1333	4.7748		
职业品格	无	300	4.6649	4.855	0.000
	校级表彰	255	4.7155		
	县（区）级表彰	451	4.7583		
	市级表彰	224	4.8151		
	省级表彰	78	4.9097		
	国家级表彰	25	5.0067		
	总计	1333	4.7522		
个人特质	无	300	4.7381	1.038	0.394
	校级表彰	255	4.7338		
	县（区）级表彰	451	4.7782		
	市级表彰	224	4.8227		
	省级表彰	78	4.8681		
	国家级表彰	25	4.7850		
	总计	1333	4.7735		

数据显示，中小学英语教师受表彰级别与胜任力总分、知识素养、教学能力、职业品格，均呈现显著相关性（$P<0.05$）。而个人特质表现的相关性不明显（$P>0.05$）。

为深入了解受到不同级别表彰的中小学英语教师在胜任力水平上的差异情况，对受到不同级别表彰的中小学英语教师进行了 LSD 事后多重比较。（详见表 3-16）。根据数据可见，在胜任力总分上，没有受到表彰的中小学英语教师与受到校级表彰、县（区）级表彰、市级表彰、省级表彰的教师有明显差异；受到校级表彰的教师与受到县（区）级表彰的教师无明显差异，但与受到市级表彰及省级表彰的教师有明显差异；受到省级表彰的教师与受到校级表彰和受到县（区）级表彰的教师有明显差异，但与受到市级表彰和受到国家级表彰的教师无明显差异；受到国家级表彰的教师与没有受到过表彰的以及受到过校级和县（区）级表彰的教师也存在明显差异。

表 3-17　受到不同级别表彰的教师教学胜任力总分的多重比较（LSD）

因变量	表彰类型分组		平均差异（I-J）	标准错误	P 值
胜任力总分	无	校级表彰	-0.05066	0.04603	0.271
		县（区）级表彰	-0.09345*	0.04026	0.020
		市级表彰	-0.15024*	0.04772	0.002
		省级表彰	-0.24486*	0.06868	0.000
	校级表彰	县（区）级表彰	-0.04279	0.04234	0.312
		市级表彰	-0.09958*	0.04949	0.044
		省级表彰	-0.19420*	0.06992	0.006
	市级表彰	县（区）级表彰	0.05679	0.04417	0.199
		国家级表彰	-0.19156	0.11395	0.093
胜任力总分	省级表彰	校级表彰	0.19420*	0.06992	0.006
		县（区）级表彰	0.15141*	0.06627	0.022
		市级表彰	0.09462	0.07105	0.183
		国家级表彰	-0.09694	0.1242	0.435
	国家级表彰	无	0.34181*	0.11249	0.002
		校级表彰	0.29114*	0.11325	0.010
		县（区）级表彰	0.24835*	0.11103	0.025

之后在知识素养、教学能力、职业品格三方面分别对受到各种不同级别表彰的中小学英语教师进行了 LSD 事后多重比较。其中，在知识素养上，发现没有受到表彰的中小学英语教师与受到县（区）级表彰、市级表彰和省级表彰的教师之间存在显著差异。而受到国家级表彰教师与受到校级表彰、县（区）级表彰、市级表彰和省级表彰的教师之间均无明显差异。在教学能力方面，没有受到表彰的中小学英语教师与受到校级表彰、县（区）级表彰、市级表彰和省级表彰的中小学英语教师之间存在显著差异（$P<0.001$）；受到省级表彰的中小学英语教师与受到校级表彰的中小学英语教师之间也存在显著差异。在职业品格方面，没有受到表彰的中小学英语教师与受到校级表彰、县（区）级表彰、市级表彰和省级表彰的中小学英语教师之间存在显著差异（$P<0.001$）；但与受到校级表彰的中小学英语教师之间无明显差异。

第三节　中小学英语教师教学胜任力的影响因素

本节将根据教师的教研活动组织情况、教师培训的开展情况、文献阅读频次、教学借鉴频次、教学压力等方面分析影响中小学英语教师教学胜任力的相关因素。

一　教研组织

据统计，中小学英语教师所在学校在教研组织及开展教研活动方面的情况见图 3-2。其中 60% 以上的中小学英语教师有教研组织且经常开展活

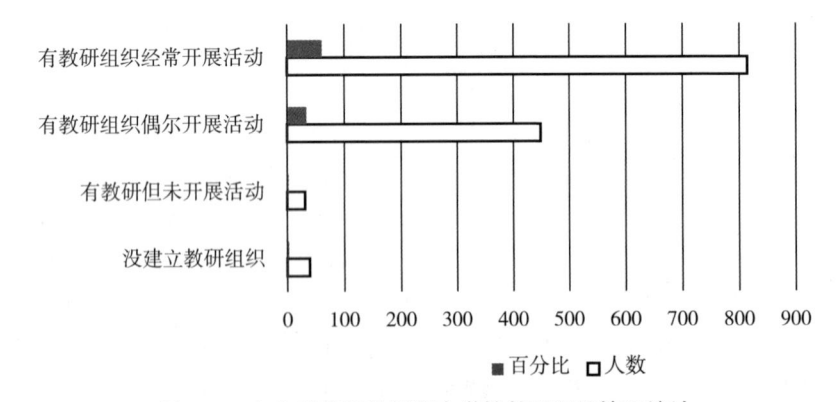

图 3-2　中小学英语教师所在学校教研组织情况统计

动；33.7%的中小学英语教师有教研组织但只偶尔开展活动；而有教研组织却未开展活动的占2.3%；没有建立教研组织的占2.9%。

以中小学英语教师所在学校教研组织情况为因子，以教学胜任力总分和一级指标为检验变量做单因素方差分析。结果表明，中小学英语教师所在学校教研组织情况与其教学胜任力总分和一级指标上的得分均呈现显著差异（$P<0.05$）。具体情况见表3-18所示。

表3-18　　不同教研组织情况对教师教学胜任力总分与一级指标的影响分析

	组织情况	人数	平均数	F值	P值
胜任力总分	从未组织	33	4.5013	30.128	0.000
	很少组织	152	4.4652		
	有时组织	459	4.6939		
	经常组织	689	4.8663		
	总计	1333	4.7522		
知识素养	从未组织	33	3.9205	31.664	0.000
	很少组织	152	3.8586		
	有时组织	459	4.1062		
	经常组织	689	4.4265		
	总计	1333	4.2389		
教学能力	从未组织	33	4.3962	36.626	0.000
	很少组织	152	4.4642		
	有时组织	459	4.6546		
	经常组织	689	4.9416		
	总计	1333	4.7748		
职业品格	从未组织	33	4.5013	30.128	0.000
	很少组织	152	4.4652		
	有时组织	459	4.6939		
	经常组织	689	4.8663		
	总计	1333	4.7522		
个人特质	从未组织	33	4.6907	24.340	0.000
	很少组织	152	4.5082		
	有时组织	459	4.6727		
	经常组织	689	4.9032		
	总计	1333	4.7635		

描述数据显示，不论是教学胜任力总分还是一级指标得分中，经常组织教研活动的得分最高。除去教学能力方面，在胜任力总分、知识素养、职业品格、个人特质这四个方面，很少组织教研活动的得分最低。表中数据差异已清晰表明，中小学英语教师所在学校教研活动开展的频次与其在一级指标上的得分有明显的相关性。

二 教师培训

中小学英语教师所在学校开展教师培训的情况见图3-3。其中27.5%的中小学经常开展培训，33.6%的中小学开展培训较多，35.9%的中小学开展培训较少，而从未开展培训的占3%。

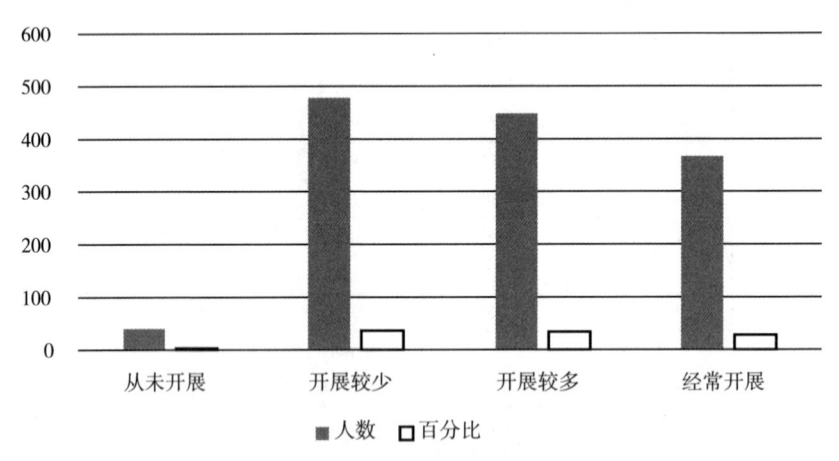

图3-3 教师培训开展情况统计

以中小学英语教师开展培训次数为因子，以教学胜任力总分和一级指标为检验变量做单因素方差分析。结果表明，中小学开展培训频数与英语教师教学胜任力总分在一级指标上的得分均呈现显著差异，见表3-19所示。

检验分析结果表明，中小学英语教师开展培训频数与其教学胜任力总分在一级指标及各一级指标的得分均呈显著差异。这说明教学培训开展的次数多少教学胜任力总分和各一级指标上都呈明显的相关性，即教师培训次数越多，指标得分越高，胜任力水平越高。

表 3-19　　教师培训开展情况不同的教师教学胜任力总分与一级指标的影响分析

开展情况		人数	平均数	F 值	P 值
胜任力总分	从未开展	40	4.4958	32.768	0.000
	开展较少	478	4.6205		
	开展较多	448	4.7433		
	经常开展	367	4.9624		
	总计	1333	4.7522		
知识素养	从未开展	40	3.6969	52.557	0.000
	开展较少	478	4.0188		
	开展较多	448	4.2017		
	经常开展	367	4.6301		
	总计	1333	4.2389		
教学能力	从未开展	40	4.4306	50.153	0.000
	开展较少	478	4.5794		
	开展较多	448	4.7539		
	经常开展	367	5.0923		
	总计	1333	4.7748		
职业品格	从未开展	40	4.4958	32.768	0.000
	开展较少	478	4.6205		
	开展较多	448	4.7433		
	经常开展	367	4.9624		
	总计	1333	4.7522		
个人特质	从未开展	40	4.4729	31.807	0.000
	开展较少	478	4.6480		
	开展较多	448	4.7295		
	经常开展	367	5.0235		
	总计	1333	4.7735		

三 文献阅读

调查结果表明，经常阅读教育教学类书籍和报刊的中小学英语教师占总人数的 19.6%，阅读教育教学类书籍和报刊次数较多的教师占 33.1%。阅读教育教学类书籍和报刊较少的教师占 46.1%，从不阅读教育教学类书籍和报刊的教师占 1.2%。具体情况如图 3-4 所示。

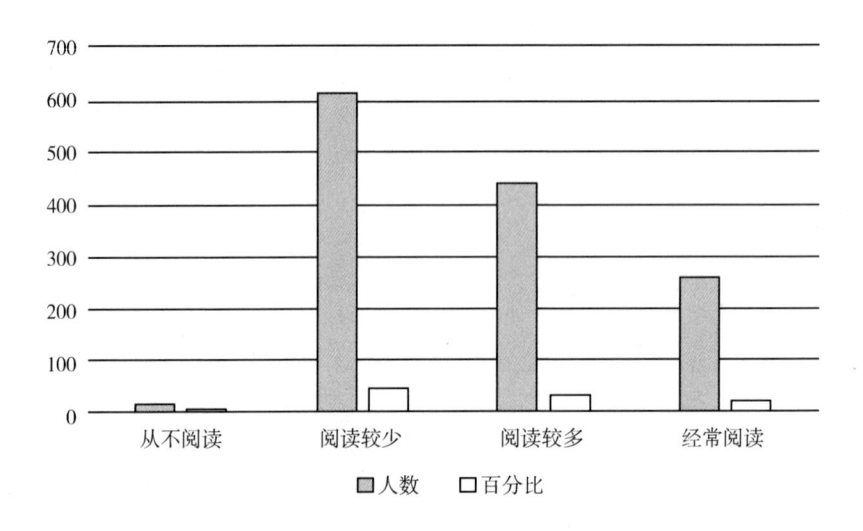

图 3-4 教师阅读教育教学类书籍和报刊情况统计

以中小学英语教师阅读教育教学类书籍和报刊的次数为因子，以教学胜任力总分和一级指标为检验变量做单因素方差分析。结果表明，中小学英语教师阅读教育教学类书籍和报刊频数与其教学胜任力总分在一级指标上的得分均呈现显著差异，详见表 3-20 所示。

在教育教学类书籍阅读方面，随着教育教学书籍阅读频次的增加，其均数也逐渐增加。不同教育教学书籍阅读频次的教师之间均数差异显著（$P<0.001$）。这说明教育教学书籍阅读的频次，在胜任力总分及一级指标上具有明显的相关性。即中小学英语教师教育教学类书籍阅读频次越高，其教学胜任力水平越高。

表 3-20　教育教学类书籍阅读的不同频数教师与一级指标的差异分析

		人数	平均数	F 值	P 值
胜任力总分	从不阅读	16	4.1380	79.651	0.000
	阅读较少	615	4.5490		
	阅读较多	441	4.8952		
	经常阅读	261	5.0268		
	总计	1333	4.7522		
知识素养	从不阅读	16	3.4844	68.014	0.000
	阅读较少	615	3.9701		
	阅读较多	441	4.3730		
	经常阅读	261	4.6920		
	总计	1333	4.2389		
教学能力	从不阅读	16	3.9097	107.348	0.000
	阅读较少	615	4.4986		
	阅读较多	441	4.9520		
	经常阅读	261	5.1792		
	总计	1333	4.7748		
职业品格	从不阅读	16	4.1380	79.651	0.000
	阅读较少	615	4.5490		
	阅读较多	441	4.8952		
	经常阅读	261	5.0268		
	总计	1333	4.7522		
个人特质	从不阅读	16	4.0781	50.200	0.000
	阅读较少	615	4.5983		
	阅读较多	441	4.8698		
	经常阅读	261	5.0664		
	总计	1333	4.7735		

四　教学借鉴

(一) 教学观摩

调查数据显示，中小学英语教师是否主动观摩其他教师教学方面的情况见图 3-5。其中经常主动观摩其他教师教学的教师占 30.7%，观摩较多的教师占 42.9%，观摩较少的教师占 26.0%，从未观摩其他教师教学的占 5%。

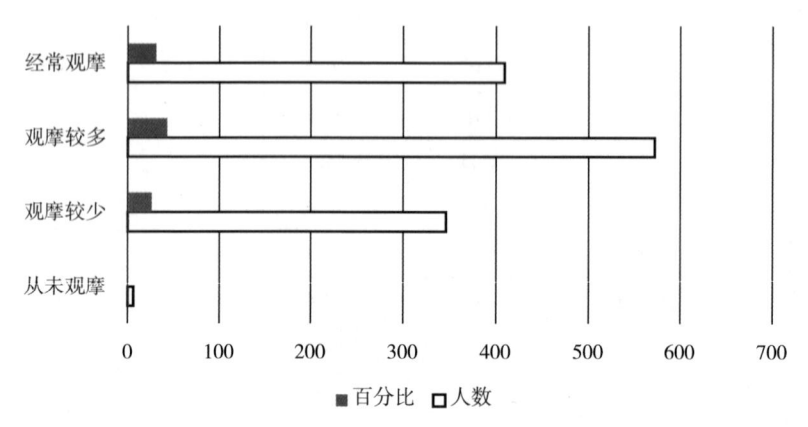

图 3-5 中小学英语教师教学观摩情况统计

以中小学英语教师观摩频次为因子，以教学胜任力总分和一级指标为检验变量做单因素方差分析。结果表明，中小学英语教师观摩频次与其教学胜任力总分和一级指标上的得分均呈显著差异（$P<0.05$）。具体情况见表 3-21 所示。

表 3-21 不同教学观摩频次教师教学胜任力指标得分差异分析

	观摩频数	人数	平均数	F 值	P 值
胜任力总分	从未观摩	6	3.8264	45.876	0.000
	观摩较少	346	4.5146		
	观摩较多	572	4.7843		
	经常观摩	409	4.9218		
	总计	1333	4.7522		
知识素养	从未观摩	6	3.1250	13.324	0.000
	观摩较少	346	4.0791		
	观摩较多	572	4.2415		
	经常观摩	409	4.3869		
	总计	1333	4.2389		

续表

观摩频数		人数	平均数	F 值	P 值
教学能力	从未观摩	6	3.6049	50.992	0.000
	观摩较少	346	4.4768		
	观摩较多	572	4.8026		
	经常观摩	409	5.0052		
	总计	1333	4.7748		
职业品格	从未观摩	6	3.8264	45.876	0.000
	观摩较少	346	4.5146		
	观摩较多	572	4.7843		
	经常观摩	409	4.9218		
	总计	1333	4.7522		
个人特质	从未观摩	6	3.9514	12.821	0.000
	观摩较少	346	4.6566		
	观摩较多	572	4.7673		
	经常观摩	409	4.8932		
	总计	1333	4.7735		

在教师观摩频次方面，随着教师观摩频次的增加，其得分均数也在逐渐增加。这说明教育教学书籍阅读的频次在胜任力总分及一级指标上具有明显的相关性。即观摩频次越高，中小学英语教师教学胜任力的水平也越高。

（二）教学请教

中小学英语教师在教学请教方面的情况如下：经常请教教学问题的教师占43.4%，有时请教教师占47.1%，很少请教的教师占8.9%，从未请教的教师占6%。

以中小学英语教师教学请教频次为因子，以教学胜任力总分和一级指标为检验变量做单因素方差分析。结果表明，中小学英语教师教学请教频次与其教学胜任力总分和一级指标的得分均呈显著差异，详见表3-22。

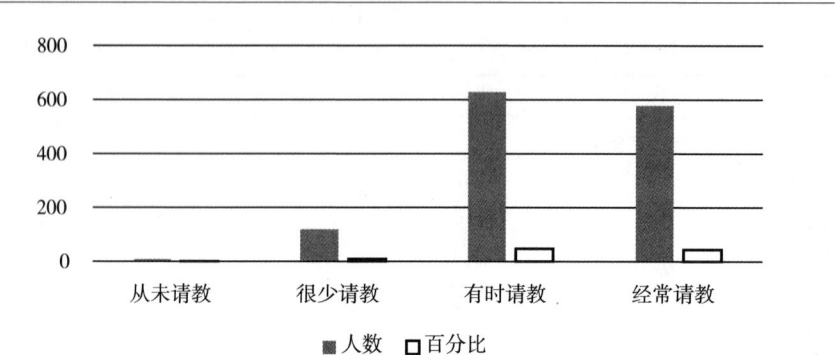

图 3-6　中小学英语教师教学请教情况统计

表 3-22　教师不同的教学请教频次与教学胜任力一级指标的差异分析

	请教频次	人数	平均数	F 值	P 值
胜任力总分	从未请教	8	4.0781	51.315	0.000
	很少请教	119	4.4275		
	有时请教	628	4.6557		
	经常请教	578	4.9332		
	总计	1333	4.7522		
知识素养	从未请教	8	3.4063	36.585	0.000
	很少请教	119	3.8435		
	有时请教	628	4.1101		
	经常请教	578	4.4719		
	总计	1333	4.2389		
教学能力	从未请教	8	3.7361	47.394	0.000
	很少请教	119	4.3987		
	有时请教	628	4.6690		
	经常请教	578	4.9815		
	总计	1333	4.7748		
职业品格	从未请教	8	4.0781	51.315	0.000
	很少请教	119	4.4275		
	有时请教	628	4.6557		
	经常请教	578	4.9332		
	总计	1333	4.7522		
个人特质	从未请教	8	4.1146	55.647	0.000
	很少请教	119	4.4167		
	有时请教	628	4.6435		
	经常请教	578	4.9974		
	总计	1333	4.7735		

根据统计，在教学请教方面，随着教学请教频次的增加，其均数也在逐渐增加。得分均数差异显著（$P<0.001$），说明教学请教的频次在胜任力总分及一级指标上具有明显的相关性。即中小学英语教师教学请教频次越高，其教学胜任力水平越高。

五 教学压力

中小学英语教师在教学压力方面的情况见图3-7。其中感到压力很大的教师占8.7%，感觉压力较大的教师占54.5%，感觉压力较小的教师占35.2%，感觉没有压力的教师占2%。

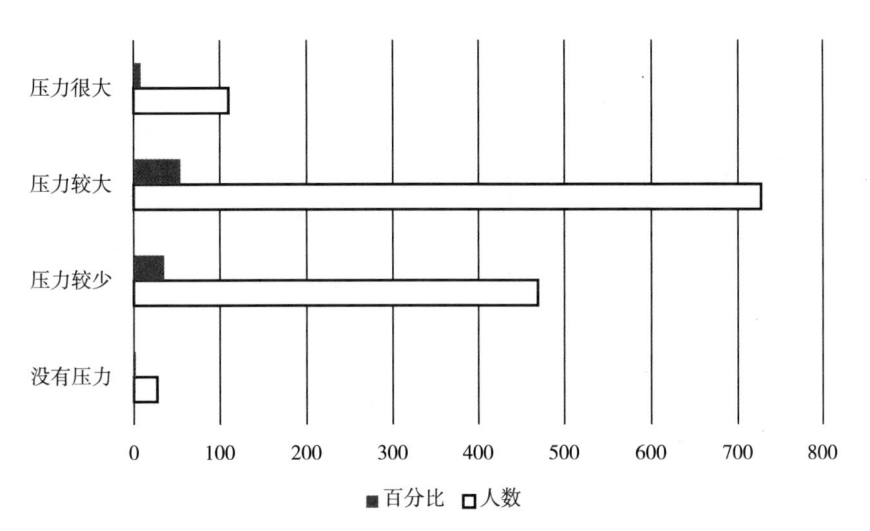

图3-7 中小学英语教师感觉教学压力情况统计

以中小学英语教师教学压力为因子，以教学胜任力总分和一级指标为检验变量做单因素方差分析。中小学英语教师的教学压力与其教学胜任力总分在一级指标上的得分情况如表3-23所示。

数据显示，在四个一级指标中，没有压力的教师平均分最高，随着压力的增大平均分值逐渐递减。其中胜任力总分、教学能力、职业品格这三方面差异性显著（$P<0.05$），说明中小学英语教师的教学压力与胜任力总分、教学能力、职业品格这三方面影响较大。而教学压力在知识素养和个人特质这两方面，呈现的差异性不显著（$P>0.05$）。说明中小学英语教师教学压力与知识素养和个人特质方面的影响不明显。

表 3-23　不同教学压力教师教学胜任力指标得分差异分析

教学压力		人数	平均数	F值	P值
胜任力总分	没有压力	27	5.0818	3.494	0.015
	压力较少	469	4.7352		
	压力较大	727	4.7493		
	压力很大	110	4.7629		
	总计	1333	4.7522		
知识素养	没有压力	27	4.2685	0.125	0.945
	压力较少	469	4.2551		
	压力较大	727	4.2273		
	压力很大	110	4.2398		
	总计	1333	4.2389		
教学能力	没有压力	27	5.2167	5.292	0.001
	压力较少	469	4.7902		
	压力较大	727	4.7374		
	压力很大	110	4.8478		
	总计	1333	4.7748		
职业品格	没有压力	27	5.0818	3.494	0.015
	压力较少	469	4.7352		
	压力较大	727	4.7493		
	压力很大	110	4.7629		
	总计	1333	4.7522		
个人特质	没有压力	27	5.0123	1.488	0.216
	压力较少	469	4.7838		
	压力较大	727	4.7591		
	压力很大	110	4.7670		
	总计	1333	4.7735		

第四节　结论与建议

上节通过对调查数据的分析，较为系统地阐述了中小学英语教师教学胜任力的现状与影响教学胜任力水平的因素。本节将进一步总结中小学英语教师教学胜任力的水平与特点,并据此提出若干对策建议。

一 基本结论

（一）中小学英语教师教学胜任力整体处于较好水平但存在不足

从四个维度的测评结果看,中小学英语教师知识素养表现为4.24、教学能力为4.77、职业品格为4.75、个人特质为4.77,其中教学能力、职业品格和个人特质达到较好水平,知识素养表现存在一定差距。从整体看,中小学英语教师教学胜任力表现为4.63,处于测评标准的较好水平。从二级指标看,11个指标中只有7个指标超过4.5分,而另外四个得分较低,分别是教育知识（4.23）、通识知识（3.84）、职业情感（4.36）和自我特性（4.21）。从三级指标看,中小学英语教师得分较低的有师生互动（3.83）、职业规划（3.91）、自我调控（3.70）以及心理状态（3.86）。另外,从教师对自己的教学效果与质量是否满意这一问题的调查中看到,有9%的中小学英语教师选择了"很不满意",26%的中小学英语教师选择了"不太满意",仅有11%的中小学英语教师选择了"非常满意"。这说明中小学英语教师在教学效果和质量方面还有待提升。

（二）不同的中小学英语教师教学胜任力水平有所差异

调查数据显示,不同的中小学英语教师教学胜任力水平存在一定差异。从地区看,江西省11个设区市的中小学英语教师在教学胜任力上得分最高的是景德镇（4.86）。其他地区按得分高低排序如下：萍乡（4.85）、赣州（4.81）、抚州（4.78）、上饶（4.77）、吉安（4.75）、九江（4.75）、南昌（4.71）、宜春（4.71）、鹰潭（4.63）、新余（4.58）。

从学校类型看,城区学校中小学英语教师的教学胜任力高于乡村学校的中小学英语教师。

从教师年龄看,年龄在50岁以上的中小学英语教师教学胜任力水平均值最高（4.85）。年龄在19~40岁之间的中小学英语教师的教学胜任力水平随年龄的增长而不断提升,但是年龄在40~50岁之间的中小学英语教师的教学胜任力水平有所下降。

从教龄看,中小学英语教师的教龄在0.5~20年之间,其教学胜任力水平随教龄的增长而不断提升。但是教龄在20~30年之间的中小学英语教师的教学胜任力水平逐渐下降。此后，当教龄超过 30 年以上，其教学胜任力水平随教龄的增长又开始不断提升。

从性别看，女教师的教学胜任力水平高于男教师的教学胜任力水平。

从是否获国家编制情况看，已获国家编制的中小学英语教师教学胜任力水平明显高于未获得国家编制的中小学英语教师。

从职称看，中小学英语教师的教学胜任力水平随职称级别的上升而逐渐提升。

从学历看，中小学英语教师教学胜任力总体表现随着学历的提高而提升。

从是否师范出身看，师范院校毕业的中小学英语教师的教学胜任力水平得分均高于非师范院校毕业的中小学英语教师。

从受表彰情况看，受过表彰的中小学英语教师的教学胜任力水平比未受过表彰的中小学英语教师水平高，且受过表彰级别越高的中小学英语教师的教学胜任力越强。

从周课时量看，随着中小学英语教师周课时的增多，其教学胜任力水平越高。

中小学英语教师所在学校的性质（公、私）以及是否担任班主任方面，对其教学胜任力不产生显著影响。

（三）影响中小学英语教师教学胜任力水平的因素大体一致

调查结果显示，影响中小学英语教师教学胜任力的因素大致包括以下几个方面：教研组织、教师培训、文献阅读、教学借鉴、教学压力等。其中，在教研组织方面，中小学英语教师所在学校教研组织开展的教研活动次数越多，越有助于教师教学胜任力水平的提高；中小学英语教师参与教研组织活动的次数越多，其教学胜任力水平也越高。在教师培训方面，中小学英语教师所在学校组织的教师培训越多，越有助于教师教学胜任力水平的提高。在文献阅读方面，中小学英语教师对教育教学类书刊阅读频次越高，其教学胜任力水平越高。在教学观摩方面，经常主动观摩其他教师教学的比没有进行教学观摩的中小学英语教师胜任力水平要高。在教学请教方面，经常向同事请教教学问题的教师教学胜任力水平比没有向同事请教教学问题的教师要高。在教学压力方面，教学压力一般的中小学英语教师其教学胜任力水平优于教学压力大的中小学英语教师。

（四）多种外在因素制约教师的教学胜任力

调查结果显示，部分外在因素对提高教师教学水平也有一定的影响。在"某些外在因素可有会制约提高教学水平"的选项中，"教学任务重"被选658次，被选率47.7%，"经济待遇低"被选504次，被选率36.6%，"学生学风差"被选491次，被选率35.6%，"学校不重视"被选223次，被选率16.1%，"教学评价不合理"被选159次，被选率11.5%，"家庭负担重"被选183次，被选率13.3%，"杂事太多"被选382次次，被选率27.7%；"家长不配合"被选483次，被选率35%；"进修机会少"被选305次，被选率22.1%；"应试教育倾向"被选436次，被选率31.6%。

二 主要建议

这里针对本次研究中发现的问题提出提升中小学英语教师教学胜任力的建议。

（一）提高教师知识素养

调查数据显示，一级指标知识素养得分不高，只有4.24分，而二级指标通识知识得分仅为3.84分。在问卷中第三部分第7题"我的人文社会科学知识很丰富"中，回答是"完全符合"的中小学英语教师仅有10%；回答"比较符合"的中小学英语教师占32.9%。这说明中小学英语教师的知识素养属于薄弱环节。中小学英语教师应加强学科知识的学习，掌握所教学科课程资源开发的方法与策略。除此之外，还应了解自己所教学科的新进展，还应具有较丰富的人文社会科学知识。

（二）加强教学研究活动

经常组织且参加教研活动的中小学英语教师较不经常参加教研活动的中小学英语教师，其胜任力水平要高。在问题"您所在教研组会组织教师开展教研活动吗"题中，回答"经常组织"的教师占50.1%，回答有时组织的占34.4%。说明许多学校组织教师开展教研活动次数非常有限。而开展教研活动是教师提高胜任力水平的重要途径。学校应增加教研活动组织的次数，使教师能循序渐进地提升教学胜任力水平。

（三）激励教师参加培训

经常参加教师培训的中小学英语教师比不参加教师培训的中小学英语教师胜任力水平高。然而教师往往由于教学工作比较忙、压力比较大等原因，对待教师培训的态度不积极。在问卷第三部分第 6 题"您会参加学校的教师培训吗"中，回答"经常参加"的只有 40.8%，回答参加较多的只有 34.4%。学校应鼓励教师参加教师培训，组织教师进行集中讨论与研究，增强教师的团队意识和研究能力。通过安排经验丰富的老教师培训新教师这种互帮互助模式，提高新教师的胜任力水平。

（四）促进教师教学交流

经常进行教学观摩的教师教学胜任力水平较不经常参加教学观摩的教师胜任力水平要高。调查问卷中第三部分第 15 题"您平时会主动观摩其他教师的教学吗"中，回答"经常观摩"的中小学英语教师仅占教师总数的 30.7%。因此，学校应鼓励教师参加教学观摩。学校可以讲座形式进行教学，促进教师经验交流。学校也可以定期组织各种教学实践活动，通过相互学习交流的方式切实提高教师教学胜任力水平。

（五）关注教师心理健康

在本次调查中，三级指标中的自我调控的得分是 3.7 分，心理状态的得分为 3.89 分。可见，中小学英语教师的心理压力比较大。通过问卷第二部分第 66 题"我在日常生活中经常感到焦虑，老是抱怨或动不动就发怒"中，回答"比较符合"、"完全符合"和"有点符合"的共 734 人，占总人数的 55%。问卷第二部分第 68 题"我经常提不起精神，做什么事都没有兴趣"中，回答为"比较符合"、"完全符合"和"有点符合"的共 813 人，占总人数的 61.1%。因此，学校应营造轻松活泼的工作环境，让教师在教学上能够更灵活、自由地发挥出自己的水平。让教师体验到尊严、成就与自信。学校还应设定合理的晋升机制，同时给予中小学英语教师较充分的时间，既能安心教学，又无后顾之忧，使教师身心愉悦地投入到教学中。

（六）提高教师经济待遇

调查数据显示，三级指标中的待遇认同得分为 3.15 分，表明中小学英语教师对待遇不满意。通过问卷第二部分第 49 题发现，"我的经济待遇与我在工作上付出的劳动相比差距很大"的回答为"比较符合"、"完全符合"和"有点符合"的共533人,占总人数的40%。而在问题"我认为现在中小学教师的社会地位偏低"中,回答为"比较符合"、"完全符合"和"有点符合"的共508人,占总人数的38.1%。两个问题的比例均超过总人数的三分之一。所以应当重视提高教师的待遇,提升他们的职业和待遇认同感。

第四章 乡村教师教学胜任力研究

本章研究的是乡村教师教学胜任力问题。首先简要介绍乡村教师教学胜任力研究的背景、意义与方法；其次阐述乡村教师教学胜任力调查的设计、实施、对象与结果；再次分析影响乡村教师教学胜任力的主要因素；最后对乡村教师教学胜任力的现状进行概括，并在此基础上提出提升乡村教师教学胜任力的对策建议。

第一节 研究的背景、意义与方法

一 研究背景

（一）教师专业发展的客观需要

进入21世纪，各国都把教育放在关乎国家发展的战略性地位，教师的专业发展是教育发展的立足点，因而受到广泛关注。2010年中共中央、国务院颁发的《国家中长期教育改革和发展规划纲要（2010—2020年）》提出要"严格教师资质，提升教师素质，努力造就一支师德高尚、业务精湛、结构合理、充满活力的高素质专业化教师队伍。"[1] 国家重视教育的发展，关注教师成长，这对本研究提供了政策导向。乡村中小学教育考验着国家教育的公平与和谐，是稳固国家发展的重要内容。因此，掌握乡村教师教学胜任力的发展现状，对建设一支高素质专业化的教师队伍显得尤为重要，这也使得本研究具有客观必要性。

---

[1] 顾明远、石中英：《〈国家中长期教育改革和发展规划纲要（2010—2020）〉解读》，北京师范大学出版社2010年版，第379页。

（二）城乡教育均衡发展的时代契机

改革开放以来，我国国民经济取得了前所未有的发展。同时，城乡经济差距也在逐步拉大，乡村教育落后于城市教育，乡村教师的发展没有得到足够的关注与扶持，严重制约着乡村教育的发展。

21世纪以来，国家制定了一系列政策，目的是为了促进城乡教育协调发展，缩小城乡教育差距，从而将关注的重点向农村、边远、贫困地区倾斜。2010年中共中央、国务院颁发的《国家中长期教育改革和发展规划纲要（2010—2020年）》提出要把城乡教育均衡发展作为义务教育发展的重点，又明确提出要切实缩小校际差距，加强对农村薄弱学校的改造。为了达到全面建成小康社会的目标，乡村发展是重中之重，而教育是促进经济发展的不竭动力。乡村教师是乡村教育持久发展的支柱，加强对乡村教师教学胜任力水平的探讨，提升乡村教师教学胜任力水平，对促进城乡教育协调发展无疑具有重要的意义。

（三）乡村教师教学胜任力的现实困境

2015年国务院办公厅发布的《乡村教师支持计划（2015—2020年）》提出"发展乡村教育，必须把乡村教师队伍建设摆在优先发展的战略地位，努力造就一支素质优良、甘于奉献、扎根乡村的教师队伍。"[①] 通过教育来帮助乡村地区摆脱贫困现状，帮助乡村孩子成长成才，是有识之士的共识。为此，国家制定了一系列措施，如鼓励大学生支教、招聘特岗教师，为乡村学生提供"两免一补"、减免学杂费，出资为乡村学校新建校舍、提供现代化教具等。但受乡村学校地理位置偏僻导致交通不便、城市地区经济发展水平优于乡村地区、乡村学校办学设施依然较差等现实因素的影响，乡村学校难以吸收到优质师资，且补充渠道单一，培训机会较少，致使乡村教师教学胜任力水平亟待加强。提升乡村教师教学胜任力水平是一个值得研究和解决的重要课题。

---

① 中华人民共和国国务院办公厅：《乡村教师支持计划（2015—2020）》，人民出版社2015年版，第5页。

二 研究意义

（一）理论意义

对乡村教师教学胜任力进行分析与探讨，具有较大的理论意义。从胜任力的角度出发，对乡村教师的能力和素质进行调查分析，一方面可以丰富学术界关于教师胜任力的研究，另一方面也可检验已有的教师胜任力模型是否适用于乡村教师，完善针对乡村教师的胜任力模型，丰富教师胜任力理论。

（二）实践意义

对乡村教师教学胜任力进行研究，还具有较大的实践意义。首先，有利于教育行政部门清楚地了解乡村教师在教学上的优势和需要改善的地方，从而更好地为其服务。其次，有利于教育培训机构了解乡村教师的不足之处，从而做到有效地对乡村教师开展培训，使其不断提高专业水平；再次，有利于乡村教师了解自身的不足之处，使其更好地进行个人的继续学习与职业生涯规划。

三 研究方法

（一）文献法

我们充分利用图书馆、资料室、网络等资源搜集相关资料，对搜集到的文献进行梳理，归纳胜任力、教师胜任力及乡村教师教学胜任力的理论内涵和特征，了解国内外关于胜任力、教师胜任力和乡村教师教学胜任力的研究现状，为本课题的研究提供理论指导。

（二）调查法

为了掌握乡村教师教学胜任力的现状，通过设计调查问卷对江西省乡村教师教学胜任力进行实际调查，并对调查数据进行全面的分析，呈现该省乡村教师教学胜任力的基本情况。

（三）统计法

本调查研究运用SPSS22.0统计测量软件，对样本数据进行处理与分析，分析的内容包括被试的测验值的平均数、标准差、相关性以及江西省乡村教师教学胜任力的现状及其影响因素等。

第二节 乡村教师教学胜任力的调查与分析

为了更好地了解乡村教师教学胜任力的现状,需对其开展科学的调查。我们主要采取问卷调查的形式对江西省乡村教师队伍展开调查,随后对调查搜集到的数据进行处理。本节主要围绕调查的设计、实施、对象和结果进行阐述。

一 调查的设计

(一) 调查目的

本调查旨在了解当前江西省乡村教师教学胜任力的基本情况,探讨影响乡村教师教学胜任力水平的因素以及探寻提升乡村教师教学胜任力的策略。

(二) 调查工具

本研究采用何齐宗教授设计的调查问卷。调查问卷包含教师基本信息、教师行为项目和教学影响因素三个方面。

本调查问卷的题目包括教师教学胜任力的 4 个一级指标,分别是知识素养、教学能力、职业品格和个人特质。在 4 个一级指标下又包含 11 个二级指标,这 11 个二级指标是对一级指标的进一步具体阐释,以使一级指标所含内容表述更为明确。在二级指标下又分别设置了 50 个三级指标,根据 50 个三级指标设计了 84 道调查的题目。第二部分为教师行为项目,共 84 道题。84 道题目涉及乡村教师教学胜任力的 4 个一级指标(知识素养、教学能力、职业品质和个人特质)以及一级指标下的二级指标 11 个,即教育知识、学科知识、通识知识、教学设计、教学实践、教学探索、职业态度、职业情感、职业追求、自我特性和人际特性。二级指标下的 50 个三级指标分别是,教育理论知识、教育实践性知识、学科基本知识、学科前沿知识、自然科学知识、人文社科知识、教学目标设定、教学对象分析、信息获取与处理、教学内容安排、教学方法选择、课堂组织、语言表达、教学演示、教育技术运用、启发技巧、激励艺术、师生互动、教学自主、教学评价、教学反思、教学研究、教学改革、责任心、进取心、严谨性、师生关系、教学情感、专业认同、待遇认同、单位认同、职业规划、职业理想、职业信念、职业境界、适应性、坚持性、计划性、自信心、幽默感、批判思维、自我调控、心理状态、身体状况、民主性、平等性、公正性、宽容性、沟通能力、合作精神。

问卷采用6点计分法,"1""2""3""4""5""6"六个数字分别表示"极不符合"、"较不符合"、"有点不符合"、"有点符合"、"比较符合"、"完全符合"。得分越高说明该教师教学胜任力水平越高,反向计分题计分标准则与之相反。在84道题中,共含18道反向计分题,题号分别是1、2、8、27、28、48、49、51、52、57、60、66、67、68、69、70、74和75。

本研究采用SPSS22.0软件对收集到的问卷数据进行处理。

二 调查的实施

本研究的调查问卷有两种形式,分别是纸质版和电子版。一方面,借助江西省中小学乡村教师参加国家级教师培训的机会,于2016年9月至2017年3月期间,分9次进行发放,尽量保证调查的真实性,确保收集到的问卷数据有较高的研究价值。另一方面,通过"问卷星"平台对江西省各地乡村教师发放电子问卷。

三 调查的对象

本次调查的对象为江西省的乡村教师,调查范围覆盖全省11个设区市、80个县(区)及其下属的乡(镇)和村,有效调查对象为14579人,其中乡村小学教师为13056人,占此次调查样本总人数的89.55%;乡村初中教师为1523人,占此次调查样本总人数的10.45%。

现按照被试所在学校的地域、学校性质、性别、年龄、教龄、学历及学历性质、职称等维度对被试情况作描述性统计,结果如下:

(一)地域分布

调查对象的地域分布情况如下:抚州1075人,占7.4%;赣州2037人,占14%;吉安883人,占6.1%;景德镇2780人,占19.1%;九江542人,占3.7%;南昌316人,占2.2%;萍乡209人,占1.4%;上饶3024人,占20.7%;新余102人,占0.7%;宜春3229人,占22.1%;鹰潭382人,占2.6%。

(二) 所在学校性质

本次调查的乡村教师来自公办学校的有 14269 人，占 97.9%；来自民办学校的有 295 人，占 2%。其中乡村小学教师有 12775 人来自公办学校，281 人来自民办学校。乡村初中教师有 1494 人来自公办学校，14 人来自民办学校，缺失 15 人。

(三) 性别结构

本次调查的乡村教师中女教师较多，男教师较少。其中女教师 8966 人，占 62%；男教师 5606 人，占 38%。乡村小学男教师为 4776 人，小学女教师为 8280 人；乡村初中男教师为 830 人，女教师为 686 人，缺失 7 人。

(四) 年龄与教龄结构

1. 年龄结构

本次调查的乡村教师年龄跨度较大，其中年龄最小的 19 岁，年龄最大的 60 岁。为更清楚地了解此次调查的乡村教师年龄状况，我们将乡村教师年龄记为 a，按 10 年一组进行分组分析，共划分为四组数据，分别为第一组（$19 \leq a \leq 30$）、第二组（$30 < a \leq 40$）、第三组（$40 < a \leq 50$）、第四组（$50 < a \leq 60$）。调查对象中第一组（$19 \leq a \leq 30$）为 6137 人，占 42.1%；第二组（$30 < a \leq 40$）为 4420 人，占 30.3%；第三组（$40 < a \leq 50$）为 3157 人，占 21.7%；第四组（$50 < a \leq 60$）为 863 人，占 5.9%。由此可知，此次调查的乡村教师年龄集中在 50 岁以下，50 岁至 60 岁的乡村教师较少，不过均有涉及，总样本量较大且具有代表性。

2. 教龄结构

本次调查的乡村教师教龄最小值为 0.5 年，最大值为 40 年，平均教龄为 13.57 年；乡村初中教师教龄最大值为 41 年，平均教龄为 13.73 年。乡村中小学教师教龄差别不大，平均教龄均为 13.6 年左右。为了更清楚地了解此次调查的乡村教师教龄状况，我们将乡村教师教龄记为 b，同样按 10 年一组进行分组分析，共分为四组数据，分别为第一组（$0.5 \leq b \leq 10$）、第二组（$10 < b \leq 20$）、第三组（$20 < b \leq 30$）和第四组（$30 < b \leq 41$）。乡村教师教龄第一组（$0.5 \leq b \leq 10$）为 7079 人，占 48.6%；第二组（$10 < b \leq 20$）为 3559 人，占 24.4%；第三组（$20 < b \leq 30$）为 3056 人，占 21.0%；第四组（$30 < b \leq 40$）为 881 人，占 6%。缺失 4 人。由此可知，

在此次调查对象中，教龄在 10 年以下的乡村教师人数最多，教龄在 30 年以上的乡村教师人数最少，但每个教龄层次均有涉及。

（五）编制状况

此次调查的乡村教师绝大多数已获得国家编制，其中获得国家编制的乡村小学教师有 12456 人，占 85.5%；获得国家编制的乡村初中教师有 1479 人，占 95.6%；未获得国家编制的教师较少，其中未获得国家编制的乡村小学教师为 600 人，占 4.12%；未获得国家编制的乡村初中教师为 34 人，占 0.23%。此外，乡村教师编制信息的缺失值为 10。

（六）学历结构

本次调查的江西省乡村教师的学历情况如下：82.8%的乡村教师的第一学历为师范类专业。其中拥有高中（或中专）学历的乡村教师为 758 人，占 5.2%；拥有大专学历的乡村教师为 5254 人，占 36.0%；拥有本科学历的乡村教师为 8514 人，占 58.4%；拥有硕士和博士学历的乡村教师为 29 人，占 0.2%；缺失 24 人。由此可知，在此次调查中，乡村教师学历水平以本科和专科为主，其他学历层次的乡村教师人数相对较少。

（七）职称结构

此次调查的乡村教师拥有小教一级职称的乡村教师 3905 人，小教高级职称 5464 人，二者占乡村小学教师人数较多；获中教二级的乡村教师 640 人，获中教一级的 576 人，二者占乡村中学教师人数较多。已获小教二级职称的 1740 人，已获小教一级职称的 3905 人，已获小教高级职称的 5464 人；已获中教三级职称的 37 人，已获中教二级职称的 640 人，已获中教一级职称的 576 人，已得中教高级职称的 198 人。在此次调查中，获小教一级和小教高级职称的乡村教师较多，占 64.3%。此外，在乡村小学教师中没评职称的有 1512 人，在乡村初中教师中选择其他项的有 59 人，缺失 13 人。说明在整个乡村教师队伍中，未评职称的仅占少数。

（八）任教情况

1. 任教主要课程

此次调查的乡村教师主要任教课程情况如下：任教语文的有 6898 人，

占 47.3%；任教数学的有 5323 人，占 36.5%；任教外语的有 1168 人，占 8%。由此可知，此次调查的乡村教师任教主要课程为语文、数学和外语，任教其他科目的教师较少，但均有涉及。其中任教历史的有 158 人，占 1.1%；任教地理的 83 人，占 0.6%；任教思品的 96 人，占 0.7%；任教音乐的 164 人，占 1.1%；任教美术的 171 人，占 1.2%；任教科学的 53 人，占 0.4%；任教信息技术的 108 人，占 0.7%；任教劳动技术的 32 人，占 0.2%；任教心理健康的 33 人，占 0.2%；任教综合实践活动的 27 人，占 0.2%。选择其他的 89 人，占 0.6%。

2. 任教年级

此次调查的乡村教师任教一年级的有 1372 人，任教二年级的有 1656 人，任教三年级的有 2154 人，任教四年级的有 2416 人，任教五年级的有 2834 人，任教六年级的有 2624 人。任教初一年级的有 699 人，任教初二年级的有 737 人，任教初三年级的有 740 人。其中乡村初中教师存在任教多个年级的情况，此次调查每个年级的乡村教师都有涉及。

3. 周课时量

此次调查的乡村教师的周课时量情况如下：在乡村小学教师中，周课时量在 10 节及以下的有 672 人，占 5.1%；周课时量在 11—15 节的有 5149 人，占 39.4%；周课时量在 16—20 节的有 5258 人，占 40.3%；周课时量在 21 节及以上的有 1977 人，占 15.1%。其中，周课时量在 11—15 节和 16—20 节的乡村小学教师最多，占 79.7%。

在乡村初中教师中，周课时量在 10 节及以下的有 256 人，占 16.8%；周课时量在 11—15 节的有 974 人，占 64%；周课时量在 16—20 节的有 234 人，占 5.4%；周课时量在 21 节及以上的有 53 人，占 3.5%。缺失 6 人。其中，周课时量在 11—15 节和 16—20 节的乡村初中教师最多，占 79.4%。

4. 任班主任状况

此次调查的乡村教师担任班主任的有 8889 人，其中乡村小学教师有 8278 人担任班主任，乡村初中教师有 611 人担任班主任，二者占 61%。

(九) 获表彰情况

此次调查的乡村教师获表彰情况如下：乡村教师有 2716 人未获表彰，占 18.6%；获校级表彰的有 3078 人，占 21.1%；获县（区）级表彰的有

4767人，占32.7%；获市级表彰的有2157人，占14.8%；获省级表彰的有844人，占5.8%；获得国家级表彰的有296人，占2%。另有708位乡村教师获多种表彰。其中获校级表彰和县（区）级表彰的较多，共计7845人，占53.8%。获省级表彰和国家级表彰的较少，共计1140人，占7.8%。

四 调查的结果

（一）指标得分

表4-1为此次调查的乡村教师教学胜任力的一级指标和二级指标平均分统计情况。表中数据表明，江西省乡村教师教学胜任力的四个一级指标得分如下：知识素养为3.90分、教学能力为4.81分、职业品格为4.86分、个人特质为4.32分，总平均分为4.47。由此可知，乡村教师教学胜任力处于中等水平，其中职业品格和教学能力表现相对较好，知识素养表现偏弱。

从二级指标看，有7个二级指标总平均分超过4.47，其中有两个二级指标平均分超过5分，说明乡村教师在这两个二级指标上表现较好。另有4个二级指标平均分在4.47以下，分别是教育知识、通识知识、职业追求和自我特性，说明乡村教师的这些指标表现较弱。

表4-1 乡村教师教学胜任力一级指标和二级指标平均分统计表

一级指标	得分	二级指标	得分
知识素养	3.8999	教育知识	3.5135
		学科知识	4.8091
		通识知识	3.7637
教学能力	4.8051	教学设计	4.9426
		教学实施	4.6321
		教学探索	5.0075
职业品格	4.8619	职业态度	5.1068
		职业情感	4.9082
		职业追求	4.4096
个人特质	4.3194	自我特性	3.7676
		人际特征	4.7530

表 4-2 是三级指标平均分统计表，有 11 个三级指标平均分低于 4.47，且有 7 个三级指标平均分低于 3 分，分别是教育理论知识、师生互动、教学自主、职业规划、自我调控、心理状态和身体状况，得分最低的是教育理论知识（2.3307）。有 39 个三级指标平均分高于 4.47，且有 20 个三级指标平均分在 5 分以上，有 4 个三级指标平均分在 5.30 以上，分别是宽容性、职业境界、沟通能力和合作精神，其中得分最高的是宽容性（5.3409）。由以上分析可知，乡村教师在教育理论知识、师生互动和身体状况等方面亟待加强，并且在自然科学知识、人文社科知识、适应性和平等性方面也需改善。

表 4-2　乡村教师教学胜任力三级指标平均分统计表

三级指标	得分	三级指标	得分	三级指标	得分
教育理论知识	2.3307	师生互动	2.5335	职业境界	5.3390
教育实践知识	4.6962	教学自主	2.6630	适应性	3.4341
学科专业知识	4.8871	教学评价	5.0274	坚持性	5.1292
学科发展动态	4.7311	教学反思	5.1092	计划性	4.9763
自然科学知识	3.1492	教学研究	4.9820	自信心	4.9488
人文社科知识	4.3783	教学改革	4.9186	幽默感	4.5935
教学目标设定	5.2034	责任心	5.2916	批判思维	4.9820
教学对象分析	5.0364	进取心	5.1359	自我调控	2.7769
信息获取与处理	4.9681	严谨性	4.9544	心理状态	2.5347
教学内容安排	5.0743	师生关系	5.1521	身体状况	2.7669
教学方法选择	4.7096	教学情感	5.1827	民主性	4.7144
课堂组织	4.9998	专业认同	5.1803	平等性	3.2708
语言表达	5.0969	待遇认同	4.5405	公正性	5.2662
教学演示	4.8424	单位认同	4.6090	宽容性	5.3409
教育技术运用	4.7570	职业规划	2.5118	沟通能力	5.3286
启发技巧	5.0499	职业理想	5.2914	合作精神	5.3262
激励艺术	5.1232	职业信念	4.6852		

(二) 分类得分

此次调查的乡村教师所处地区、年龄、性别、学历、职称等情况均有区别。为进一步了解目前江西省乡村教师教学胜任力的现状，以下将对江西省乡村教师教学胜任力得分情况从不同角度展开分析。

1. 地区差异

将调查对象按其所属地区分为 11 个组，得到不同地区乡村教师所得分数，其中萍乡市的乡村教师教学胜任力总分平均分最高，为 4.5144 分；九江市乡村教师教学胜任力总分平均分最低，为 4.3141 分。关于江西省不同地区乡村教师教学胜任力得分的具体情况如表 4-3 所示。

表 4-3　　不同地区乡村教师教学胜任力得分情况统计

所在地区	胜任力总分	知识素养	教学能力	职业品格	个人特质
抚州	4.4426	3.8549	4.7871	4.8835	4.2449
赣州	4.4868	3.8878	4.8287	4.8650	4.3656
吉安	4.4613	3.8525	4.8096	4.8832	4.3001
景德镇	4.5052	3.9316	4.8933	4.9204	4.2757
九江	4.3141	3.7334	4.5497	4.7464	4.2269
南昌	4.3521	3.7725	4.6151	4.7664	4.2543
萍乡	4.5144	3.9886	4.8003	4.8690	4.3996
上饶	4.4849	3.9395	4.7851	4.8493	4.3659
新余	4.3454	3.8260	4.6565	4.6863	4.2129
宜春	4.4824	3.9225	4.8166	4.8461	4.3443
鹰潭	4.3869	3.7795	4.7013	4.8291	4.2378

以地区为因子，教学胜任力总分及各一、二级指标得分为因变量进行分析。其中，教学胜任力总分和一级指标、二级指标特征 P 值均小于 0.001。由此可知，乡村教师在教学胜任力总分及各一、二级指标得分上均呈现显著相关性。

表 4-4　　　　　　　　不同地区乡村教师得分差异分析

一级指标	二级指标	显著性检验	
		F 值	P 值
胜任力总分		12.226	<0.001
知识素养		9.101	<0.001
	教育知识	9.066	<0.001
	学科知识	28.374	<0.001
	通识知识	4.161	<0.001
教学能力		19.241	<0.001
	教学设计	23.149	<0.001
	教学实施	13.374	<0.001
	教学探索	22.282	<0.001
职业品格		8.556	<0.001
	职业态度	7.192	<0.001
	职业情感	24.792	<0.001
	职业追求	14.493	<0.001
个人特质		14.361	<0.001
	自我特性	23.297	<0.001
	人际特征	7.355	<0.001

2. 所在学校性质差异

如表 4-5 所示,乡村教师教学胜任力总分与学校的公私性质之间不存在显性相关（$t=-0.351$，$p=0.725>0.05$）。所有一级指标的 p 值均大于 0.05，与乡村学校的公私性质未呈现显著相关性。在教学能力、职业品格和个人特质方面，公办乡村教师的平均分得分高于民办乡村教师；在知识素养方面，民办乡村教师的平均分得分高于公办乡村教师。在二级指标中，教育知识 t 值 $=-2.601$，p 值 $=0.009<0.05$，仅教育知识与乡村学校的公私性质之间存在显著相关性。

表 4-5　不同学校（公、私）乡村教师教学胜任力总分与一、二级指标差异分析

	公办学校		民办学校		t 值	p 值
	M	SD	M	SD		
胜任力总分	4.4712	0.48248	4.4812	0.47629	-0.351	0.725
知识素养	3.8982	0.67690	3.9631	0.69739	-1.631	0.103
教学能力	4.8055	0.64008	4.7872	0.64023	0.486	0.627
职业品格	4.8621	0.54667	4.8588	0.52632	0.104	0.917
个人特质	4.3191	0.49887	4.3157	0.51937	0.118	0.906
教育知识	3.5098	0.85511	3.6407	0.85870	-2.601	0.009
学科知识	4.8098	0.98507	4.7797	0.97882	0.521	0.603
通识知识	3.7631	0.82933	3.7915	0.89391	-0.581	0.561
教学设计	4.9438	0.71705	4.8938	0.73384	1.186	0.236
教学实施	4.6318	0.61789	4.6352	0.63128	-0.093	0.926
教学探索	5.0080	0.79829	4.9905	0.76286	0.374	0.709
职业态度	5.1074	0.69986	5.0767	0.64886	0.747	0.455
职业情感	4.9084	0.73971	4.9390	0.70313	-0.704	0.482
职业追求	4.4086	0.57744	4.4185	0.57963	-0.291	0.771
自我特性	3.7671	0.66862	3.7547	0.71986	0.316	0.752
人际特征	4.7528	0.55945	4.7564	0.55743	-0.109	0.913

表 4-6　不同性别乡村教师教学胜任力总分与一级指标差异分析

	男		女		t 值	p 值
	M	SD	M	SD		
胜任力总分	4.5167	0.50876	4.4434	0.46279	8.944	<0.001
知识素养	4.0048	0.70062	3.8338	0.65371	14.945	<0.001
教学能力	4.8451	0.65589	4.7805	0.62870	5.929	<0.001
职业品格	4.8653	0.57445	4.8602	0.52758	0.547	0.584
个人特质	4.3515	0.53537	4.2992	0.47450	6.162	<0.001
教育知识	3.6533	0.90302	3.4249	0.81166	15.818	<0.001
学科知识	4.9340	0.94147	4.7310	1.00329	12.164	<0.001
通识知识	3.7787	0.87008	3.7543	0.80539	1.727	0.084
教学设计	4.9735	0.72889	4.9239	0.70928	4.058	<0.001
教学实施	4.6751	0.63544	4.6054	0.60570	6.632	<0.001
教学探索	5.0559	0.80837	4.9778	0.78907	5.757	<0.001
职业态度	5.1139	0.72541	5.1028	0.68156	0.933	0.351
职业情感	4.9048	0.78325	4.9113	0.70970	-0.512	0.608
职业追求	4.4560	0.61949	4.3803	0.54840	7.703	<0.001
自我特性	3.8365	0.72553	3.7242	0.62930	9.868	<0.001
人际特征	4.7562	0.58203	4.7509	0.54472	0.553	0.580

如表 4-6 所示,按照不同性别对江西省乡村教师教学胜任力做独立样本 T 检验,乡村男教师的胜任力总分平均分高于乡村女教师。在一级指标中,乡村男教师的知识素养、教学能力、职业品格和个人特质平均分得分均略高于乡村女教师。在二级指标中,除乡村男教师的职业情感平均分得分低于乡村女教师外,其他 10 个二级指标得分,乡村男教师所得分数均高于乡村女教师。胜任力总分 $t=8.944$, p 值小于 0.001,由此可知性别不同的乡村教师教学胜任力得分差异呈显著相关。

3. 年龄与教龄差异

(1) 年龄差异

在对调查对象的描述信息中,将乡村教师年龄记为 a,并分为四组数据,分别为第一组($19 \leq a \leq 30$)、第二组($30 < a \leq 40$)、第三组($40 < a \leq 50$)、第四组($50 < a \leq 60$)。按照年龄分组对乡村教师教学胜任力总分和各一级指标进行单因素方差分析(如表 4-7 所示),教学胜任力总分及所

表 4-7　不同年龄组乡村教师教学胜任力总分与一级指标差异分析

	年龄分组	N	平均分	显著性检验	
				F 值	p 值
胜任力总分	第一组	6137	4.3702	166.088	0.000
	第二组	4420	4.5268		
	第三组	3157	4.5687		
	第四组	863	4.5531		
知识素养	第一组	6137	3.7393	217.037	0.000
	第二组	4420	3.9800		
	第三组	3157	4.0484		
	第四组	863	4.0857		
教学能力	第一组	6137	4.6728	163.549	0.000
	第二组	4420	4.8714		
	第三组	3157	4.9430		
	第四组	863	4.8999		
职业品格	第一组	6137	4.7919	62.801	0.000
	第二组	4420	4.8939		
	第三组	3157	4.9380		
	第四组	863	4.9166		
个人特质	第一组	6137	4.2766	28.760	0.000
	第二组	4420	4.3619		
	第三组	3157	4.3453		
	第四组	863	4.3100		

有一级指标 P 值均为 0.000，小于 0.001，说明乡村教师与教学胜任力总分及所有一级指标均呈现明显的年龄差异。在不同一级指标下，第一组平均分得均为最低，第二组个人特质均值最高，第三组教学能力、职业品格均值最高，第四组知识素养均值最高。

以年龄分组为自变量，以各二级指标为因变量进行单因素分析。结果发现，11 个二级指标 P 值均为 0.000，小于 0.05，存在显著的年龄差异。从均值看，自我特性、人际特征 2 个指标第二组均值最高，学科知识、教学设计、教学实施、教学探索、职业态度和职业追求 6 个指标第三组均值最高，其余 3 个指标第四组均值最高。

表 4-8　不同年龄分组乡村教师教学胜任力二级指标差异分析

	年龄分组	人数	平均分	显著性检验	
				T 值	P 值
教育知识	第一组	6137	3.3493	139.530	0.000
	第二组	4420	3.5977		
	第三组	3157	3.6598		
	第四组	863	3.7109		
学科知识	第一组	6137	3.5435	289.964	0.000
	第二组	4420	4.9293		
	第三组	3157	5.0852		
	第四组	863	5.0707		
通识知识	第一组	6137	3.7153	13.233	0.003
	第二组	4420	3.7954		
	第三组	3157	3.7887		
	第四组	863	3.8505		
教学设计	第一组	6137	4.8014	150.856	0.000
	第二组	4420	5.0050		
	第三组	3157	5.0913		
	第四组	863	5.0821		
教学实施	第一组	6137	4.5167	130.973	0.000
	第二组	4420	4.6996		
	第三组	3157	4.7481		
	第四组	863	4.6801		

续表

	年龄分组	人数	平均分	显著性检验	
				T 值	P 值
教学探索	第一组	6137	4.8473	158.199	0.000
	第二组	4420	5.0777		
	第三组	3157	5.1831		
	第四组	863	5.1435		
职业态度	第一组	6137	5.0208	59.335	0.000
	第二组	4420	5.1420		
	第三组	3157	5.2067		
	第四组	863	5.1709		
职业情感	第一组	6137	4.8038	79.979	0.000
	第二组	4420	4.9463		
	第三组	3157	5.0220		
	第四组	863	5.0396		
职业追求	第一组	6137	4.3683	19.066	0.000
	第二组	4420	4.4384		
	第三组	3157	4.4489		
	第四组	863	4.4081		
自我特性	第一组	6137	3.7337	10.790	0.00
	第二组	4420	3.8069		
	第三组	3157	3.7805		
	第四组	863	3.7575		
人际特征	第一组	6137	4.7032	30.341	0.000
	第二组	4420	4.7979		
	第三组	3157	4.7892		
	第四组	863	4.7441		

表 4-9　不同年龄分组乡村教师教学胜任力总分的多重比较（LSD）

因变量	年龄分组	平均差异（I-J）	标准误	显著性	95%信赖区间	
					下限	上限
胜任力总分	1—2	-0.15664*	0.00939	0.000	-0.1814	-0.1319
	1—3	-0.19852*	0.01024	0.000	-0.2255	-0.1716
	1—4	-0.18290*	0.01791	0.000	-0.2301	-0.1357
	2—3	-0.04188*	0.01097	0.001	-0.0707	-0.0130
	2—4	-0.02626	0.01834	0.629	-0.0746	0.0221
	3—4	0.01562	0.01879	0.956	-0.0339	0.0651

以乡村教师教学胜任力总分为因变量，以年龄分组为自变量进行 LSD 多重比较分析。由表中数据可知，第一组（19≤a≤30）和第二组（30<a≤40）、第一组（19≤a≤30）与第三组（40<a≤50）、第一组（19≤a≤30）与第四组（50<a≤60）、第二组（30<a≤40）与第三组（40<a≤50）乡村教师胜任力总分均值上存在显著差异，且年龄在第三组（40<a≤50）的乡村教师胜任力总分得分最高，当其年龄到达50岁后，其教学胜任力水平有所下降。

表4-10 不同年龄分组乡村教师教学胜任力一级指标的多重比较（LSD）

因变量	年龄分组	平均差异（I-J）	标准误	显著性	95%信赖区间	
					下限	上限
知识素养	1—2	-0.24066*	0.01307	0.000	-0.2663	-0.2150
	1—3	-0.30904*	0.01452	0.000	-0.3375	-0.2806
	1—4	-0.34640*	0.02409	0.000	-0.3936	-0.2992
	2—3	-0.06838*	0.01544	0.000	-0.0986	-0.0381
	2—4	-0.10574*	0.02466	0.000	-0.1541	-0.0574
	3—4	-0.03736	0.02546	0.142	-0.0873	0.0125
教学能力	1—2	-0.19859*	0.01242	0.000	-0.2229	-0.1742
	1—3	-0.27019*	0.01379	0.000	-0.2972	-0.2432
	1—4	-0.22708*	0.02290	0.000	-0.2720	-0.1822
	2—3	-0.07160*	0.01468	0.000	-0.1004	-0.0428
	2—4	-0.02849	0.02344	0.224	-0.0744	0.0175
	3—4	0.04311	0.02419	0.075	-0.0043	0.0905
职业品格	1—2	-0.10208*	0.01071	0.000	-0.1231	-0.0811
	1—3	-0.14613*	0.01189	0.000	-0.1694	-0.1228
	1—4	-0.12475*	0.01973	0.000	-0.1634	-0.0861
	2—3	-0.04405*	0.01265	0.000	-0.0688	-0.0193
	2—4	-0.02267	0.02020	0.262	-0.0623	0.0169
	3—4	0.02138	0.02085	0.305	-0.0195	0.0622
个人特质	1—2	-0.08523*	0.00982	0.000	-0.1045	-0.0660
	1—3	-0.06872*	0.01091	0.000	-0.0901	-0.0473
	1—4	-0.03336	0.01810	0.065	-0.0689	0.0021
	2—3	0.01651	0.01160	0.155	-0.0062	0.0393
	2—4	0.05187*	0.01853	0.005	0.0155	0.0882
	3—4	0.03535	0.01913	0.065	-0.0021	0.0728

以年龄分组为自变量,以一级指标为因变量进行 LSD 多重比较分析。结果发现,从知识素养来看,第一组与第二组、第一组与第三组、第一组与第四组、第二组与第三组、第二组与第四组乡村教师存在显著差异。从教学能力来看,第一组与第二组、第一组与第三组、第一组与第四组、第二组与第三组乡村教师存在显著差异。从职业品格来看,第一组与第二组、第一组与第三组、第一组与第四组、第二组与第三组乡村教师存在显著差异。从个人特质来看,第一组与第二组、第一组与第三组、第二组与第四组乡村教师存在显著差异。

(2) 教龄差异

在对调查对象的描述信息中,我们将乡村教师的教龄记为 b,并分为四组等级数据,分别为第一组（$0.5 \leqslant b \leqslant 10$）、第二组（$10 < b \leqslant 20$）、第三组（$20 < b \leqslant 30$）和第四组（$30 < b \leqslant 41$）。根据教龄分组对乡村教师教学胜任力总分和一级指标进行单因素分析,如表 4-11 所示,教学胜任力

表 4-11 不同教龄分组乡村教师教学胜任力总分与一级指标差异分析

	教龄分组	N	平均分	显著性检验	
				F 值	p 值
胜任力总分	第一组	7079	4.3843	156.257	0.000
	第二组	3559	4.5424		
	第三组	3056	4.5634		
	第四组	881	4.5678		
知识素养	第一组	7079	3.7692	180.610	0.000
	第二组	3559	4.0020		
	第三组	3056	4.0299		
	第四组	881	4.0844		
教学能力	第一组	7079	4.6857	168.869	0.000
	第二组	3559	4.8931		
	第三组	3056	4.9459		
	第四组	881	4.9207		
职业品格	第一组	7079	4.7962	69.982	0.000
	第二组	3559	4.9060		
	第三组	3056	4.9394		
	第四组	881	4.9438		
个人特质	第一组	7079	4.2861	23.493	0.000
	第二组	3559	4.3684		
	第三组	3056	4.3383		
	第四组	881	4.3225		

总分及所有一级指标 P 值均为 0.000，小于 0.001，说明乡村教师教学胜任力总分及所有一级指标均呈现明显的教龄差异，第四组（30<b≤41）乡村教师胜任力总分均值得分最高。由此可知，随着教龄的增长，乡村教师的教学胜任力水平不断提高。在不同一级指标下，第一组（0.5≤b≤10）平均分得分均为最低，个人特质在第二组（10<b≤20）上均值最高，教学能力在第三组（20<b≤30）上均值最高，知识素养和职业品格在第四组（30<b≤41）上均值最高。

表 4-12　　不同教龄分组乡村教师教学胜任力二级指标差异分析

	教龄分组	人数	平均分	显著性检验	
				T 值	P 值
教育知识	第一组	7079	3.3890	100.698	0.000
	第二组	3559	3.6182		
	第三组	3056	3.6268		
	第四组	881	3.6941		
学科知识	第一组	7079	4.5738	288.601	0.000
	第二组	3559	4.9631		
	第三组	3056	5.0905		
	第四组	881	5.1005		
通识知识	第一组	7079	3.7250	11.941	0.000
	第二组	3559	3.8088		
	第三组	3056	3.7755		
	第四组	881	3.8490		
教学设计	第一组	7079	4.8146	157.318	0.000
	第二组	3559	5.0258		
	第三组	3056	5.0975		
	第四组	881	5.0986		
教学实施	第一组	7079	4.5293	131.252	0.000
	第二组	3559	4.7222		
	第三组	3056	4.7442		
	第四组	881	4.7037		

续表

	教龄分组	人数	平均分	显著性检验	
				T 值	P 值
教学探索	第一组	7079	4.8605	170.267	0.000
	第二组	3559	5.0985		
	第三组	3056	5.1972		
	第四组	881	5.1646		
职业态度	第一组	7079	5.0284	62.660	0.000
	第二组	3559	5.1511		
	第三组	3056	5.2105		
	第四组	881	5.1979		
职业情感	第一组	7079	4.8042	100.052	0.000
	第二组	3559	4.9693		
	第三组	3056	5.0281		
	第四组	881	5.0833		
职业追求	第一组	7079	4.3801	11.964	0.000
	第二组	3559	4.4411		
	第三组	3056	4.4346		
	第四组	881	4.4301		
自我特性	第一组	7079	3.7466	7.910	0.000
	第二组	3559	3.8132		
	第三组	3056	3.7618		
	第四组	881	3.7680		
人际特征	第一组	7079	4.7099	29.015	0.000
	第二组	3559	4.8045		
	第三组	3056	4.7913		
	第四组	881	4.7581		

以教龄分组为自变量，以各二级指标为因变量进行单因素分析。结果发现，11 个二级指标 P 值均为 0.000，小于 0.05，存在显著的教龄差异。从均值看，职业追求、自我特性和人际特征 3 个指标第二组（$10<b\leqslant20$）均值最高，教学实施、教学探索和职业态度 3 个指标

第三组（20<b≤30）均值最高，其余 5 个指标第四组（30<b≤41）均值最高。

表 4-13　　不同年龄分组乡村教师教学胜任力总分及一级指标的多重比较（LSD）

因变量	教龄分组	平均差异(I-J)	标准误	显著性	95%信赖区间	
					下限	上限
胜任力总分	1—2	-0.15809*	0.00976	0.000	-0.1772	-0.1390
	1—3	-0.17907*	0.01028	0.000	-0.1992	-0.1589
	1—4	-0.18354*	0.01696	0.000	-0.2168	-0.1503
	2—3	-0.02098	0.01171	0.073	-0.0439	0.0020
	2—4	-0.02545	0.01787	0.154	-0.00605	0.0096
	3—4	-0.00447	0.01816	0.806	-0.0401	0.0311
知识素养	1—2	-0.23284*	0.01367	0.000	-0.2596	-0.2061
	1—3	-0.26071*	0.01440	0.000	-0.2889	-0.2325
	1—4	-0.31523*	0.02376	0.000	-0.3618	-0.2686
	2—3	-0.02786	0.01640	0.089	-0.0600	0.0043
	2—4	-0.08238*	0.02503	0.001	-0.1314	-0.0333
	3—4	-0.05452*	0.02543	0.032	-0.1044	-0.0047
教学能力	1—2	-0.20737*	0.01294	0.000	-0.2327	-0.1820
	1—3	-0.26014*	0.01363	0.000	-0.2868	-0.2334
	1—4	-0.23495*	0.02249	0.000	-0.2790	-0.1909
	2—3	-0.05277*	0.01552	0.001	-0.0832	-0.0223
	2—4	-0.02758	0.02369	0.244	-0.0740	0.0189
	3—4	0.02519	0.02407	0.295	-0.0220	0.0724
职业品格	1—2	-0.10986*	0.01115	0.000	-0.1317	-0.0880
	1—3	-0.14321*	0.01174	0.000	-0.1662	-0.1202
	1—4	-0.14760*	0.01938	0.000	-0.1856	-0.1096
	2—3	-0.03336*	0.01338	0.013	-0.0596	-0.0071
	2—4	-0.03774	0.02041	0.064	-0.0777	0.0023
	3—4	-0.00439	0.02074	0.833	-0.0450	0.0363
个人特质	1—2	-0.08230*	0.01024	0.000	-0.1024	-0.0622
	1—3	-0.05224*	0.01079	0.000	-0.0734	-0.0311
	1—4	-0.03639*	0.01780	0.041	-0.0713	-0.0015
	2—3	0.03006*	0.01229	0.014	0.0060	0.0542
	2—4	0.04591*	0.01875	0.014	0.0092	0.0827
	3—4	0.01585	0.01905	0.406	-0.0215	0.0532

以教龄分组为自变量，以乡村教师教学胜任力总分及一级指标为因变量进行 LSD 多重比较分析。结果发现，从胜任力总分来看，第一组此次受调查乡村教师与第二组、第一组与第三组、第一组与第四组的乡村教师存在差异。且第四组（30<b≤41）的乡村教师教学胜任力总分最高，随着教龄的增长，乡村教师的教学胜任力水平呈上升趋势。从知识素养来看，第一组与第二组、第一组与第三组、第一组与第四组、第二组与第四组、第三组和第四组乡村教师存在显著差异。从教学能力来看，第一组与第二组、第一组与第三组、第一组与第四组、第二组与第三组乡村教师存在显著差异。从职业品格来看，第一组与第二组、第一组与第三组、第一组与第四组、第二组与第三组乡村教师存在显著差异。从个人特质来看，第一组与第二组、第一组与第三组、第一组和第四组、第二组和第三组、第二组与第四组乡村教师存在显著差异。

4. 编制状况差异

表 4-14　不同编制乡村教师教学胜任力总分与一、二级指标差异分析

	已获得教师编制		未获得教师编制		t	p
	M	SD	M	SD		
胜任力总分	4.4789	0.48229	4.3065	0.45208	8.824	0.000
知识素养	3.9081	0.67647	3.7092	0.66396	7.245	0.000
教学能力	4.8155	0.63894	4.5769	0.62617	9.203	0.000
职业品格	4.8674	0.54710	4.7434	0.51458	5.597	0.000
个人特征	4.3246	0.49964	4.1967	0.47403	6.319	0.000
教育知识	3.5187	0.85506	3.3738	0.84013	4.175	0.000
学科知识	4.8263	0.98031	4.4330	1.00622	9.870	0.000
通识知识	3.7686	0.83147	3.6562	0.80484	3.334	0.001
教学设计	4.9537	0.71556	4.7015	0.71678	8.678	0.000
教学实施	4.6417	0.61618	4.4149	0.62559	9.057	0.000
教学探索	5.0184	0.79752	4.7735	0.76548	7.574	0.000
职业态度	5.1122	0.70017	4.9888	0.66058	4.351	0.000
职业情感	4.9182	0.73874	4.7019	0.71571	7.220	0.000
职业追求	4.4135	0.57983	4.3090	0.51967	4.458	0.000
自我特性	3.7731	0.67083	3.6315	0.62805	5.211	0.000
人际特征	4.7579	0.55960	4.6407	0.54203	5.165	0.000

由表4-14可知，已获国家教师编制的乡村教师，其教学胜任力总分平均分及一级指标平均分得分均高于未获国家教师编制的乡村教师所得分。乡村教师的教学胜任力水平与其是否获得国家教师编制呈现出显著的相关性（$t=8.824$，$p=0.000<0.05$）。在一级指标中，知识素养 $t=7.245$，$p=0.000<0.05$；教学能力 $t=9.203$，$p=0.000<0.05$；职业品格 $t=5.597$，$p=0.000<0.05$；个人特质 $t=6.319$，$p=0.000<0.05$。以上分析说明，乡村教师的知识素养、教学能力、职业品格和个人特质与其是否获得国家教师编制均呈现统计学意义上的显著差异。

在二级指标中，乡村教师是否获得国家教师编制对11个二级指标均影响显著。如：教育知识 $t=4.175$，$p=0.000<0.05$；学科知识 $t=9.870$，$p=0.000<0.05$；通识知识 $t=3.334$，$p=0.001<0.05$；教学设计 $t=8.678$，$p=0.000<0.05$；教学实施 $t=9.057$，$p=0.000<0.05$；教学探索 $t=7.574$，$p=0.000<0.05$；职业态度 $t=4.351$，$p=0.000<0.05$；职业情感 $t=7.220$，$p=0.000<0.05$；职业追求 $t=4.458$，$p=0.000<0.05$；自我特性 $t=5.211$，$p=0.000<0.05$；人际特征 $t=5.165$，$p=0.000<0.05$。通过对比不同教师编制乡村教师在各二级指标上的平均得分可以看出，已获国家教师编制的乡村教师得分均高于未获国家编制的乡村教师的得分。

5. 学历差异

在学历方面，本研究主要采用单因素方差分析法对比了高中（或中专）、大专和本科的乡村教师在教学胜任力总分和各一级指标上的差异，同时采用独立样本 T 检验的方法对比了第一学历是否属于师范类的乡村教师在教学胜任力水平上的差异，得到表4-15和表4-18。

如表4-15所示，胜任力总分 $F=2.240$，$p=0.048<0.05$，说明乡村教师的教学胜任力水平与学历层次的不同存在显著性差异。在一级指标中，知识素养 $F=4.614$，$p=0.000<0.05$；教学能力 $F=5.095$，$p=0.000<0.05$；职业品格 $F=5.672$，$p=0.000<0.05$；个人特质 $F=9.213$，$p=0.000<0.05$。说明乡村教师教学胜任力的各一级指标与学历层次的不同显著相关。从均值看，大专学历的乡村教师教学胜任力总分平均分得分最高。由此可知，并非学历越高教学胜任力水平越高。

表 4-15 不同学历乡村教师教学胜任力总分与一级指标差异分析

因变量	学历	N	平均数	标准差	显著性差异 F 值	显著性差异 p 值
胜任力总分	高中（或中专）	758	4.4858	0.52326	2.240	0.048
	大专	5254	4.4770	0.46789		
	本科	8514	4.4666	0.48674		
知识素养	高中（或中专）	758	3.9721	0.66093	4.614	0.000
	大专	5254	3.8941	0.64055		
	本科	8514	3.8965	0.69942		
教学能力	高中（或中专）	758	4.8296	0.68174	5.095	0.000
	大专	5254	4.8309	0.62899		
	本科	8514	4.7863	0.64277		
职业品格	高中（或中专）	758	4.8881	0.60294	5.672	0.000
	大专	5254	4.8885	0.54303		
	本科	8514	4.8431	0.54166		
个人特质	高中（或中专）	758	4.2536	0.50719	9.213	0.000
	大专	5254	4.2946	0.48203		
	本科	8514	4.3406	0.50730		

表 4-16 不同学历乡村教师教学胜任力二级指标差异分析

因变量	学历	N	平均数	标准差	显著性差异 F 值	显著性差异 p 值
教育知识	高中（或中专）	758	3.5940	0.80011	6.097	0.000
	大专	5254	3.4749	0.79475		
	本科	8514	3.5292	0.89405		
学科知识	高中（或中专）	758	4.9327	0.93449	15.068	0.000
	大专	5254	4.8815	0.96626		
	本科	8514	4.7529	0.99624		
通识知识	高中（或中专）	758	3.7678	0.87050	2.354	0.038
	大专	5254	3.7450	0.81361		
	本科	8514	3.7747	0.83682		

续表

因变量	学历	N	平均数	标准差	显著性差异 F 值	显著性差异 p 值
教学设计	高中（或中专）	758	4.9890	0.75517	11.132	0.000
	大专	5254	4.9919	0.70168		
	本科	8514	4.9076	0.72189		
教学实施	高中（或中专）	758	4.6251	0.65508	1.821	0.105
	大专	5254	4.6347	0.60511		
	本科	8514	4.6302	0.62305		
教学探索	高中（或中专）	758	5.0741	0.82526	8.437	0.000
	大专	5254	5.0512	0.79238		
	本科	8514	4.9736	0.79722		
职业态度	高中（或中专）	758	5.1298	0.75030	4.344	0.001
	大专	5254	5.1359	0.69467		
	本科	8514	5.0862	0.69599		
职业情感	高中（或中专）	758	5.0156	0.73543	20.442	0.000
	大专	5254	4.9753	0.72282		
	本科	8514	4.8579	0.74518		
职业追求	高中（或中专）	758	4.3495	0.59785	10.478	0.000
	大专	5254	4.3762	0.54053		
	本科	8514	4.4352	0.59604		
自我特性	高中（或中专）	758	3.6893	0.65790	13.314	0.000
	大专	5254	3.7199	0.63771		
	本科	8514	3.8042	0.68741		
人际特征	高中（或中专）	758	4.6970	0.58507	2.614	0.023
	大专	5254	4.7462	0.55179		
	本科	8514	4.7620	0.56078		

由表中数据可知，不同学历的乡村教师的各二级指标除教学实施外，均具有显著性差异。从均值看，学历为高中（或中专）的乡村教师在教育知识、学科知识、教学探索和职业情感得分最高。学历为大专的乡村教师在教学设计、教学实施和职业态度得分最高。学历为本科的乡村教师在

通识知识、职业追求、自我特性和人际特征得分最高。从而进一步说明并非学历越高，乡村教师教学胜任力水平就越高。

为进一步详细了解不同学历乡村教师在教学胜任力之间的差异，我们以学历为自变量，以胜任力总分和一级指标为因变量进行 LSD 多重比较分析。本研究将"1"表示"高中（或中专）"；"2"表示"大专"；"3"表示"本科"。

表 4-17　　不同学历乡村教师在教学胜任力总分及一级指标上的多重比较（LSD）

因变量	(J) 学历	平均差异 (I-J)	标准误	显著性	95%信赖区间 下限	95%信赖区间 上限
胜任力总分	1—2	0.00883	0.01874	0.637	−0.0279	0.0456
胜任力总分	1—3	0.01925	0.01828	0.292	−0.0166	0.0551
胜任力总分	2—3	0.01042	0.00846	0.218	−0.0062	0.0270
知识素养	1—2	0.07807*	0.02631	0.003	0.0265	0.1296
知识素养	1—3	0.07565*	0.02566	0.003	0.0253	0.1260
知识素养	2—3	−0.00242	0.01188	0.838	−0.0257	0.0209
教学能力	1—2	−0.00130	0.02486	0.958	−0.0500	0.0474
教学能力	1—3	0.04332	0.02425	0.074	−0.0042	0.0909
教学能力	2—3	0.04462*	0.01123	0.000	0.0226	0.0666
职业品格	1—2	−0.00042	0.02120	0.984	−0.0420	0.0411
职业品格	1—3	0.04498*	0.02069	0.030	0.0044	0.0855
职业品格	2—3	0.04540*	0.00957	0.000	0.0266	0.0642
个人特质	1—2	−0.04102*	0.01938	0.034	−0.0790	−0.0030
个人特质	1—3	−0.08694*	0.01891	0.000	−0.1240	−0.0499
个人特质	2—3	−0.04592*	0.00875	0.000	−0.0631	−0.0288

由表中数据可知，学历为高中（或中专）与大专，高中（或中专）与本科的乡村教师在知识素养上的 p 值小于 0.05，表明它们之间存在显著性差异。学历为大专与本科的乡村教师在教学能力上的 p 值小于 0.05，表明它们之间存在显著性差异。学历为高中（或中专）与本科、大专与本科的乡村教师在职业品格上的 p 值小于 0.05，表明它们之间存在显著性差异。学历为高中（或中专）与大专，高中（或中专）与本科、大专

与本科的乡村教师在个人特质上的 p 值小于 0.05，表明它们之间存在显著性差异。

表 4-18　第一学历性质分组乡村教师教学胜任力总分与一、二级指标差异分析

	师范类		非师范类		t	p
	M	SD	M	SD		
胜任力总分	4.4701	0.48169	4.4789	0.48596	-0.825	0.409
知识素养	3.8859	0.68418	3.9674	0.64017	-5.483	0.000
教学能力	4.8082	0.63634	4.7906	0.65922	1.252	0.211
职业品格	4.8640	0.54175	4.8523	0.56735	0.968	0.333
个人特征	4.3224	0.49965	4.3051	0.49864	1.579	0.114
教育知识	3.4831	0.86588	3.6596	0.78961	-9.419	0.000
学科知识	4.8134	0.98240	4.7883	0.99723	1.159	0.246
通识知识	3.7640	0.83277	3.7621	0.82194	0.105	0.916
教学设计	4.9451	0.71343	4.9309	0.73791	0.898	0.369
教学实施	4.6356	0.61481	4.6156	0.63555	1.470	0.142
教学探索	5.0107	0.79704	4.9930	080113	1.009	0.313
职业态度	5.1086	0.69653	5.0984	0.71027	0.664	0.507
职业情感	4.9088	0.73829	4.9061	0.74390	0.168	0.867
职业追求	4.4143	0.57626	4.3866	0.58680	2.177	0.029
自我特性	3.7709	0.67231	3.7515	0.65984	1.317	0.188
人际特征	4.7557	0.55889	4.7400	0.56162	1.278	0.201

从均值看，拥有高中（或中专）学历的乡村教师教学胜任力总分平均分得分最高，为 4.4858 分，不同学历的乡村教师教学胜任力总分均值得分情况为本科<大专<高中（或中专）。学历为高中（或中专）的乡村教师的知识素养均值得分最高，为 3.9721 分，不同学历的乡村教师知识素养均值得分情况为大专<本科<高中（或中专）。学历为大专的乡村教师的教学能力均值得分最高，4.8309 分，不同学历的乡村教师教学能力均值得分情况为本科<高中（或中专）<大专。学历为大专的乡村教师的职业品格均值得分最高，为 4.8885 分，不同学历的乡村教师职业品格均值得分情况为本科<高中（或中专）<大专。学历为本科的乡村教师的个人特质均值得分最高，为 4.3406 分，不同学历的乡村教师个人特质均值得

分情况为高中（或中专）<大专<本科。

通过对不同第一学历性质的乡村教师教学胜任力进行独立样本 T 检验后发现，第一学历是否为师范类与乡村教师在一级指标中的知识素养上的表现呈显著性相关（$t=-5.483$，$p=0.000<0.05$），而对教学胜任力总体水平及其余三个一级指标（教学能力、职业品格和个人特质）均无显著影响。从平均分来看，第一学历为师范类的乡村教师在教学能力、职业品格和人格特质上的表现优于第一学历为非师范类的乡村教师，而第一学历为非师范类的乡村教师在教学胜任力总分和知识素养上的表现优于第一学历为师范类的乡村教师。

6. 职称差异

在职称方面，本研究主要采用单因素方差分析法对比小教三级、小教二级、小教一级、小教高级和没评职称以及中教三级、中教二级、中教一级和中教高级职称的乡村教师在教学胜任力水平上的差异，得到表4-19。

表4-19　不同职称乡村教师教学胜任力总分与一级指标差异分析

	职称等级	N	平均分	显著性检验	
				F 值	p 值
胜任力总分	小教三级	435	4.2889	123.191	0.000
	小教二级	1740	4.3800		
	小教一级	3905	4.4233		
	小教高级	5464	4.5290		
	没评职称	1512	4.2693		
	中教三级	37	4.7210		
	中教二级	640	4.7057		
	中教一级	576	4.7852		
	中教高级	198	4.8410		
知识素养	小教三级	435	3.6534	363.137	0.000
	小教二级	1740	3.7193		
	小教一级	3905	3.7761		
	小教高级	5464	3.9363		
	没评职称	1512	3.5891		
	中教三级	37	4.4797		
	中教二级	640	4.5963		
	中教一级	576	4.7598		
	中教高级	198	4.8169		

续表

	职称等级	N	平均分	显著性检验	
				F 值	p 值
教学能力	小教三级	435	4.6116	61.219	0.000
	小教二级	1740	4.7048		
	小教一级	3905	4.7662		
	小教高级	5464	4.9210		
	没评职称	1512	4.5708		
	中教三级	37	4.8468		
	中教二级	640	4.8323		
	中教一级	576	4.9438		
	中教高级	198	5.0200		
职业品格	小教三级	435	4.7232	50.294	0.000
	小教二级	1740	4.8383		
	小教一级	3905	4.8685		
	小教高级	5464	4.9583		
	没评职称	1512	4.7455		
	中教三级	37	4.6881		
	中教二级	640	4.6691		
	中教一级	576	4.6813		
	中教高级	198	4.7466		
个人特质	小教三级	435	4.1675	161.863	0.000
	小教二级	1740	4.2574		
	小教一级	3905	4.2824		
	小教高级	5464	4.3003		
	没评职称	1512	4.1720		
	中教三级	37	4.8692		
	中教二级	640	4.7249		
	中教一级	576	4.7560		
	中教高级	198	4.7804		

如表 4-19 所示，教学胜任力总分 $F=123.191$，$p=0.000$；在一级指标中，知识素养 $F=363.137$，$p=0.000<0.05$；教学能力 $F=61.219$，$p=0.000<0.05$；职业品格 $F=50.294$，$p=0.000<0.05$；个人特质 $F=161.863$，$p=0.000<0.05$。该结果说明，乡村教师的职称等级显著影响其

教学胜任力水平及在一级指标上的表现。从均值看，未评职称的乡村教师胜任力水平得分低于已评职称的乡村教师，且乡村教师各自呈现出职称等级越高分数越高的趋势。在一级指标中，乡村初中教师除在职业品格方面得分低于乡村小学教师外，在知识素养、教学能力和个人特质方面得分均高于乡村小学教师。

表4-20 不同职称乡村教师在教学胜任力总分上的多重比较（LSD）

（I）职称	（J）职称	平均差异(I-J)	标准误	P值	95%信赖区间 下限	95%信赖区间 上限
小教三级	小教二级	-0.09104*	0.02492	0.000	-0.1399	-0.0422
	小教一级	-0.13436*	0.02350	0.000	-0.1804	-0.0883
	小教高级	-0.24005*	0.02316	0.000	-0.2854	-0.1946
	没评职称	0.01960	0.02530	0.439	-0.0300	0.0692
小教二级	小教三级	0.09104*	0.02492	0.000	0.0422	0.1399
	小教一级	-0.04332*	0.01340	0.001	-0.0696	-0.0171
	小教高级	-0.14901*	0.01280	0.000	-0.1741	-0.1239
	没评职称	0.11064*	0.01635	0.000	0.0786	0.1427
小教一级	小教三级	0.13436*	0.02350	0.000	0.0883	0.1804
	小教二级	0.04332*	0.01340	0.001	0.0171	0.0696
	小教高级	-0.10569*	0.00974	0.000	-0.1248	-0.0866
	没评职称	0.15396*	0.01408	0.000	0.1264	0.1816
小教高级	小教三级	0.24005*	0.02316	0.000	0.1946	0.2854
	小教二级	0.14901*	0.01280	0.000	0.1239	0.1741
	小教一级	0.10569*	0.00974	0.000	0.0866	0.1248
	没评职称	0.25965*	0.01351	0.000	0.2332	0.2861
中教三级	中教二级	0.01529	0.07862	0.846	-0.1388	0.1694
	中教一级	-0.06426	0.07886	0.415	-0.2188	0.0903
	中教高级	-0.12004	0.08328	0.149	-0.2833	0.0432
	其他	0.15078	0.09750	0.122	-0.0403	0.3419
中教二级	中教三级	-0.1529	0.07862	0.846	-0.1694	0.1388
	中教一级	-0.07956*	0.02670	0.003	-0.1319	-0.0272
	中教高级	-0.13533*	0.03781	0.000	-0.2094	-0.0612
	其他	0.13548*	0.06326	0.032	0.0115	0.2595
中教一级	中教三级	0.06426	0.07886	0.415	-0.0903	0.2188
	中教二级	0.07956*	0.02670	0.003	0.0272	0.1319
	中教高级	-0.05577	0.03830	0.145	-0.1309	0.0193
	其他	0.21504*	0.06356	0.001	0.0905	0.3396
中教高级	中教三级	0.12004	0.08328	0.149	-0.0432	0.2833
	中教二级	0.13533*	0.03781	0.000	0.0612	0.2094
	中教一级	0.05577	0.03830	0.145	-0.0193	0.1309
	其他	0.27081*	0.06896	0.000	0.1356	0.4060

为了了解拥有不同职称的乡村教师在教学胜任力水平上的差异，我们对其进行 LSD 事后多重比较分析。

如表 4-20 所示，通过组间对比发现，没评职称的乡村教师和小教三级的乡村教师教学胜任力总分对比不显著，p 值大于 0.05，而其他职称乡村教师的教学胜任力总分之间均存在显著性差异。中教三级的乡村初中教师和中教二级、中教一级、中教高级、没评职称的乡村初中教师教学胜任力总分对比不显著，p 值大于 0.05，中教一级和中教高级的乡村初中教师教学胜任力总分不存在显著差异，中教高级和没评职称的乡村初中教师教学胜任力总分对比不显著，而其他职称教师的教学胜任力总分存在显著差异。

如表 4-21 所示，没评职称的乡村教师和小教三级乡村教师在知识素养上的得分对比不显著，而拥有其他职称的乡村教师在知识素养上均存在显著差异。中教三级和中教二级、中教三级和没评职称的乡村初中教师知识素养得分差异不明显，中教一级和中教高级的乡村中学教师知识素养得分对比不显著，而拥有其他职称的乡村教师的知识素养均存在显著性差异。

表 4-21　不同职称乡村教师在知识素养上的多重比较（LSD）

（I）职称	（J）职称	平均差异（I-J）	标准误	P 值	95%信赖区间	
					下限	上限
小教三级	小教二级	-0.06588*	0.03282	0.045	-0.1302	-0.0015
	小教一级	-0.12261*	0.03095	0.000	-0.1833	-0.0620
	小教高级	-0.28286*	0.03050	0.000	-0.3426	-0.2231
	没评职称	0.06433	0.03331	0.053	-0.0010	0.1296
小教二级	小教三级	0.06588*	0.03282	0.045	0.0015	0.1302
	小教一级	-0.05673*	0.01765	0.001	-0.0913	-0.0221
	小教高级	-0.21699*	0.01685	0.000	-0.2500	-0.1840
	没评职称	0.13020*	0.02152	0.000	0.0880	0.1724
小教一级	小教三级	0.12261*	0.03095	0.000	0.0620	0.1833
	小教二级	0.05673*	0.01765	0.001	0.0221	0.0913
	小教高级	-0.16025*	0.01283	0.000	-0.1854	-0.1351
	没评职称	0.18694*	0.01854	0.000	0.1506	0.2233

续表

（I）职称	（J）职称	平均差异（I-J）	标准误	P 值	95%信赖区间	
					下限	上限
小教高级	小教三级	0.28286*	0.03050	0.000	0.2231	0.3426
	小教二级	0.21699*	0.01685	0.000	0.1840	0.2500
	小教一级	0.16025*	0.01283	0.000	0.1351	0.1854
	没评职称	0.34719*	0.01779	0.000	0.3123	0.3821
中教三级	中教二级	-0.11656	0.10352	0.260	-0.3195	0.0863
	中教一级	-0.28004*	0.10383	0.007	-0.4836	-0.0765
	中教高级	-0.33719*	0.10965	0.002	-0.5521	-0.1223
	其他	0.10261	0.12838	0.424	-0.1490	0.3543
中教二级	中教三级	0.11656	0.10352	0.260	-0.0863	0.3195
	中教一级	-0.16348*	0.03516	0.000	-0.2324	-0.0946
	中教高级	-0.22063*	0.04979	0.000	-0.3182	-0.1230
	其他	0.21917*	0.08330	0.009	0.0559	0.3824
中教一级	中教三级	0.28004*	0.10383	0.007	0.0765	0.4836
	中教二级	0.16348*	0.03516	0.000	0.0946	0.2324
	中教高级	-0.05715	0.05043	0.257	-0.1560	0.0417
	其他	0.38265*	0.08369	0.000	0.2186	0.5467
中教高级	中教三级	0.33719*	0.10965	0.002	0.1223	0.5521
	中教二级	0.22063*	0.04979	0.000	0.1230	0.3182
	中教一级	0.05715	0.05043	0.257	-0.0417	0.1560
	其他	0.43980*	0.09081	0.000	0.2618	0.6178

如表4-22所示，没评职称的乡村教师和小教三级的乡村教师教学能力得分对比不显著，而拥有其他职称的乡村教师的教学能力均存在显著差异。中教三级和中教二级、中教三级和中教一级、中教三级和中教高级、中教三级和没评职称的乡村初中教师教学能力得分差异不明显，中教二级和没评职称的乡村初中教师教学能力得分对比不显著，中教一级与中教高级的乡村初中教师教学能力得分差异也不明显，而拥有其他职称的乡村教师的教学能力均存在显著差异。

表 4-22　不同职称乡村教师在教学能力上的多重比较（LSD）

（I）职称	（J）职称	平均差异（I-J）	标准误	P值	95%信赖区间 下限	95%信赖区间 上限
小教三级	小教二级	-0.09325*	0.03369	0.006	-0.1593	-0.0272
	小教一级	-0.15459*	0.03177	0.000	-0.2169	-0.0923
	小教高级	-0.30941*	0.03131	0.000	-0.3708	-0.2480
	没评职称	0.04081	0.03419	0.233	-0.0262	0.1078
小教二级	小教三级	0.09325*	0.03369	0.006	0.0272	0.1593
	小教一级	-0.06134*	0.01811	0.001	-0.0968	-0.0258
	小教高级	-0.21615*	0.01730	0.000	-0.2501	-0.1822
	没评职称	0.13406*	0.02210	0.000	0.0908	0.1774
小教一级	小教三级	0.15459*	0.03177	0.000	0.0923	0.2169
	小教二级	0.06134*	0.01811	0.001	0.0258	0.0968
	小教高级	-0.15482*	0.01317	0.000	-0.1806	-0.1290
	没评职称	0.19540*	0.01904	0.000	0.1581	0.2327
小教高级	小教三级	0.30941*	0.03131	0.000	0.2480	0.3708
	小教二级	0.21615*	0.01730	0.000	0.1822	0.2501
	小教一级	0.15482*	0.01317	0.000	0.1290	0.1806
	没评职称	0.35022*	0.01826	0.000	0.3144	0.3860
中教三级	中教二级	0.01450	0.10626	0.891	-0.1938	0.2228
	中教一级	-0.09695	0.10658	0.363	-0.3059	0.1120
	中教高级	-0.17317	0.11256	0.124	-0.3938	0.0475
	其他	0.15319	0.13179	0.245	-0.1051	0.4115
中教二级	中教三级	-0.01450	0.10626	0.891	-0.2228	0.1938
	中教一级	-0.11145*	0.03609	0.002	-0.1822	-0.0407
	中教高级	-0.18767*	0.05111	0.000	-0.2878	-0.0875
	其他	0.13869	0.08551	0.105	-0.0289	0.3063
中教一级	中教三级	0.9695	0.10658	0.363	-0.1120	0.3059
	中教二级	0.11145*	0.03609	0.002	0.0407	0.1822
	中教高级	-0.07621	0.05177	0.141	-0.1777	0.0253
	其他	0.25014*	0.08591	0.004	0.0818	0.4185
中教高级	中教三级	0.17317	0.11256	0.124	-0.0475	0.3938
	中教二级	0.18767*	0.05111	0.000	0.0875	0.2878
	中教一级	0.07621	0.05177	0.141	-0.0253	0.1777
	其他	0.32636*	0.09321	0.000	0.1436	0.5091

如表 4-23 所示，没评职称的乡村小学教师和小教三级的乡村小学教师职业品格得分对比不显著，而拥有其他职称的乡村教师的职业品格均存在显著差异。没评职称的乡村初中教师以及各级职称的乡村初中教师的职业品格之间均不存在显著性差异。

表 4-23　不同职称乡村教师在职业品格上的多重比较（LSD）

（I）职称	（J）职称	平均差异（I-J）	标准误	P 值	95%信赖区间	
					下限	上限
小教三级	小教二级	-0.11511*	0.02884	0.000	-0.1716	-0.0586
	小教一级	-0.14534*	0.02719	0.000	-0.1986	-0.0920
	小教高级	-0.23512*	0.02680	0.000	-0.2877	-0.1826
	没评职称	-0.02233	0.02927	0.446	-0.0797	0.0350
小教二级	小教三级	0.11511*	0.02884	0.000	0.0586	0.1716
	小教一级	-0.03023	0.01551	0.051	-0.0606	0.0002
	小教高级	-0.12000*	0.01481	0.000	-0.1490	-0.0910
	没评职称	0.09278*	0.01891	0.000	0.0557	0.1299
小教一级	小教三级	0.14534*	0.02719	0.000	0.0920	0.1986
	小教二级	0.03023	0.01551	0.051	-0.0002	0.0606
	小教高级	-0.08977*	0.01127	0.000	-0.1119	-0.0677
	没评职称	0.12302*	0.01630	0.000	0.0911	0.1550
小教高级	小教三级	0.23512*	0.02680	0.000	0.1826	0.2877
	小教二级	0.12000*	0.01481	0.000	0.0910	0.1490
	小教一级	0.08977*	0.01127	0.000	0.0677	0.1119
	没评职称	0.21279*	0.01563	0.000	0.1821	0.2434
中教三级	中教二级	0.01899	0.09097	0.835	-0.1593	0.1973
	中教一级	-0.0678	0.09124	0.941	-0.1721	0.1856
	中教高级	-0.05857	0.09636	0.543	-0.2474	0.1303
	其他	0.08354	0.11282	0.459	-0.1376	0.3047
中教二级	中教三级	-0.01899	0.09097	0.835	-0.1973	0.1593
	中教一级	-0.01220	0.03090	0.693	-0.0728	0.0484
	中教高级	-0.07756	0.04375	0.076	-0.1633	0.0082
	其他	0.06456	0.07320	0.378	-0.0789	0.2080
中教一级	中教三级	0.00678	0.09124	0.941	-0.1856	0.1721
	中教二级	0.01220	0.03090	0.693	-0.0484	0.0728
	中教高级	-0.06535	0.04432	0.140	-0.1522	0.0215
	其他	0.07676	0.07354	0.297	-0.0674	0.2209
中教高级	中教三级	0.05857	0.09636	0.543	-0.1303	0.2474
	中教二级	0.07756	0.04375	0.076	-0.0082	0.1633
	中教一级	0.06535	0.04432	0.140	-0.0215	0.1522
	其他	0.14211	0.07980	0.075	-0.0143	0.2985

表 4-24　不同职称乡村教师在个人特质上的多重比较（LSD）

（I）职称	（J）职称	平均差异（I-J）	标准误	P值	95%信赖区间 下限	95%信赖区间 上限
小教三级	小教二级	-0.08991*	0.02552	0.000	-0.1399	-0.0399
	小教一级	-0.11489*	0.02406	0.000	-0.1620	-0.0677
	小教高级	-0.13280*	0.02371	0.000	-0.1793	-0.0863
	没评职称	-0.00442	0.02590	0.865	-0.0552	0.0463
小教二级	小教三级	0.08991*	0.02552	0.000	0.0399	0.1399
	小教一级	-0.02498	0.01372	0.069	-0.0519	0.0019
	小教高级	-0.04290*	0.01310	0.001	-0.0686	-0.0172
	没评职称	0.08549*	0.01674	0.000	0.0527	0.1183
小教一级	小教三级	0.11489*	0.02406	0.000	0.0677	0.1620
	小教二级	0.02498	0.01372	0.069	-0.0019	0.0519
	小教高级	-0.01792	0.00997	0.072	-0.0375	0.0016
	没评职称	0.11047*	0.01442	0.000	0.0822	0.1387
小教高级	小教三级	0.13280*	0.02371	0.000	0.0863	0.1793
	小教二级	0.04290*	0.01310	0.001	0.0172	0.0686
	小教一级	0.01792	0.00997	0.072	-0.0016	0.0375
	没评职称	0.12839*	0.01383	0.000	0.1013	0.1555
中教三级	中教二级	0.14425	0.08048	0.073	-0.0135	0.3020
	中教一级	0.11315	0.08073	0.161	-0.0451	0.2714
	中教高级	0.08879	0.08525	0.298	-0.0783	0.2559
	其他	0.26377*	0.09982	0.008	0.0681	0.4594
中教二级	中教三级	-0.14425	0.08048	0.073	-0.3020	0.0135
	中教一级	-0.03110	0.02734	0.255	-0.0847	0.0225
	中教高级	-0.05547	0.03871	0.152	-0.1313	0.0204
	其他	0.11951	0.06476	0.065	-0.0074	0.2465
中教一级	中教三级	-0.11315	0.08073	0.161	-0.2714	0.0451
	中教二级	0.03110	0.02734	0.255	-0.0225	0.0847
	中教高级	-0.02436	0.03921	0.534	-0.1012	0.0525
	其他	0.15062*	0.06507	0.021	0.0231	0.2782
中教高级	中教三级	-0.08879	0.08525	0.298	-0.2559	0.0783
	中教二级	0.05547	0.03871	0.152	-0.0204	0.1313
	中教一级	0.02436	0.03921	0.534	-0.0525	0.1012
	其他	0.17498*	0.07060	0.013	0.0366	0.3134

如表4-24所示,通过组间对比发现,没评职称的乡村小学教师和小教三级乡村小学教师个人特质得分对比不显著,小教一级和小教二级、小教一级和小教高级的乡村小学教师个人特质得分差异不明显,而拥有其他职称的乡村教师的个人特质均存在显著差异。没评职称的乡村中学教师与中教三级的乡村中学教师、没评职称的乡村中学教师和中教二级的乡村中学教师、没评职称的乡村中学教师和拥有中教高级乡村中学教师个人特质得分存在显著性差异,而拥有其他职称的乡村教师的个人特质差异不明显。

7. 任教情况差异

(1) 任教主要课程差异

由于此次调查的乡村教师大部分为语文、数学和英语教师,因此本研究仅对担任这三门课程的乡村教师进行分析。通过对任教不同课程的乡村教师的教学胜任力总分及各一级指标上的得分进行单因素分析后发现,不同学科乡村教师在教学胜任力水平及一级胜任力特征上均具有统计学意义上的显著差异,如表4-25所示,胜任力总分$F=8.358$,$p=0.000<0.05$;知识素养$F=40.149$,$p=0.000<0.05$;教学能力$F=4.448$,$p=0.000<0.05$;职业品格$F=10.044$,$p=0.000<0.05$;个人特质$F=17.331$,$p=0.000<0.05$。从均值看,数学教师的教学胜任力总分平均分最高,为4.4847分,其次为英语教师和语文教师。

表4-25 不同学科乡村教师教学胜任力总分与一级指标得分差异分析

	任教课程	N	平均分	显著性检验	
				F值	p值
胜任力总分	语文	6898	4.4485	8.358	0.000
	数学	5323	4.4847		
	英语	1168	4.4639		
知识素养	语文	6898	3.8298	40.149	0.000
	数学	5323	3.8989		
	英语	1168	3.9943		
教学能力	语文	6898	4.7908	4.448	0.000
	数学	5323	4.8467		
	英语	1168	4.7175		
职业品格	语文	6898	4.8790	10.044	0.000
	数学	5323	4.8898		
	英语	1168	4.7499		
个人特质	语文	6898	4.2946	17.331	0.000
	数学	5323	4.3033		
	英语	1168	4.3939		

(2) 周课时量差异

通过对不同周课时量的乡村教师教学胜任力总分及一级指标上的得分进行单因素分析发现，不同周课时量的乡村教师在教学胜任力水平及一级胜任力特征上均具有统计学意义上的显著差异，如表4-26所示。胜任力总分 $F=25.589$，$p=0.000<0.05$；知识素养 $F=82.390$，$p=0.000<0.05$；教学能力 $F=8.396$，$p=0.000<0.05$；职业品格 $F=4.567$，$p=0.003<0.05$；个人特质 $F=31.604$，$p=0.000<0.05$。从均值看，周课时量在10节及以下的乡村教师教学胜任力水平最高，为4.5117分。随着课时量的增加，其教学胜任力水平下降，周课时量在21节及以上的乡村教师胜任力总分平均分最低，为4.4177分。在一级指标中，知识素养平均分和个人特质平均分也呈现此规律。

表4-26　　不同周课时量乡村教师教学胜任力总分与一级指标得分差异分析

	周课时量	N	平均分	显著性检验	
				F 值	p 值
胜任力总分	10节及以下	928	4.5117	25.589	0.000
	11—15节	6123	4.5054		
	16—20节	5492	4.4467		
	21节及以上	2030	4.4177		
知识素养	10节及以下	928	4.0726	82.390	0.000
	11—15节	6123	3.9697		
	16—20节	5492	3.8406		
	21节及以上	2030	3.7692		
教学能力	10节及以下	928	4.7977	8.396	0.000
	11—15节	6123	4.8327		
	16—20节	5492	4.7934		
	21节及以上	2030	4.7563		
职业品格	10节及以下	928	4.7999	4.567	0.003
	11—15节	6123	4.8611		
	16—20节	5492	4.8704		
	21节及以上	2030	4.8696		
个人特质	10节及以下	928	4.3767	31.604	0.000
	11—15节	6123	4.3580		
	16—20节	5492	4.2825		
	21节及以上	2030	4.2759		

（3）任班主任状况差异

为清楚地了解乡村教师任班主任状况对其教学胜任力水平是否有影响，我们采用独立样本 T 检验对其进行处理。如表4-27所示：乡村教师任班主任状况与教学胜任力水平存在显著性差异（$t=-3.554$，$p=0.000<0.05$）。在一级指标中，知识素养 $t=-9.500$，$p=0.000<0.05$；教学能力 $t=-0.008$，$p=0.994>0.05$；职业品格 $t=3.224$，$p=0.001<0.05$；个人特质 $t=-4.409$，$p=0.000<0.05$。该结果说明，除教学能力外，乡村教师任班主任状况显著影响其在知识素养、职业品格和个人特质方面的表现。从均值看，担任班主任的乡村教师教学胜任力总分平均分得分为4.4603，低于未担任班主任的乡村教师所得分，未担任班主任的乡村教师在知识素养和个人特质方面的得分都高于担任班主任的乡村教师。

表4-27　是否担任班主任的乡村教师教学胜任力总分与一、二级指标得分差异分析

	担任班主任		未担任班主任		t	p
	M	SD	M	SD		
胜任力总分	4.4603	0.47788	4.4894	0.48845	-3.554	0.000
知识素养	3.8573	0.66913	3.9662	0.68507	-9.500	0.000
教学能力	4.8053	0.64008	4.8052	0.64019	0.008	0.994
职业品格	4.8738	0.54158	4.8439	0.55184	3.224	0.001
个人特征	4.3050	0.48574	4.3423	0.51872	-4.409	0.000
教育知识	3.4452	0.82353	4.7924	0.99744	-12.049	0.000
学科知识	4.7924	0.99744	4.8348	0.96477	-2.531	0.011
通识知识	3.7461	0.82874	3.7912	0.83353	-3.195	0.001
教学设计	4.9537	0.71933	4.9253	0.71480	2.331	0.020
教学实施	4.6229	0.61751	4.6467	0.61865	-2.266	0.023
教学探索	5.0122	0.79799	5.0010	0.79617	0.825	0.409
职业态度	5.1184	0.69751	5.0893	0.69919	2.453	0.014
职业情感	4.9425	0.72300	4.8553	0.76035	6.962	0.000
职业追求	4.3808	0.55371	4.4546	0.61078	-7.532	0.000
自我特性	3.7352	0.65010	3.8185	0.69729	-7.337	0.000
人际特征	4.7527	0.55396	4.7539	0.56670	-0.128	0.898

在二级指标中，除教学探索和人际特征外，乡村教师任班主任状况与其他9个二级指标特征呈现出显著相关性。其中教育知识 $t=-12.049$，$p=0.000<0.05$；学科知识 $t=-2.531$，$p=0.011<0.05$；通识知识 $t=-3.195$，$p=0.001<0.05$；教学设计 $t=2.331$，$p=0.020<0.05$；教学实施 $t=-2.266$，$p=0.023<0.05$；职业态度 $t=2.453$，$p=0.014<0.05$；职业情感 $t=6.962$，$p=0.000<0.05$；职业追求 $t=-7.532$，$p=0.000<0.05$；自我特性 $t=-7.337$，$p=0.000<0.05$。

8. 获表彰情况差异

获得各级表彰是乡村教师素质的重要体现，以乡村教师获得的不同级别的表彰为因子，以乡村教师的教学胜任力总分及各一级指标得分为检验变量做单因素分析，如表4-28所示。结果表明，乡村教师在教学胜任力总分及各一级指标得分上均产生显著性差异，p值均为 $0.000<0.05$。就均值而言，未获得任何表彰的乡村教师在教学胜任力总分及各一级指标平均分所得分数为最低。总体而言，乡村教师受到的表彰级别越高，其在一级指标特征上的表现越好，获得省级或国家级表彰的乡村教师，在一级指标特征上平均分得分均高于获得校级、县（区）级和市级表彰的乡村教师。

表4-28　　　　　不同表彰级别乡村教师教学胜任力
总分与一级指标得分差异分析

	表彰类型	N	平均分	显著性检验	
				F值	p值
胜任力总分	无	2716	4.2983	147.718	0.000
	校级表彰	3078	4.4319		
	县（区）级表彰	4767	4.4927		
	市级表彰	2157	4.5325		
	省级表彰	844	4.5744		
	国家级表彰	296	4.5691		
	多种表彰	708	4.8203		
知识素养	无	2716	3.6953	259.061	0.000
	校级表彰	3078	3.8641		
	县（区）级表彰	4767	3.8891		
	市级表彰	2157	3.9261		
	省级表彰	844	3.9468		
	国家级表彰	296	3.9307		
	多种表彰	708	4.7595		

续表

	表彰类型	N	平均分	显著性检验	
				F 值	p 值
教学能力	无	2716	4.5698	108.062	0.000
	校级表彰	3078	4.7538		
	县（区）级表彰	4767	4.8536		
	市级表彰	2157	4.9206		
	省级表彰	844	4.9759		
	国家级表彰	296	4.9754		
	多种表彰	708	4.9845		
职业品格	无	2716	4.7060	84.682	0.000
	校级表彰	3078	4.8210		
	县（区）级表彰	4767	4.9172		
	市级表彰	2157	4.9587		
	省级表彰	844	5.0097		
	国家级表彰	296	5.0393		
	多种表彰	708	4.7282		
个人特质	无	2716	4.2220	141.935	0.000
	校级表彰	3078	4.2886		
	县（区）级表彰	4767	4.3111		
	市级表彰	2157	4.3244		
	省级表彰	844	4.3652		
	国家级表彰	296	4.3311		
	多种表彰	708	4.8090		

第三节 乡村教师教学胜任力的影响因素

上一节阐述的是江西省乡村教师教学胜任力的现状，并从不同角度分析了乡村教师教学胜任力的差异，对乡村小学教师和乡村初中教师的教学胜任力水平进行了比较分析。本节拟对乡村教师教学胜任力的影响因素进行系统的分析，主要围绕教研组织、教师培训、文献阅读、教学借鉴、教学研究和教学压力六个方面探讨对乡村教师教学胜任力的影响。

一 教研组织

(一) 教研组织及其活动开展与参与情况

通过对乡村教师所在学校的教研组织情况进行统计,得出图4-1。图中数据表明,14068位乡村教师所在学校设立了教研组织,504位乡村教师所在学校未设立教研组织。其中,4619位乡村教师所在学校有教研组织但只偶尔开展活动;9048位乡村教师所在学校有教研组织且经常开展活动;401位乡村教师所在学校有教研组织但从未开展活动。

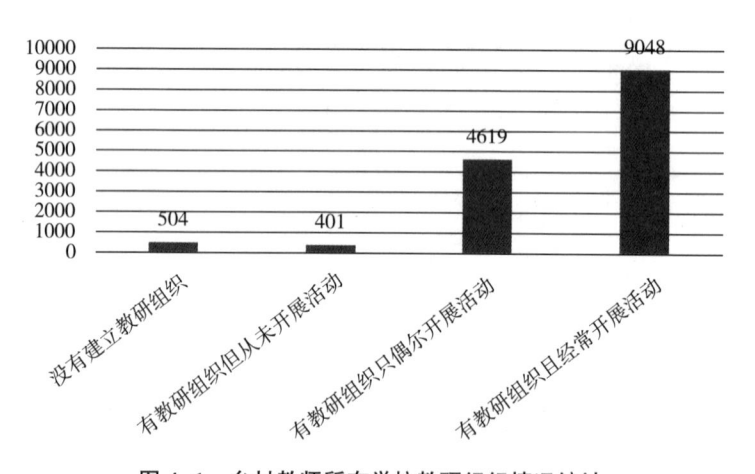

图4-1 乡村教师所在学校教研组织情况统计

自变量为乡村学校教研组织情况,因变量为教学胜任力总分和各一级指标,分析得出表4-29。结果表明,乡村教师所在学校的教学组织情况与其教学胜任力水平及各一级指标均呈现出显著相关性,P值均为0.000。在此次调查的四种教研组织中,未建立教研组织的乡村学校,其乡村教师胜任力总分平均分最低,为4.1839分,建立了教研组织且经常开展活动的乡村学校,其教学胜任力总分平均分最高,为4.5609分。在各一级指标中,知识素养、教学能力和个人特质也符合以上规律,职业品格从总体上看也具有这个特点。该结果说明,乡村学校建立教学组织并且多开展相关活动,有利于提升乡村教师的教学胜任力水平。

表 4-29　不同教研组织开展情况乡村教师教学胜任力总分及各一级指标得分差异分析

	教研组织情况	平均分	显著性检验	
			F 值	p 值
胜任力总分	没建立教研组织	4.1839	322.890	0.000
	有，但未开展活动	4.1905		
	有，偶尔开展活动	4.3521		
	有，经常开展活动	4.5609		
知识素养	没建立教研组织	3.6312	83.520	0.000
	有，但未开展活动	3.7397		
	有，偶尔开展活动	3.8187		
	有，经常开展活动	3.9629		
教学能力	没建立教研组织	4.3833	439.693	0.000
	有，但未开展活动	4.3916		
	有，偶尔开展活动	4.6162		
	有，经常开展活动	4.9434		
职业品格	没建立教研组织	4.5637	362.800	0.000
	有，但未开展活动	4.4590		
	有，偶尔开展活动	4.7218		
	有，经常开展活动	4.9679		
个人特质	没建立教研组织	4.1576	89.175	0.000
	有，但未开展活动	4.1718		
	有，偶尔开展活动	4.2519		
	有，经常开展活动	4.3693		

在二级指标中，乡村教师所在学校的教学组织情况与 11 个二级指标特征也呈现出显著相关性。

为了更深入研究，我们对其进行了 LSD 事后多重比较。本研究将"1"表示"没建立教研组织"；"2"表示"有教研组织但未开展活动"；"3"表示"有教研组织偶尔开展活动"；"4"表示"有教研组织经常开展活动"。

由表 4-30 数据可知，组间对比 1-3、1-4、2-3、2-4、3-4 的乡村学校教师教学胜任力总分 p 值小于 0.05，表明他们之间存在显著差异。

表 4-30　不同教研组织活动开展情况在胜任力总分及各一级指标上的多重比较（LSD）

因变量	教研组织活动情况	平均差异（I-J）	标准误	显著性	95%置信区间 下限	95%置信区间 上限
胜任力总分	1—2	-0.00657	0.03126	0.834	-0.0679	0.0547
	1—3	-0.16820*	0.02192	0.000	-0.2112	-0.1252
	1—4	-0.37695*	0.02138	0.000	-0.4189	-0.3350
	2—3	-0.16163*	0.02432	0.000	-0.2093	-0.1140
	2—4	-0.37038*	0.02384	0.000	-0.4171	-0.3236
	3—4	-0.20875*	0.00845	0.000	-0.2253	-0.1922
知识素养	1—2	-0.10851*	0.04495	0.016	-0.1966	-0.0204
	1—3	-0.18754*	0.03151	0.000	-0.2493	-0.1258
	1—4	-0.33173*	0.03074	0.000	-0.3920	-0.2715
	2—3	-0.07902*	0.03497	0.024	-0.1476	-0.0105
	2—4	-0.22322*	0.03428	0.000	-0.2904	-0.1560
	3—4	-0.14420*	0.01215	0.000	-0.1680	-0.1204
教学能力	1—2	-0.00831	0.04104	0.840	-0.0888	0.0721
	1—3	-0.23285*	0.02877	0.000	-0.2892	-0.1765
	1—4	-0.56008*	0.02807	0.000	-0.6151	-0.5051
	2—3	-0.22454*	0.03193	0.000	-0.2871	-0.1620
	2—4	-0.55177*	0.03130	0.000	-0.6131	-0.4904
	3—4	-0.32723*	0.01109	0.000	-0.3490	-0.3055
职业品格	1—2	0.10470*	0.03527	0.003	0.0356	0.1738
	1—3	-0.15814*	0.02472	0.000	-0.2066	-0.1097
	1—4	-0.40426*	0.02412	0.000	-0.4515	-0.3570
	2—3	-0.26284*	0.02744	0.000	-0.3166	-0.2091
	2—4	-0.50896*	0.02689	0.000	-0.5617	-0.4562
	3—4	-0.24612*	0.00953	0.000	-0.2648	-0.2274
个人特质	1—2	-0.01415	0.03313	0.669	-0.0791	0.0508
	1—3	-0.09426*	0.02322	0.000	-0.1398	-0.0487
	1—4	-0.21173*	0.02266	0.000	-0.2561	-0.1673
	2—3	-0.08011*	0.02577	0.002	-0.1306	-0.0296
	2—4	-0.19758*	0.02526	0.000	-0.2471	-0.1481
	3—4	-0.11746*	0.00895	0.000	-0.1350	-0.0999

组间对比 1-2、1-3、1-4、2-3、2-4、3-4 的乡村学校教师在知识素养上 p 值小于 0.05，表明他们之间存在显著差异。有教研组织且经常开展活动的乡村学校教师在知识素养上的得分最高，处于不同乡村学校教研组织活动开展情况的乡村教师在知识素养上的均值得分情况为没建立教研组织<有教研组织但未开展活动<有教研组织偶尔开展活动<有教研组织经常开展活动。

组间对比 1-3、1-4、2-3、2-4、3-4 的乡村学校在教师教学能力上 p 值小于 0.05，表明他们之间存在显著差异。有教研组织且经常开展活动的乡村学校教师在教学能力上的得分最高，处于不同乡村学校教研组织活动开展情况的乡村教师在教学能力上的均值得分情况为没建立教研组织<有教研组织但未开展活动<有教研组织偶尔开展活动<有教研组织经常开展活动。

组间对比 1-2、1-3、1-4、2-3、2-4、3-4 的乡村学校教师在职业品格上 p 值小于 0.05，表明他们之间存在显著差异。有教研组织且经常开展活动的乡村学校教师在职业品格上的得分最高，处于不同乡村学校教研组织活动开展情况的乡村教师在职业品格上的均值得分情况为有教研组织但未开展活动<没建立教研组织<有教研组织偶尔开展活动<有教研组织经常开展活动。1-3、1-4、2-3、2-4、3-4 的乡村学校教师个人特质 p 值小于 0.05，表明他们之间存在显著差异。有教研组织且经常开展活动的乡村学校教师在个人特质上的得分最高，处于不同乡村学校教研组织活动开展情况的乡村教师在个人特质上的均值得分情况为没建立教研组织<有教研组织但未开展活动<有教研组织偶尔开展活动<有教研组织经常开展活动。

通过对乡村教师所在学校的教研活动参与情况进行统计，得出图 4-2。图中数据表明，3804 位乡村教师参加教研活动较多，7579 位乡村教师经常参加教研活动，二者占 78.2%。从不参加教研活动和参加教研活动较少的乡村教师共计 2595 人，二者占 17.8%。由此可知，大部分乡村教师较多地参加了乡村学校开展的教研活动。

以教研活动参与情况为因子，以不同参与程度的乡村教师教学胜任力总分和各项一级指标为检验变量做单因素分析，得出表 4-31。结果表明，乡村教师的教研活动参与情况与其教学胜任力水平及各一级指标特征呈现显著性差异，P 值均为 0.000。从平均分看，无论是教学胜任力总分还是各项一级指标得分，由高到低排序均依次为经常参加教研活动、参加较多

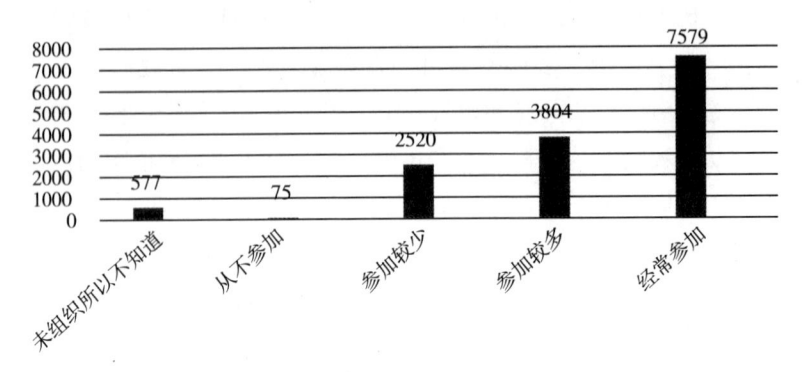

```
8000 ┤                                                    7579
7000 ┤
6000 ┤
5000 ┤
4000 ┤                                         3804
3000 ┤                            2520
2000 ┤
1000 ┤   577         75
   0 ┤
     未组织所以不知道  从不参加   参加较少   参加较多   经常参加
```

图 4-2　教研组织活动参与情况统计

教研活动、参加较少教研活动和从不参加教研活动。由此可知，参加乡村学校组织的教研活动有利于提升乡村教师的教学胜任力水平。

表 4-31　不同教研活动参与情况乡村教师教学胜任力总分及各一级指标得分差异分析

	教研活动参与情况	平均分	显著性检验	
			F 值	p 值
胜任力总分	从不参加	4.0699	340.033	0.000
	参加较少	4.2749		
	参加较多	4.4126		
	经常参加	4.5938		
知识素养	从不参加	3.5517	112.926	0.000
	参加较少	3.7377		
	参加较多	3.8815		
	经常参加	3.9902		
教学能力	从不参加	4.2523	426.863	0.000
	参加较少	4.5104		
	参加较多	4.7170		
	经常参加	4.9864		
职业品格	从不参加	4.3994	332.584	0.000
	参加较少	4.6448		
	参加较多	4.7758		
	经常参加	5.0046		
个人特质	从不参加	4.0763	107.304	0.000
	参加较少	4.2070		
	参加较多	4.2761		
	经常参加	4.3941		

在二级指标中,除自我特性外,乡村教师的教研活动参与情况也影响其在其他10个二级指标上的表现。

为进一步了解乡村教师参与教研活动对其在教学胜任力及各一级指标上的差异,我们对其进行了LSD事后多重比较。本研究将"1"表示"从不参加";"2"表示"参加较少";"3"表示"参加较多";"4"表示"经常参加"。

表4-32　　　　不同教研活动参与情况在胜任力总分及各一级指标上的多重比较(LSD)

因变量	教研活动参与情况	平均差异(I-J)	标准误	显著性	95%信赖区间	
					下限	上限
胜任力总分	1—2	-0.20502*	0.05406	0.000	-0.3110	-0.0990
	1—3	-0.34268*	0.05380	0.000	-0.4481	-0.2372
	1—4	-0.52388*	0.05354	0.000	-0.6288	-0.4189
	2—3	-0.13767*	0.01185	0.000	-0.1609	-0.1144
	2—4	-0.31886*	0.01061	0.000	-0.3397	-0.2981
	3—4	-0.18119*	0.00917	0.000	-0.1992	-0.1632
知识素养	1—2	-0.18603*	0.07814	0.017	-0.3392	-0.0329
	1—3	-0.32987*	0.07776	0.000	-0.4823	-0.1775
	1—4	-0.43854*	0.07738	0.000	-0.5902	-0.2869
	2—3	-0.14384*	0.01713	0.000	-0.1774	-0.1103
	2—4	-0.25250*	0.01533	0.000	-0.2826	-0.2224
	3—4	-0.10866*	0.01325	0.000	-0.1346	-0.0827
教学能力	1—2	-0.25803*	0.07097	0.000	-0.3971	-0.1189
	1—3	-0.46465*	0.07062	0.000	-0.6031	-0.3262
	1—4	-0.73407*	0.07028	0.000	-0.8718	-0.5963
	2—3	-0.20662*	0.01556	0.000	-0.2371	-0.1761
	2—4	-0.47604*	0.01393	0.000	-0.5033	-0.4487
	3—4	-0.26942*	0.01203	0.000	-0.2930	-0.2458
职业品格	1—2	-0.24531*	0.06125	0.000	-0.3654	-0.1253
	1—3	-0.37638*	0.06095	0.000	-0.4959	-0.2569
	1—4	-0.60511*	0.06066	0.000	-0.7240	-0.4862
	2—3	-0.13107*	0.01343	0.000	-0.1574	-0.1048
	2—4	-0.35980*	0.01202	0.000	-0.3834	-0.3362
	3—4	-0.22873*	0.01039	0.000	-0.2491	-0.2084
个人特质	1—2	-0.13069*	0.05770	0.024	-0.2438	-0.0176
	1—3	-0.19983*	0.05742	0.001	-0.3124	-0.0873
	1—4	-0.31779*	0.05714	0.000	-0.4298	-0.2058
	2—3	-0.06915*	0.01265	0.000	-0.0939	-0.0444
	2—4	-0.18710*	0.01132	0.000	-0.2093	-0.1649
	3—4	-0.11796*	0.00978	0.000	-0.1371	-0.0988

由表 4-32 数据可知，参加教研活动情况为从不参加与参加较少、从不参加与参加较多、从不参加与经常参加、参加较少与参加较多、参加较少与经常参加、参加较多与经常参加的乡村教师教学胜任力总分 p 值均小于 0.05，表明他们之间存在显著性差异。经常参加教研活动的乡村教师教学胜任力总分平均分得分最高，为 4.5938 分，处于不同乡村学校教研组织活动参与情况的乡村教师在教学胜任力总分上的均值得分情况为从不参加<参加较少<参加较多<经常参加。乡村教师参与教研活动情况在各一级指标（知识素养、教学能力、职业品格和个人特质）上的多重比较，及在各一级指标上的得分情况都符合以上规律，说明乡村教师多参与乡村学校组织的教研活动有利于其教学胜任力的发展。

（二）对教研组织活动的评价

通过对乡村教师所在教研组的教研活动评价情况进行统计，得出图 4-3。其中，7920 位乡村教师认为参加教研活动的效果较好，3078 位乡村教师认为参加教研活动的效果显著，二者占 75.5%，20.5% 的乡村教师认为参加教研活动没有效果或效果较小。

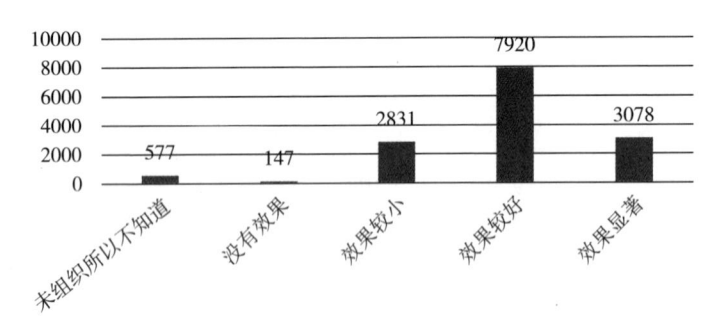

图 4-3　教研组织活动评价情况统计

以乡村教师对教研活动的评价情况为因子，以教学胜任力总分及各一级指标为检验变量做单因素分析，得出表 4-33。结果表明，乡村教师对教研活动的评价直接影响其在教学胜任力总分和各一级指标上的得分。认为参加教研活动没有效果的乡村教师教学胜任力总分平均分最低，为 4.2846 分，认为参加教研活动效果显著的乡村教师教学胜任力总分平均分最高，为 4.7254。教学胜任力总分平均分排在第 2、3 位的是认为参加教研活动效果较好和参加教研活动效果较小的乡村教师。该规律同样适用于乡村教师教学胜任力的各一级指标特征上。

表 4-33　　不同教研活动评价乡村教师教学胜任力总分及
各一级指标得分差异分析

	教研活动评价	平均分	显著性检验	
			F 值	p 值
胜任力总分	没有效果	4.2846	334.673	0.000
	效果较小	4.2915		
	效果较好	4.4631		
	效果显著	4.7254		
知识素养	没有效果	3.8486	103.016	0.000
	效果较小	3.7752		
	效果较好	3.8914		
	效果显著	4.0980		
教学能力	没有效果	4.4903	457.634	0.000
	效果较小	4.5215		
	效果较好	4.7942		
	效果显著	5.1924		
职业品格	没有效果	4.5286	346.842	0.000
	效果较小	4.6317		
	效果较好	4.8613		
	效果显著	5.1466		
个人特质	没有效果	4.2710	86.094	0.000
	效果较小	4.2375		
	效果较好	4.3056		
	效果显著	4.4647		

在二级指标中，乡村教师对教研活动的评价情况也影响其在 11 个二级指标上的表现。

二　教师培训

（一）教师培训的开展及参与情况

通过对乡村教师所在学校教师培训情况进行统计，得出图 4-4。结果表明，423 位乡村教师所在学校未对其开展培训，4554 位乡村教师所在学校对其培训较少。开展较多和经常开展培训的教师人数共计9595人，占比65.8%。

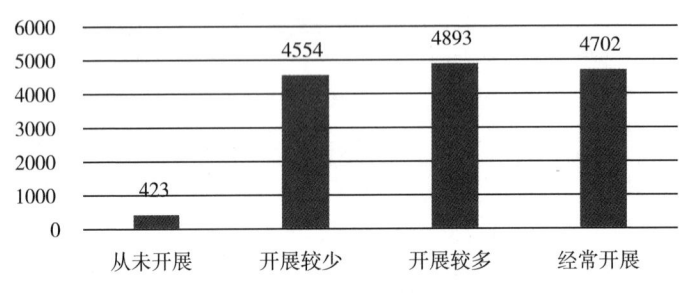

图4-4 教师培训开展情况统计

以乡村教师所在学校教师培训开展情况为因子，以教学胜任力总分及各一级指标为检验变量做单因素分析，得出表4-34。结果表明，乡村学校的教师培训开展情况对乡村教师的教学胜任力水平及各一级指标呈显著性影响。学校开展教师培训的频率越高，乡村教师的教学胜任力总分平均分越高，也就是说乡村教师参加教师培训有利于提升其教学胜任力水平。

表4-34 不同教师培训开展情况乡村教师教学胜任力总分及各一级指标得分差异分析

	教师培训开展情况	平均分	显著性检验	
			F值	p值
胜任力总分	从未开展	4.1736	474.816	0.000
	开展较少	4.3225		
	开展较多	4.4571		
	经常开展	4.6574		
知识素养	从未开展	3.6306	132.979	0.000
	开展较少	3.7864		
	开展较多	3.8957		
	经常开展	4.0373		
教学能力	从未开展	4.3588	648.785	0.000
	开展较少	4.5754		
	开展较多	4.7849		
	经常开展	5.0886		

续表

	教师培训开展情况	平均分	显著性检验	
			F 值	p 值
职业品格	从未开展	4.5508	500.927	0.000
	开展较少	4.6861		
	开展较多	4.8430		
	经常开展	5.0798		
个人特质	从未开展	4.1539	124.693	0.000
	开展较少	4.2423		
	开展较多	4.3049		
	经常开展	4.4239		

在二级指标中，教师培训开展情况除与自我特性无显著相关外，与其他10个二级指标特征均呈现显著相关性。

为进一步了解乡村学校教师培训开展情况对乡村教师在教学胜任力及各一级指标上的差异，我们对其进行了LSD事后多重比较。本研究将"1"表示"从未开展"；"2"表示"开展较少"；"3"表示"开展较多"；"4"表示"经常开展"。

由表中数据可知，乡村学校从未开展教师培训与乡村学校开展较少教师培训、乡村学校从未开展教师培训与乡村学校开展较多教师培训、乡村学校从未开展教师培训与乡村学校经常开展教师培训、乡村学校开展较少教师培训与乡村学校开展较多教师培训、乡村学校开展较少教师培训与乡村学校经常开展教师培训、乡村学校开展较多教师培训与乡村学校经常开展教师培训的乡村教师教学胜任力总分 p 值小于0.05，表明他们之间存在显著性差异。经常开展教师培训的乡村教师教学胜任力总分平均分得分最高，处于不同教师培训情况下的乡村教师在教学胜任力总分上的均值得分情况为从未开展<开展较少<开展较多<经常开展。乡村学校开展教师培训情况的不同在各一级指标（知识素养、教学能力、职业品格和个人特质）上的多重比较，及在各一级指标上的得分情况都符合以上规律，说明乡村学校多开展教师培训有利于促进乡村教师教学胜任力的发展。

表 4-35　不同教师培训开展情况在胜任力总分及各一级指标上的多重比较（LSD）

因变量	教师培训开展情况	平均差异（I-J）	标准误	显著性	95%信赖区间	
					下限	上限
胜任力总分	1—2	-0.14900*	0.02341	0.000	-0.1949	-0.1031
	1—3	-0.28358*	0.02334	0.000	-0.3293	-0.2378
	1—4	-0.48382*	0.02337	0.000	-0.5296	-0.4380
	2—3	-0.13459*	0.00948	0.000	-0.1532	-0.1160
	2—4	-0.33482*	0.00957	0.000	-0.3536	-0.3161
	3—4	-0.20024*	0.00940	0.000	-0.2187	-0.1818
知识素养	1—2	-0.15575*	0.03397	0.000	-0.2223	-0.0892
	1—3	-0.26513*	0.03387	0.000	-0.3315	-0.1987
	1—4	-0.40666*	0.03392	0.000	-0.4732	-0.3402
	2—3	-0.10937*	0.01376	0.000	-0.1363	-0.0824
	2—4	-0.25090*	0.01389	0.000	-0.2781	-0.2237
	3—4	-0.14153*	0.01365	0.000	-0.1683	-0.1148
教学能力	1—2	-0.21664*	0.03058	0.000	-0.2766	-0.1567
	1—3	-0.42607*	0.03049	0.000	-0.4858	-0.3663
	1—4	-0.72975*	0.03053	0.000	-0.7896	-0.6699
	2—3	-0.20943*	0.01239	0.000	-0.2337	-0.1852
	2—4	-0.51312*	0.01251	0.000	-0.5376	-0.4886
	3—4	-0.30369*	0.01228	0.000	-0.3278	-0.2796
职业品格	1—2	-0.13528*	0.02644	0.000	-0.1871	-0.0835
	1—3	-0.29218*	0.02636	0.000	-0.3439	-0.2405
	1—4	-0.52896*	0.02641	0.000	-0.5807	-0.4772
	2—3	-0.15690*	0.01071	0.000	-0.1779	-0.1359
	2—4	-0.39368*	0.01082	0.000	-0.4149	-0.3725
	3—4	-0.23678*	0.01062	0.000	-0.2576	-0.2160
个人特质	1—2	-0.08831*	0.02507	0.000	-0.1375	-0.0392
	1—3	-0.15095*	0.02500	0.000	-0.2000	-0.1020
	1—4	-0.26991*	0.02504	0.000	-0.3190	-0.2208
	2—3	-0.06264*	0.01016	0.000	-0.0826	-0.0427
	2—4	-0.18160*	0.01026	0.000	-0.2017	-0.1615
	3—4	-0.11895*	0.01007	0.000	-0.1387	-0.0992

通过对乡村教师参加教师培训不同情况进行统计，得出图 4-5。结果表明，4813 位乡村教师参加培训较多，6255 位乡村教师经常参加培训，二者占 76.1%。3096 位乡村教师参加培训较少，占 21.3%。

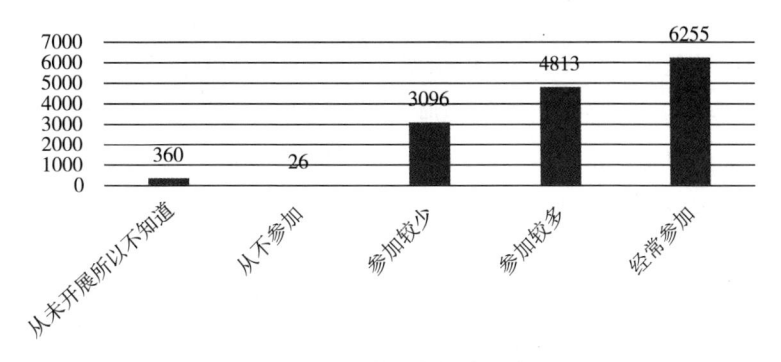

图 4-5　教师培训参与情况统计

表 4-36　不同教师培训参与情况乡村教师教学胜任力总分及各一级指标得分差异分析

	教师培训参与情况	平均分	显著性检验	
			F 值	p 值
胜任力总分	从不参加	4.0241	361.045	0.000
	参加较少	4.2857		
	参加较多	4.4199		
	经常参加	4.6241		
知识素养	从不参加	3.6587	94.979	0.000
	参加较少	3.7717		
	参加较多	3.8716		
	经常参加	4.0058		
教学能力	从不参加	4.1111	459.520	0.000
	参加较少	4.5257		
	参加较多	4.7322		
	经常参加	5.0305		
职业品格	从不参加	4.3173	414.232	0.000
	参加较少	4.6262		
	参加较多	4.7965		
	经常参加	5.0484		
个人特质	从不参加	4.0092	111.681	0.000
	参加较少	4.2192		
	参加较多	4.2794		
	经常参加	4.4118		

以乡村教师参加教师培训情况为因子,以教学胜任力总分及各一级指标为检验变量做单因素分析,得出表4-47。结果表明,乡村教师的教师培训参与程度的不同影响其教学胜任力发展水平,同时影响其在各一级指标(知识素养、教学能力、职业品格及个人特质)上的表现。按照乡村教师教学胜任力总分平均分得分由高到低排列,依次为经常参加教师培训的教师、参加较多教师培训的教师、参加较少教师培训的教师和从不参加教师培训的教师,这说明乡村教师在教师培训上的参与度越高,其教学胜任力水平则越高。此规律同样适用于乡村教师教学胜任力的各一级指标特征。

在二级指标中,教师培训参与情况除与自我特性($F=2.136$, $p=0.074>0.05$)无显著相关外,与其他10个二级指标特征呈现出显著相关性。

为进一步了解乡村学校教师参与教师培训情况对乡村教师在教学胜任力总分及各一级指标上的差异,我们对其进行了 LSD 事后多重比较。本研究将"1"表示"从不参加";"2"表示"参加较少";"3"表示"参加较多";"4"表示"经常参加"。

表4-37　　　　　不同教师培训参与情况在胜任力总分
及各一级指标上的多重比较(LSD)

因变量	教师培训参与情况	平均差异(I-J)	标准误	显著性	95%信赖区间	
					下限	上限
胜任力总分	1—2	-0.26164*	0.09062	0.004	-0.4393	-0.0840
	1—3	-0.39587*	0.09048	0.000	-0.5732	-0.2185
	1—4	-0.60005*	0.09043	0.000	-0.7773	-0.4228
	2—3	-0.13423*	0.01060	0.000	-0.1550	-0.1134
	2—4	-0.33841*	0.01011	0.000	-0.3582	-0.3186
	3—4	-0.20419*	0.00882	0.000	-0.2215	-0.1869
知识素养	1—2	-0.11307	0.13173	0.391	-0.3713	0.1451
	1—3	-0.21294	0.13154	0.105	-0.4708	0.0449
	1—4	-0.34712*	0.13146	0.008	-0.6048	-0.0895
	2—3	-0.09988*	0.01541	0.000	-0.1301	-0.0697
	2—4	-0.23405*	0.01470	0.000	-0.2629	-0.2052
	3—4	-0.13418*	0.01283	0.000	-0.1593	-0.1090

续表

因变量	教师培训参与情况	平均差异(I-J)	标准误	显著性	95%信赖区间	
					下限	上限
教学能力	1—2	-0.41456*	0.11873	0.000	-0.6473	-0.1818
	1—3	-0.62111*	0.11855	0.000	-0.8535	-0.3887
	1—4	-0.91935*	0.11848	0.000	-1.1516	-0.6871
	2—3	-0.20655*	0.01389	0.000	-0.2338	-0.1793
	2—4	-0.50479*	0.01325	0.000	-0.5308	-0.4788
	3—4	-0.29824*	0.01156	0.000	-0.3209	-0.2756
职业品格	1—2	-0.30893*	0.10188	0.002	-0.5086	-0.1092
	1—3	-0.47924*	0.10173	0.000	-0.6786	-0.2798
	1—4	-0.73113*	0.10167	0.000	-0.9304	-0.5319
	2—3	-0.17031*	0.01192	0.000	-0.1937	-0.1469
	2—4	-0.42220*	0.01137	0.000	-0.4445	-0.3999
	3—4	-0.25189*	0.00992	0.000	-0.2713	-0.2324
个人特质	1—2	-0.21001*	0.09693	0.030	-0.4000	-0.0200
	1—3	-0.27017*	0.09678	0.005	-0.4599	-0.0805
	1—4	-0.40260*	0.09672	0.000	-0.5922	-0.2130
	2—3	-0.06016*	0.01134	0.000	-0.0824	-0.0379
	2—4	-0.19259*	0.01082	0.000	-0.2138	-0.1714
	3—4	-0.13243*	0.00944	0.000	-0.1509	-0.1139

由表 4-37 数据可知，在胜任力总分上，组间比较 1-2、1-3、1-4、2-3、2-4、3-4 的乡村教师 p 值小于 0.05，表明其存在显著的差异性。在一级指标中，教学能力、职业品格和个人特质也符合以上规律。在知识素养上，从不参加教师培训与经常参加教师培训、参加较少教师培训与参加较多教师培训、参加较少教师培训与经常参加教师培训、参加较多教师培训与经常参加教师培训的乡村教师 p 值小于 0.05，表明其存在显著的差异性。

（二）对教师培训的评价

将乡村教师对教师培训的评价情况进行统计分析，得出图 4-6。结果表明，7161 位乡村教师认为参加教师培训收获较大，3973 位乡村教师认为参加教师培训收获很大，二者共计 11134 人，占 76.6%；2960 位乡村教师认为参加教师培训收获较小，占 20.4%，另外，有 0.6% 的乡村教师认为参加教师培训没有收获。

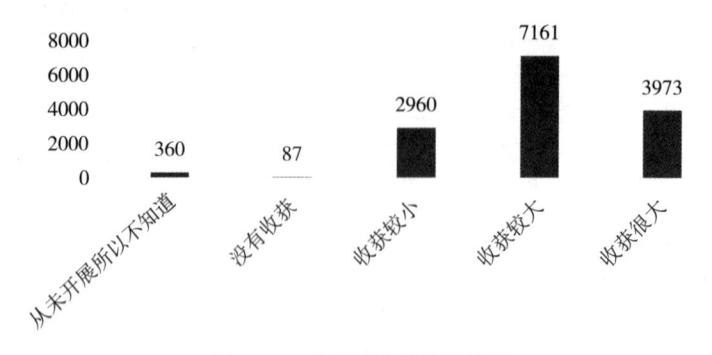

图 4-6　对教师培训的评价情况

以乡村教师对教师培训的评价情况为因子,以教学胜任力总分及各一级指标为检验变量做单因素分析,得出表 4-38。结果表明,乡村教师对

表 4-38　对教师培训不同评价乡村教师教学胜任力总分及各一级指标得分差异分析

	教学培训评价情况	平均分	显著性检验	
			F 值	p 值
胜任力总分	没有收获	4.1390	414.547	0.000
	收获较少	4.2939		
	收获较多	4.4406		
	收获较大	4.6966		
知识素养	没有收获	3.6552	111.162	0.000
	收获较少	3.7872		
	收获较多	3.8748		
	收获较大	4.0641		
教学能力	没有收获	4.3372	554.112	0.000
	收获较少	4.5279		
	收获较多	4.7617		
	收获较大	5.1443		
职业品格	没有收获	4.3855	497.980	0.000
	收获较少	4.6107		
	收获较多	4.8381		
	收获较大	5.1303		
个人特质	没有收获	4.1779	105.641	0.000
	收获较少	4.2496		
	收获较多	4.2877		
	收获较大	4.4479		

教研活动的评价直接影响其在教学胜任力总分和各一级指标上的得分。认为参加教师培训收获很大的乡村教师，其教学胜任力总分平均分最高，为4.6966分；认为参加教师培训没有收获的乡村教师，其教学胜任力总分平均分最低，为4.1390分。教学胜任力总分平均分排在第2、3位的分别是认为参加教师培训收获较多和收获较少的乡村教师。该规律同样适用于乡村教师教学胜任力的各一级指标特征上。

经研究得出，乡村教师对教师培训的评价同样影响其在教学胜任力各二级指标上的得分。

三 文献阅读

（一）教育教学类书刊阅读情况

通过对乡村教师阅读教育教学类书刊的不同情况做统计分析，得出图4-7。结果表明，89人从不阅读教育教学类书刊，占比0.6%；5427人阅读教育教学类书刊较少，占比37.2%；5435人阅读教育教学类书刊较多，占比37.3%；3622人经常阅读教育教学类书刊，占比24.9%。阅读较多和经常阅读教育教学类书刊的乡村教师共计9057人，二者占62.1%。

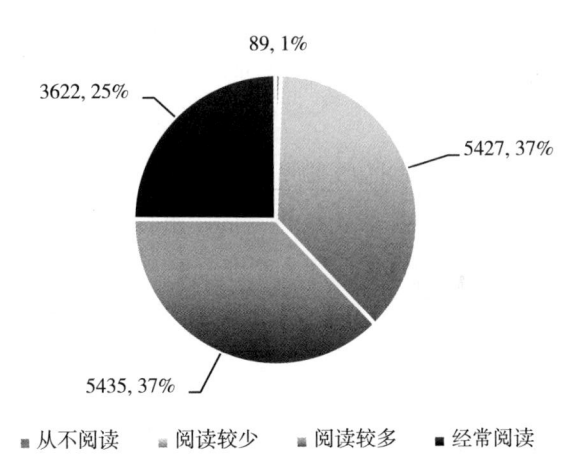

图4-7 乡村教师阅读教育教学类书刊情况统计

以乡村教师阅读教育教学类书刊的频率为自变量，以乡村教师的教学胜任力总分及各一级指标特征为因变量做单因素分析，得出表4-39。

结果表明，乡村教师阅读教育教学类书刊的频率影响其教学胜任力水平，同时影响其在各一级指标上的表现。就均值而言，经常阅读教育教学类书刊的乡村教师教学胜任力总分平均分得分最高，为4.7268分；从不阅读教育教学类书刊的乡村教师教学胜任力总分平均分得分最低，为3.8344分。排在第2、3位的分别为阅读较多和阅读较少教育教学类书刊的乡村教师。该规律同样适用于乡村教师教学胜任力的各一级指标特征上。

表4-39　教育教学类书刊不同阅读频率教师教学胜任力指标得分差异分析

	阅读频率	平均分	显著性检验	
			F值	p值
胜任力总分	从不阅读	3.8344	868.773	0.000
	阅读较少	4.2653		
	阅读较多	4.5177		
	经常阅读	4.7268		
知识素养	从不阅读	3.4298	320.095	0.000
	阅读较少	3.7053		
	阅读较多	3.9564		
	经常阅读	4.1171		
教学能力	从不阅读	3.9501	1147.044	0.000
	阅读较少	4.4954		
	阅读较多	4.8731		
	经常阅读	5.1880		
职业品格	从不阅读	4.0875	820.764	0.000
	阅读较少	4.6392		
	阅读较多	4.9066		
	经常阅读	5.1475		
个人特质	从不阅读	3.8701	191.453	0.000
	阅读较少	4.2212		
	阅读较多	4.3345		
	经常阅读	4.4547		

在二级指标中，除自我特性（$F=0.501$，$p=0.682>0.05$）外，乡村

教师阅读教育教学类书刊与其他10个二级指标特征之间存在显著性差异。

为进一步了解乡村教师平时阅读教育教学类书刊对其在教学胜任力及各一级指标上的差异,我们对其进行了LSD事后多重比较。本研究将"1"表示"从不阅读";"2"表示"阅读较少";"3"表示"阅读较多";"4"表示"经常阅读"。

表4-40　　不同教师阅读教育教学类书刊在胜任力总分及各一级指标上的多重比较（LSD）

因变量	阅读教育教学类书刊	平均差异（I-J）	标准误	显著性	95%信赖区间	
					下限	上限
胜任力总分	1—2	-0.43091*	0.04749	0.000	-0.5240	-0.3378
	1—3	-0.68329*	0.04749	0.000	-0.7764	-0.5902
	1—4	-0.89246*	0.04768	0.000	-0.9859	-0.7990
	2—3	-0.25238*	0.00853	0.000	-0.2691	-0.2357
	2—4	-0.46155*	0.00953	0.000	-0.4802	-0.4429
	3—4	-0.20917*	0.00953	0.000	-0.2279	-0.1905
知识素养	1—2	-0.27552*	0.07012	0.000	-0.4130	-0.1381
	1—3	-0.52660*	0.07012	0.000	-0.6640	-0.3892
	1—4	-0.68736*	0.07040	0.000	-0.8254	-0.5494
	2—3	-0.25108*	0.01259	0.000	-0.2758	-0.2264
	2—4	-0.41184*	0.01408	0.000	-0.4394	-0.3842
	3—4	-0.16076*	0.01407	0.000	-0.1883	-0.1332
教学能力	1—2	-0.54536*	0.06156	0.000	-0.6660	-0.4247
	1—3	-0.92303*	0.06156	0.000	-1.0437	-0.8024
	1—4	-1.23797*	0.06180	0.000	-1.3591	-1.1168
	2—3	-0.37767*	0.01105	0.000	-0.3993	-0.3560
	2—4	-0.69260*	0.01236	0.000	-0.7168	-0.6684
	3—4	-0.31494*	0.01236	0.000	-0.3392	-0.2907
职业品格	1—2	-0.55167*	0.05400	0.000	-0.6575	-0.4458
	1—3	-0.81909*	0.05400	0.000	-0.9249	-0.7132
	1—4	-1.05991*	0.05422	0.000	-1.1662	-0.9536
	2—3	-0.26742*	0.00970	0.000	-0.2864	-0.2484
	2—4	-0.50824*	0.01084	0.000	-0.5295	-0.4870
	3—4	-0.24082*	0.01084	0.000	-0.2621	-0.2196
个人特质	1—2	-0.35107*	0.05236	0.000	-0.4537	-0.2484
	1—3	-0.46443*	0.05236	0.000	-0.5671	-0.3618
	1—4	-0.58461*	0.05257	0.000	-0.6877	-0.4816
	2—3	-0.11336*	0.00940	0.000	-0.1318	-0.0949
	2—4	-0.23354*	0.01051	0.000	-0.2541	-0.2129
	3—4	-0.12018*	0.01051	0.000	-0.1408	-0.0996

由表 4-40 数据可知，在胜任力总分上，阅读教育教学类书刊情况为 1-2、1-3、1-4、2-3、2-4、3-4 的乡村教师 p 值小于 0.05，表明他们之间存在显著差异性。在各一级指标上也存在以上规律。

(二) 自然科学类书刊阅读情况

通过对乡村教师平时阅读自然科学类书刊情况做统计，得出图 4-8。结果表明，379 人从不阅读自然科学类书刊，占比 2.6%；7292 人较少阅读自然科学类书刊，占比 50%；4178 人阅读较多自然科学类书刊，占比 28.7%；2722 人经常阅读自然科学类书刊，占比 18.7%。

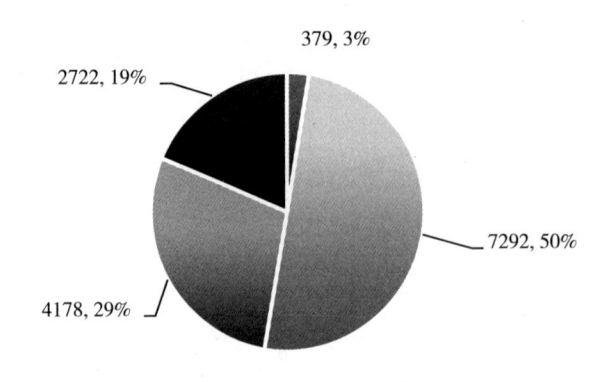

图 4-8 乡村教师阅读自然科学类书刊情况统计

以乡村教师平时阅读自然科学类书刊的频率为自变量，以乡村教师的教学胜任力总分及各一级指标特征为因变量做单因素分析，得出表 4-41。结果表明，乡村教师平时阅读自然科学类书刊的频率影响其教学胜任力水平，同时影响其在各一级指标上的表现。就均值而言，经常阅读自然科学类书刊的乡村教师的教学胜任力总分平均分最高，为 4.7484 分；从不阅读自然科学类书刊的乡村教师教学胜任力总分平均分最低，为 4.1332 分。排在第 2、3 位的分别为阅读较多和阅读较少自然科学类书刊的乡村教师。说明乡村教师阅读自然科学类书籍频率越高，越有利于提升其教学胜任力水平。以上规律同样适用于乡村教师教学胜任力的各一级指标特征。

表 4-41　　自然科学类书刊不同阅读频率教师教学胜任力指标得分差异分析

	阅读频率	平均分	显著性检验	
			F 值	p 值
胜任力总分	从不阅读	4.1332	610.192	0.000
	阅读较少	4.3490		
	阅读较多	4.5355		
	经常阅读	4.7484		
知识素养	从不阅读	3.5627	252.281	0.000
	阅读较少	3.7814		
	阅读较多	3.9794		
	经常阅读	4.1411		
教学能力	从不阅读	4.2897	806.158	0.000
	阅读较少	4.6218		
	阅读较多	4.9022		
	经常阅读	5.2188		
职业品格	从不阅读	4.5169	468.257	0.000
	阅读较少	4.7442		
	阅读较多	4.9108		
	经常阅读	5.1503		
个人特质	从不阅读	4.1636	169.840	0.000
	阅读较少	4.2487		
	阅读较多	4.3497		
	经常阅读	4.4835		

乡村教师阅读自然科学类书刊的频率也影响其在 11 个二级指标特征上的表现。阅读自然科学类书刊的频率越高，乡村教师在各二级指标特征上的表现就越佳。

为进一步了解乡村教师平时阅读自然科学类书籍情况对其在教学胜任力总分及各一级指标上的差异，我们对其进行了 LSD 事后多重比较。本研究将"1"表示"从不阅读"；"2"表示"阅读较少"；"3"表示"阅读较多"；"4"表示"经常阅读"。

表 4-42　不同教师阅读教育教学类书刊在胜任力总分及各一级指标上的多重比较（LSD）

因变量	阅读自然科学类书籍	平均差异（I-J）	标准误	显著性	95%信赖区间	
					下限	上限
胜任力总分	1—2	-0.21580*	0.02396	0.000	-0.2628	-0.1688
	1—3	-0.40227*	0.02440	0.000	-0.4501	-0.3545
	1—4	-0.61519*	0.02493	0.000	-0.6641	-0.5663
	2—3	-0.18647*	0.00882	0.000	-0.2038	-0.1692
	2—4	-0.39939*	0.01021	0.000	-0.4194	-0.3794
	3—4	-0.21292*	0.01120	0.000	-0.2349	-0.1910
知识素养	1—2	-0.21876*	0.03480	0.000	-0.2870	-0.1505
	1—3	-0.41669*	0.03543	0.000	-0.4861	-0.3472
	1—4	-0.57841*	0.03621	0.000	-0.6494	-0.5074
	2—3	-0.19793*	0.01282	0.000	-0.2231	-0.1728
	2—4	-0.35965*	0.01484	0.000	-0.3887	-0.3306
	3—4	-0.16172*	0.01627	0.000	-0.1936	-0.1298
教学能力	1—2	-0.33215*	0.03125	0.000	-0.3934	-0.2709
	1—3	-0.61250*	0.03182	0.000	-0.6749	-0.5501
	1—4	-0.92912*	0.03252	0.000	-0.9929	-0.8654
	2—3	-0.28035*	0.01151	0.000	-0.3029	-0.2578
	2—4	-0.59696*	0.01332	0.000	-0.6231	-0.5708
	3—4	-0.31662*	0.01461	0.000	-0.3453	-0.2880
职业品格	1—2	-0.22725*	0.02749	0.000	-0.2811	-0.1734
	1—3	-0.39384*	0.02799	0.000	-0.4487	-0.3390
	1—4	-0.63333*	0.02861	0.000	-0.6894	-0.5773
	2—3	-0.16660*	0.01012	0.000	-0.1864	-0.1468
	2—4	-0.40608*	0.01172	0.000	-0.4291	-0.3831
	3—4	-0.23948*	0.01285	0.000	-0.2647	-0.2143
个人特质	1—2	-0.08506*	0.02587	0.001	-0.1358	-0.0344
	1—3	-0.18606*	0.02634	0.000	-0.2377	-0.1344
	1—4	-0.31992*	0.02692	0.000	-0.3727	-0.2672
	2—3	-0.10100*	0.00953	0.000	-0.1197	-0.0823
	2—4	-0.23486*	0.01103	0.000	-0.2565	-0.2132
	3—4	-0.13386*	0.01209	0.000	-0.1576	-0.1102

上表数据显示,在胜任力总分上,阅读自然科学类书籍情况为从不阅读与阅读较少、从不阅读与阅读较多、从不阅读与经常阅读、阅读较少与阅读较多、阅读较少与经常阅读、阅读较多与经常阅读的乡村教师 p 值均小于 0.05,表明它们之间存在显著性差异。且在各一级指标上均符合以上规律。

(三) 人文社科类书刊阅读情况

通过对乡村教师阅读人文社科类书刊情况做统计,得出图 4-9。结果表明,285 人从不阅读人文社科类书刊,占比 2.0%;6287 人阅读人文社科类书刊较少,占比 43.1%;5120 人阅读人文社科类书刊较多,占比 35.1%;2879 人经常阅读人文社科类书刊,占比 19.8%。

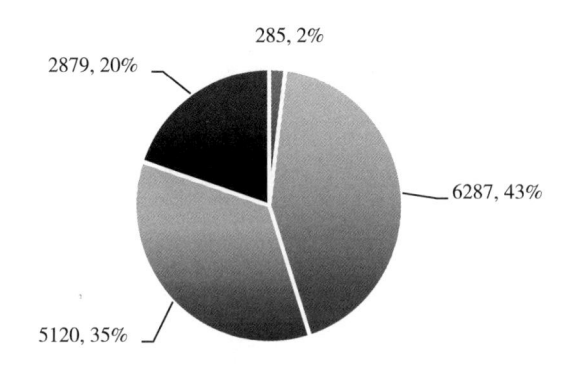

图 4-9　乡村教师阅读人文社科类书刊情况统计

以乡村教师平时阅读人文社科类书刊的频率为自变量,以乡村教师的教学胜任力总分及各一级指标特征为因变量做单因素分析,得出表 4-54。结果表明,乡村教师平时阅读人文社科类书刊的频率影响其教学胜任力水平,同时影响其在各一级指标上的表现。从平均分看,经常阅读人文社科类书刊的乡村教师教学胜任力总分最高,为 4.7278 分;从不阅读人文社科类书刊的乡村教师教学胜任力总分平均分最低,为 4.1130 分。排在第 2、3 位的分别为阅读较多和阅读较少人文社科类书刊的乡村教师。以上规律同样适用于乡村教师教学胜任力的各一级指标特征上。

表 4-43　　人文社科类书刊不同阅读频率教师教学胜任力指标得分差异分析

	阅读频率	平均分	显著性检验	
			F 值	p 值
胜任力总分	从不阅读	4.1130	533.894	0.000
	阅读较少	4.3427		
	阅读较多	4.5056		
	经常阅读	4.7278		
知识素养	从不阅读	3.5482	195.528	0.000
	阅读较少	3.7888		
	阅读较多	3.9310		
	经常阅读	4.1211		
教学能力	从不阅读	4.2667	710.443	0.000
	阅读较少	4.6095		
	阅读较多	4.8596		
	经常阅读	5.1889		
职业品格	从不阅读	4.4632	459.981	0.000
	阅读较少	4.7263		
	阅读较多	4.8994		
	经常阅读	5.1308		
个人特质	从不阅读	4.1739	145.876	0.000
	阅读较少	4.2462		
	阅读较多	4.3322		
	经常阅读	4.4702		

乡村教师阅读人文社科类书刊的频率也影响其在 11 个二级指标特征上的表现。阅读人文社科类书刊的频率越高，其在二级指标特征上的表现就越佳。

为进一步了解乡村教师平时阅读人文社科类书刊情况对其在教学胜任力总分及各一级指标上的差异，我们对其进行了 LSD 事后多重比较。本研究将"1"表示"从不阅读"；"2"表示"阅读较少"；"3"表示"阅读较多"；"4"表示"经常阅读"。

表 4-44　不同教师阅读教育教学类书刊在胜任力总分及各一级指标上的多重比较（LSD）

因变量	阅读人文社会科学类书籍	平均差异（I-J）	标准误	显著性	95%信赖区间	
					下限	上限
胜任力总分	1—2	-0.22969*	0.02774	0.000	-0.2841	-0.1753
	1—3	-0.39256*	0.02787	0.000	-0.4472	-0.3379
	1—4	-0.61477*	0.02844	0.000	-0.6705	-0.5590
	2—3	-0.16287*	0.00862	0.000	-0.1798	-0.1460
	2—4	-0.38508*	0.01031	0.000	-0.4053	-0.3649
	3—4	-0.22221*	0.01067	0.000	-0.2431	-0.2013
知识素养	1—2	-0.24050*	0.04022	0.000	-0.3194	-0.1617
	1—3	-0.38271*	0.04042	0.000	-0.4619	-0.3035
	1—4	-0.57289*	0.04124	0.000	-0.6537	-0.4920
	2—3	-0.14221*	0.01250	0.000	-0.1667	-0.1177
	2—4	-0.33239*	0.01495	0.000	-0.3617	-0.3031
	3—4	-0.19018*	0.01547	0.000	-0.2205	-0.1599
教学能力	1—2	-0.34280*	0.03623	0.000	-0.4138	-0.2718
	1—3	-0.59298*	0.03640	0.000	-0.6643	-0.5216
	1—4	-0.92224*	0.03714	0.000	-0.9950	-0.8494
	2—3	-0.25018*	0.01126	0.000	-0.2723	-0.2281
	2—4	-0.57943*	0.01346	0.000	-0.6058	-0.5530
	3—4	-0.32925*	0.01393	0.000	-0.3566	-0.3019
职业品格	1—2	-0.26316*	0.03163	0.000	-0.3251	-0.2012
	1—3	-0.43620*	0.03178	0.000	-0.4985	-0.3739
	1—4	-0.66767*	0.03243	0.000	-0.7312	-0.6041
	2—3	-0.17304*	0.00983	0.000	-0.1923	-0.1538
	2—4	-0.40452*	0.01175	0.000	-0.4276	-0.3815
	3—4	-0.23148*	0.01216	0.000	-0.2553	-0.2076
个人特质	1—2	-0.07230*	0.02981	0.015	-0.1307	-0.0139
	1—3	-0.15835*	0.02995	0.000	-0.2171	-0.0996
	1—4	-0.29627*	0.03056	0.000	-0.3562	-0.2364
	2—3	-0.08605*	0.00926	0.000	-0.1042	-0.0679
	2—4	-0.22397*	0.01108	0.000	-0.2457	-0.2023
	3—4	-0.13792*	0.01147	0.000	-0.1604	-0.1154

上有数据显示，在胜任力总分上，阅读人文社科类书籍情况为从不阅读与阅读较少、从不阅读与阅读较多、从不阅读与经常阅读、阅读较少与阅读较多、阅读较少与经常阅读、阅读较多与经常阅读的乡村教师 p 值均小于 0.05，表明他们之间存在显著性差异。且在各一级指标（知识素养、教学能力、职业品格和个人特质）上均符合以上规律。

（四）藏书及订阅报刊情况

乡村教师的藏书及订阅报刊情况对乡村教师的教学胜任力水平也产生显著影响。调查数据显示，乡村教师的藏书数量越多，其教学胜任力总分和各一级指标得分也越高。具体结果如表 4-45 所示。

表 4-45　不同藏书数量教师教学胜任力指标得分差异分析

	藏书数量	平均分	显著性检验	
			F 值	p 值
胜任力总分	10 本及以下	4.2477	392.810	0.000
	11—50 本	4.4131		
	51—100 本	4.5729		
	101 本及以上	4.6665		
知识素养	10 本及以下	3.6886	164.236	0.000
	11—50 本	3.8477		
	51—100 本	3.9921		
	101 本及以上	4.0803		
教学能力	10 本及以下	4.4796	474.889	0.000
	11—50 本	4.7205		
	51—100 本	4.9563		
	101 本及以上	5.0818		
职业品格	10 本及以下	4.6052	361.637	0.000
	11—50 本	4.8072		
	51—100 本	4.9663		
	101 本及以上	5.0724		
个人特质	10 本及以下	4.2176	101.632	0.000
	11—50 本	4.2770		
	51—100 本	4.3768		
	101 本及以上	4.4314		

为进一步了解乡村教师藏书数量情况对其在教学胜任力及各一级指标上的差异，我们对其进行了 LSD 事后多重比较。本研究将"1"表示"10本及以下"；"2"表示"11—50本"；"3"表示"51—100本"；"4"表示"101本及以上"。

表 4-46　　　　　　　不同乡村教师藏书数量在胜任力总分
及各一级指标上的多重比较（LSD）

因变量	藏书数量	平均差异（I-J）	标准误	显著性	95%信赖区间	
					下限	上限
胜任力总分	1—2	-0.16539*	0.01166	0.000	-0.1882	-0.1425
	1—3	-0.32514*	0.01250	0.000	-0.3496	-0.3006
	1—4	-0.41878*	0.01404	0.000	-0.4463	-0.3913
	2—3	-0.15974*	0.00944	0.000	-0.1782	-0.1412
	2—4	-0.25339*	0.01140	0.000	-0.2757	-0.2311
	3—4	-0.09365*	0.01225	0.000	-0.1177	-0.0696
知识素养	1—2	-0.15913*	0.01674	0.000	-0.1919	-0.1263
	1—3	-0.30348*	0.01794	0.000	-0.3386	-0.2683
	1—4	-0.39175*	0.02015	0.000	-0.4312	-0.3523
	2—3	-0.14434*	0.01355	0.000	-0.1709	-0.1178
	2—4	-0.23262*	0.01636	0.000	-0.2647	-0.2006
	3—4	-0.08827*	0.01759	0.000	-0.1228	-0.0538
教学能力	1—2	-0.24092*	0.01536	0.000	-0.2710	-0.2108
	1—3	-0.47671*	0.01646	0.000	-0.5090	-0.4444
	1—4	-0.60228*	0.01849	0.000	-0.6385	-0.5660
	2—3	-0.23579*	0.01243	0.000	-0.2602	-0.2114
	2—4	-0.36136*	0.01501	0.000	-0.3908	-0.3319
	3—4	-0.12557*	0.01614	0.000	-0.1572	-0.0939
职业品格	1—2	-0.20208*	0.01324	0.000	-0.2280	-0.1761
	1—3	-0.36115*	0.01420	0.000	-0.3890	-0.3333
	1—4	-0.46726*	0.01594	0.000	-0.4985	-0.4360
	2—3	-0.15907*	0.01072	0.000	-0.1801	-0.1381
	2—4	-0.26518*	0.01294	0.000	-0.2906	-0.2398
	3—4	-0.10611*	0.01392	0.000	-0.1334	-0.0788
个人特质	1—2	-0.05944*	0.01242	0.000	-0.0838	-0.0351
	1—3	-0.15921*	0.01331	0.000	-0.1853	-0.1331
	1—4	-0.21384*	0.01495	0.000	-0.2431	-0.1845
	2—3	-0.09977*	0.01006	0.000	-0.1195	-0.0801
	2—4	-0.15440*	0.01214	0.000	-0.1782	-0.1306
	3—4	-0.05463*	0.01305	0.000	-0.0802	-0.0290

由上表数据可知,在胜任力总分上,藏书数量为10本及以下与11—50本、10本及以下与51—100本、10本及以下与101本及以上、11—50本与51—100本、11—50本与101本及以上、51—100本与101本及以上的乡村教师 p 值小于0.05,表明它们之间存在显著性差异。就均值而言,藏书量为10本及以下的乡村教师教学胜任力总分平均分得分最低,为4.2477分。随着藏书数量增加,胜任力总分相应增高,具体来说为10本及以下<11—50本<51—100本<101本及以上。在各一级指标上也符合以上规律。

另外,乡村教师除阅读学校订阅的报刊杂志外,自己订阅报刊杂志的种类的多少也会影响其教学胜任力水平及其在各一级指标上的表现。以乡村教师订阅报刊杂志种类为因子,以乡村教师的教学胜任力总分及各一级指标得分为检验变量做单因素分析,结果如表4-47所示。乡村教师订阅报刊杂志种类越多,其教学胜任力总分和各一级指标得分也越高。

表4-47　　不同订阅报刊种类乡村教师指标得分差异分析表

	订阅种类	平均分	显著性检验	
			F 值	p 值
胜任力总分	没有订阅	4.3129	420.966	0.000
	1种	4.4384		
	2种	4.5589		
	3种及以上	4.7025		
知识素养	没有订阅	3.7334	197.920	0.000
	1种	3.8886		
	2种	3.9851		
	3种及以上	4.1147		
教学能力	没有订阅	4.5668	566.194	0.000
	1种	4.7502		
	2种	4.9374		
	3种及以上	5.1588		
职业品格	没有订阅	4.7020	360.302	0.000
	1种	4.8108		
	2种	4.9588		
	3种及以上	5.1075		
个人特质	没有订阅	4.2493	74.892	0.000
	1种	4.3040		
	2种	4.3543		
	3种及以上	4.4289		

为进一步了解乡村教师订阅报刊情况对其在教学胜任力及各一级指标上的差异，我们对其进行了 LSD 事后多重比较。本研究将"1"表示"0种"；"2"表示"1种"；"3"表示"2种"；"4"表示"3种及以上"。

表 4-48　　不同教师订阅报刊杂志种类在胜任力总分及各一级指标上的多重比较（LSD）

因变量	订阅报刊杂志情况	平均差异（I-J）	标准误	显著性	95%信赖区间	
					下限	上限
胜任力总分	1—2	-0.12554*	0.01027	0.000	-0.1457	-0.1054
	1—3	-0.24601*	0.00990	0.000	-0.2654	-0.2266
	1—4	-0.38960*	0.01197	0.000	-0.4131	-0.3661
	2—3	-0.12047*	0.01059	0.000	-0.1412	-0.0997
	2—4	-0.26406*	0.01255	0.000	-0.2887	-0.2395
	3—4	-0.14359*	0.01225	0.000	-0.1676	-0.1196
知识素养	1—2	-0.15519*	0.01473	0.000	-0.1841	-0.1263
	1—3	-0.25170*	0.01420	0.000	-0.2795	-0.2239
	1—4	-0.38131*	0.01716	0.000	-0.4150	-0.3477
	2—3	-0.09651*	0.01519	0.000	-0.1263	-0.0667
	2—4	-0.22612*	0.01800	0.000	-0.2614	-0.1908
	3—4	-0.12960*	0.01757	0.000	-0.1640	-0.0952
教学能力	1—2	-0.18341*	0.01344	0.000	-0.2098	-0.1571
	1—3	-0.37060*	0.01296	0.000	-0.3960	-0.3452
	1—4	-0.59202*	0.01567	0.000	-0.6227	-0.5613
	2—3	-0.18719*	0.01387	0.000	-0.2144	-0.1600
	2—4	-0.40861*	0.01643	0.000	-0.4408	-0.3764
	3—4	-0.22142*	0.01604	0.000	-0.2529	-0.1900
职业品格	1—2	-0.10887*	0.01169	0.000	-0.1318	-0.0860
	1—3	-0.25682*	0.01127	0.000	-0.2789	-0.2347
	1—4	-0.40553*	0.01363	0.000	-0.4322	-0.3788
	2—3	-0.14795*	0.01206	0.000	-0.1716	-0.1243
	2—4	-0.29665*	0.01429	0.000	-0.3247	-0.2686
	3—4	-0.14871*	0.01395	0.000	-0.1760	-0.1214
个人特质	1—2	-0.05469*	0.01099	0.000	-0.0762	-0.0331
	1—3	-0.10493*	0.01060	0.000	-0.1257	-0.0842
	1—4	-0.17955*	0.01282	0.000	-0.2047	-0.1544
	2—3	-0.05024*	0.01134	0.000	-0.0725	-0.0280
	2—4	-0.12486*	0.01344	0.000	-0.1512	-0.0985
	3—4	-0.07462*	0.01312	0.000	-0.1003	-0.0489

由上表数据可知，在胜任力总分上，订阅报刊杂志种类为 0 种与 1

种、0 种与 2 种、0 种与 3 种及以上、1 种与 2 种、1 种与 3 种及以上、2 种与 3 种及以上的乡村教师 p 值小于 0.05，表明他们之间存在显著差异性。就均值而言，0 种<1 种<2 种<3 种及以上。且在各一级指标上也符合以上规律。

四 教学借鉴

（一）教学观摩

以乡村教师进行教学观摩的频率为自变量，以其教学胜任力总分及各一级指标得分为因变量做单因素分析，得出表 4-49。结果表明，乡村教

表 4-49　不同观摩教学频率教师教学胜任力指标得分差异分析

	观摩频率	平均分	显著性检验	
			F 值	p 值
胜任力总分	从未观摩	3.9155	733.785	0.000
	观摩较少	4.2680		
	观摩较多	4.4993		
	经常观摩	4.7116		
知识素养	从未观摩	3.3650	339.987	0.000
	观摩较少	3.6907		
	观摩较多	3.9386		
	经常观摩	4.1276		
教学能力	从未观摩	4.0216	822.397	0.000
	观摩较少	4.5217		
	观摩较多	4.8439		
	经常观摩	5.1397		
职业品格	从未观摩	4.3013	491.162	0.000
	观摩较少	4.6735		
	观摩较多	4.8838		
	经常观摩	5.0924		
个人特质	从未观摩	3.9742	282.839	0.000
	观摩较少	4.1863		
	观摩较多	4.3308		
	经常观摩	4.4870		

师平时教学观摩的频率影响其教学胜任力水平,同时影响其在各一级指标上的表现。经常主动观摩其他教师教学的乡村教师,其教学胜任力平均分最高;从未观摩其他教师教学的乡村教师,其教学胜任力总分平均分最低。排在第2、3位的分别是观摩其他教师教学较多和观摩其他教师教学较少的乡村教师。该规律同样适用于乡村教师的各一级指标。

为进一步了解乡村教师观摩教学频率对胜任力总分及各一级指标上的差异,我们对其进行了LSD事后多重比较。本研究将"1"表示"从未观摩";"2"表示"观摩较少";"3"表示"观摩较多";"4"表示"经常观摩"。

表4-50 不同乡村教师观摩教学频率在胜任力总分及各一级指标上的多重比较(LSD)

因变量	观摩教师教学频率	平均差异(I-J)	标准误	显著性	95%信赖区间	
					下限	上限
胜任力总分	1—2	-0.35252*	0.04280	0.000	-0.4364	-0.2686
	1—3	-0.58375*	0.04270	0.000	-0.6674	-0.5001
	1—4	-0.79612*	0.04296	0.000	-0.8803	-0.7119
	2—3	-0.23122*	0.00870	0.000	-0.2483	-0.2142
	2—4	-0.44359*	0.00992	0.000	-0.4630	-0.4241
	3—4	-0.21237*	0.00945	0.000	-0.2309	-0.1938
知识素养	1—2	-0.32564*	0.06232	0.000	-0.4478	-0.2035
	1—3	-0.57352*	0.06217	0.000	-0.6954	-0.4517
	1—4	-0.76252*	0.06256	0.000	-0.8851	-0.6399
	2—3	-0.24788*	0.01266	0.000	-0.2727	-0.2231
	2—4	-0.43689*	0.01445	0.000	-0.4652	-0.4086
	3—4	-0.18901*	0.01377	0.000	-0.2160	-0.1620
教学能力	1—2	-0.50011*	0.05637	0.000	-0.6106	-0.3896
	1—3	-0.82226*	0.05623	0.000	-0.9325	-0.7120
	1—4	-1.11804*	0.05658	0.000	-1.2289	-1.0071
	2—3	-0.32215*	0.01145	0.000	-0.3446	-0.2997
	2—4	-0.61793*	0.01307	0.000	-0.6435	-0.5923
	3—4	-0.29578*	0.01245	0.000	-0.3202	-0.2714

续表

因变量	观摩教师教学频率	平均差异(I-J)	标准误	显著性	95%信赖区间	
					下限	上限
职业品格	1—2	-0.37221*	0.04956	0.000	-0.4693	-0.2751
	1—3	-0.58256*	0.04943	0.000	-0.6795	-0.4857
	1—4	-0.79110*	0.04974	0.000	-0.8886	-0.6936
	2—3	-0.21035*	0.01007	0.000	-0.2301	-0.1906
	2—4	-0.41889*	0.01149	0.000	-0.4414	-0.3964
	3—4	-0.20854*	0.01095	0.000	-0.2300	-0.1871
个人特质	1—2	-0.21214*	0.04622	0.000	-0.3027	-0.1215
	1—3	-0.35666*	0.04610	0.000	-0.4470	-0.2663
	1—4	-0.51281*	0.04639	0.000	-0.6037	-0.4219
	2—3	-0.14451*	0.00939	0.000	-0.1629	-0.1261
	2—4	-0.30067*	0.01071	0.000	-0.3217	-0.2797
	3—4	-0.15616*	0.01021	0.000	-0.1762	-0.1361

由上表数据可知，在胜任力总分上，从未观摩教学与观摩较少教学、从未观摩教学与观摩较多教学、从未观摩教学与经常观摩教学、观摩较少教学与观摩较多教学、观摩较少教学与经常观摩教学、观摩较多教学与经常观摩教学的乡村教师 p 值小于 0.05，表明它们之间存在显性相关。就均值而言，随着观摩教学频率越来越高，乡村教师胜任力总分得分也相应提升。并且在各一级指标上也符合以上规律。

(二) 教学请教

经计算得出表 4-51。在向同事请教教学问题方面，乡村教师的教学胜任力水平与请教教学问题频率产生显著差异，乡村教师向同事请教教学问题的次数越多，其教学胜任力总分平均分得分及各一级指标得分也越高，说明乡村教师平时多向同事请教教学问题，有利于提升其教学胜任力水平。

表 4-51　不同请教教学频率教师教学胜任力指标得分差异分析

	请教频率	平均分	显著性检验	
			F 值	p 值
胜任力总分	从未请教	3.9244	293.822	0.000
	很少请教	4.2011		
	有时请教	4.4054		
	经常请教	4.5803		
知识素养	从未请教	3.5856	18.570	0.000
	很少请教	3.8348		
	有时请教	3.8715		
	经常请教	3.9398		
教学能力	从未请教	4.0377	416.155	0.000
	很少请教	4.3752		
	有时请教	4.7015		
	经常请教	4.9757		
职业品格	从未请教	4.1474	557.745	0.000
	很少请教	4.4097		
	有时请教	4.7705		
	经常请教	5.0227		
个人特质	从未请教	3.9267	87.369	0.000
	很少请教	4.1846		
	有时请教	4.2779		
	经常请教	4.3831		

为进一步了解乡村教师向同事请教教学问题的频率在胜任力总分及各一级指标上的差异，我们对其进行了 LSD 事后多重比较，本研究将"1"表示"从未请教"；"2"表示"很少请教"；"3"表示"有时请教"；"4"表示"经常请教"。

表 4-52 不同教师请教教学问题频率在胜任力总分及各一级指标上的多重比较（LSD）

因变量	请教教学问题频率	平均差异（I-J）	标准误	显著性	95%信赖区间 下限	95%信赖区间 上限
胜任力总分	1—2	-0.27672*	0.06559	0.000	-0.4053	-0.1482
	1—3	-0.48101*	0.06401	0.000	-0.6065	-0.3555
	1—4	-0.65596*	0.06401	0.000	-0.7814	-0.5305
	2—3	-0.20429*	0.01642	0.000	-0.2365	-0.1721
	2—4	-0.37924*	0.01644	0.000	-0.4115	-0.3470
	3—4	-0.17495*	0.00804	0.000	-0.1907	-0.1592
知识素养	1—2	-0.24917*	0.09466	0.008	-0.4347	-0.0636
	1—3	-0.28589*	0.09237	0.002	-0.4669	-0.1048
	1—4	-0.35412*	0.09237	0.000	-0.5352	-0.1730
	2—3	-0.03672	0.02369	0.121	-0.0832	0.0097
	2—4	-0.10494*	0.02372	0.000	-0.1514	-0.0585
	3—4	-0.06823*	0.01160	0.000	-0.0910	-0.0455
教学能力	1—2	-0.33746*	0.08605	0.000	-0.5061	-0.1688
	1—3	-0.66377*	0.08397	0.000	-0.8284	-0.4992
	1—4	-0.93796*	0.08398	0.000	-1.1026	-0.7734
	2—3	-0.32631*	0.02154	0.000	-0.3685	-0.2841
	2—4	-0.60050*	0.02156	0.000	-0.6428	-0.5582
	3—4	-0.27419*	0.01054	0.000	-0.2949	-0.2535
职业品格	1—2	-0.26230*	0.07244	0.000	-0.4043	-0.1203
	1—3	-0.62313*	0.07069	0.000	-0.7617	-0.4846
	1—4	-0.87534*	0.07070	0.000	-1.0139	-0.7368
	2—3	-0.36083*	0.01813	0.000	-0.3964	-0.3253
	2—4	-0.61304*	0.01815	0.000	-0.6486	-0.5775
	3—4	-0.25220*	0.00888	0.000	-0.2696	-0.2348
个人特质	1—2	-0.25797*	0.06932	0.000	-0.3938	-0.1221
	1—3	-0.35126*	0.06764	0.000	-0.4838	-0.2187
	1—4	-0.45644*	0.06765	0.000	-0.5890	-0.3239
	2—3	-0.09329*	0.01735	0.000	-0.1273	-0.0593
	2—4	-0.19848*	0.01737	0.000	-0.2325	-0.1644
	3—4	-0.10519*	0.00849	0.000	-0.1218	-0.0885

由上表数据可知，在胜任力总分上，向同事请教教学问题的频率为从未请教与很少请教、从未请教与有时请教、从未请教与经常请教、很少请教与有时请教、很少请教与经常请教、有时请教与经常请教的乡村教师 p 值小于 0.05，表明它们之间存在显著相关性。并且在各一级指标上也符合该规律。在知识素养中，很少请教与有时请教教学问题的乡村教师 p 值为 $0.121>0.05$，表明二者之间不存在显著相关。

五 教学研究

以乡村教师承担的最高课题级别为自变量，以其教学胜任力总分及各一级指标得分为因变量做单因素分析，得出表 4-53。结果表明，乡村教师承担的课题级别影响其教学胜任力水平，同时影响其在各一级指标上的表现。就均值而言，没承担课题的乡村教师，其教学胜任力总分得分最低。当承担课题级别越高，其教学胜任力总分得分在总体上也越高。具体来说，没承担课题得分<校级课题得分<市级课题得分<县（区）级课题得分<省级课题得分<国家级课题得分。该趋势说明，乡村教师承担的课题级别越高，越有利于促进其教学胜任力水平的发展。同时，乡村教师承担的课题级别越高，其在各一级指标上的总体表现也更好。

在教学研究成果方面，乡村教师发表（含出版）的教学研究成果对乡村教师教学胜任力水平也产生显著性影响。如表 4-54 所示，乡村教师的教学胜任力总分 $F=107.662$，$p=0.000<0.05$。就均值而言，没有发表教学研究成果的乡村教师，其胜任力总分平均分最低，为 4.4012 分。随着发表教学研究成果越多，其教学胜任力总分平均分越高。具体来说为，没有发表<发表 1-2 篇<发表 3-4 篇<发表 5 篇及以上。在各项一级指标中，知识素养 $F=105.172$，教学能力 $F=106.086$，职业品格 $F=42.346$，个人特质 $F=35.075$，p 值均小于 0.05。这说明乡村教师发表（含出版）的教学研究成果也影响其在各一级指标上的表现。并且，从平均分看，随着乡村教师发表教学研究成果越多，其在各一级指标得分也在总体上得到相应提升。

表 4-53　承担不同最高级别课题教师教学胜任力指标得分差异分析

最高课题级别		平均分	显著性检验	
			F 值	p 值
胜任力总分	没承担课题	4.3889	30.872	0.000
	校级课题	4.5267		
	县（区）级课题	4.5615		
	市级课题	4.5510		
	省级课题	4.6143		
	国家级课题	4.6797		
知识素养	没承担课题	3.8010	34.785	0.000
	校级课题	3.9626		
	县（区）级课题	3.9883		
	市级课题	3.9791		
	省级课题	4.0481		
	国家级课题	4.0823		
教学能力	没承担课题	4.6839	30.100	0.000
	校级课题	4.9066		
	县（区）级课题	4.9558		
	市级课题	4.9141		
	省级课题	5.0140		
	国家级课题	5.1035		
职业品格	没承担课题	4.7888	15.770	0.000
	校级课题	4.9235		
	县（区）级课题	4.9678		
	市级课题	4.9275		
	省级课题	4.9951		
	国家级课题	5.1055		
个人特质	没承担课题	4.2819	18.396	0.000
	校级课题	4.3140		
	县（区）级课题	4.3343		
	市级课题	4.3832		
	省级课题	4.4002		
	国家级课题	4.4276		

表 4-54　不同发表（含出版）教学研究成果教师教学胜任力指标得分差异分析

发表（含出版）研究成果		平均分	显著性检验	
			F 值	p 值
胜任力总分	没有发表	4.4012	107.662	0.000
	1—2 篇	4.5480		
	3—4 篇	4.5789		
	5 篇及以上	4.6221		
知识素养	没有发表	3.8034	108.322	0.000
	1—2 篇	3.9944		
	3—4 篇	4.0741		
	5 篇及以上	4.1043		
教学能力	没有发表	4.7125	106.730	0.000
	1—2 篇	4.9070		
	3—4 篇	4.9425		
	5 篇及以上	5.0092		
职业品格	没有发表	4.8115	42.153	0.000
	1—2 篇	4.9254		
	3—4 篇	4.9170		
	5 篇及以上	4.9700		
个人特质	没有发表	4.2776	35.676	0.000
	1—2 篇	4.3653		
	3—4 篇	4.3819		
	5 篇及以上	4.4049		

六　教学压力

以乡村教师的教学压力为自变量，以教学胜任力及各一级指标为检验变量做单因素分析，得出表 4-55。结果表明，乡村教师教学胜任力总分 $F=60.902$，$P=0.000<0.05$，且各一级指标的 p 值均小于 0.05，由此可知，乡村教师感受到的教学压力对其教学胜任力水平产生显著性影响，并且影响其在各一级指标上的表现。表中数据显示，认为没有教学压力的乡村教师，其教学胜任力总分平均分最高，为 4.6778。具体

来说为，压力较大<压力较小<压力很大<没有压力。在各一级指标中，知识素养、教学能力和职业品格平均分得分也符合以上规律。但在个人特质上，其平均分得分排序略有不同，分别是压力较小<压力较大<没有压力<压力较大。

表 4-55　　不同教学压力教师教学胜任力指标得分差异分析

	教学压力	平均分	显著性检验	
			F 值	p 值
胜任力总分	没有压力	4.6778	60.902	0.000
	压力较小	4.4644		
	压力较大	4.4450		
	压力很大	4.5662		
知识素养	没有压力	4.1337	37.059	0.000
	压力较小	3.9141		
	压力较大	3.8607		
	压力很大	3.9639		
教学能力	没有压力	5.1153	68.672	0.000
	压力较小	4.8079		
	压力较大	4.7628		
	压力很大	4.9034		
职业品格	没有压力	5.0699	38.113	0.000
	压力较小	4.8548		
	压力较大	4.8409		
	压力很大	4.9204		
个人特质	没有压力	4.3923	54.9	0.000
	压力较小	4.2806		
	压力较大	4.3154		
	压力很大	4.4772		

为更清楚地了解乡村教师感受到的教学压力在胜任力总分及各一级指标上的差异，我们对其进行了 LSD 事后多重比较分析。本研究将"1"表示"没有压力"；"2"表示"压力较小"；"3"表示"压力较大"；"4"表示"压力很大"。

表 4-56　　不同乡村教师教学压力在胜任力总分及各一级指标上的多重比较（LSD）

因变量	教学压力情况	平均差异（I-J）	标准误	显著性	95%信赖区间	
					下限	上限
胜任力总分	1—2	0.21342*	0.02058	0.000	0.1731	0.2537
	1—3	0.23282*	0.02024	0.000	0.1931	0.2725
	1—4	0.11155*	0.02395	0.000	0.0646	0.1585
	2—3	0.01940*	0.00863	0.025	0.0025	0.0363
	2—4	-0.10186*	0.01543	0.000	-0.1321	-0.0716
	3—4	-0.12127*	0.01499	0.000	-0.1506	-0.0919
知识素养	1—2	0.21959*	0.02896	0.000	0.1628	0.2763
	1—3	0.27293*	0.02848	0.000	0.2171	0.3288
	1—4	0.16977*	0.03370	0.000	0.1037	0.2358
	2—3	0.05334*	0.01214	0.000	0.0295	0.0771
	2—4	-0.04982*	0.02172	0.022	-0.0924	-0.0072
	3—4	-0.10316*	0.02109	0.000	-0.1445	-0.0618
教学能力	1—2	0.30732*	0.02729	0.000	0.2538	0.3608
	1—3	0.35249*	0.02685	0.000	0.2999	0.4051
	1—4	0.21189*	0.03177	0.000	0.1496	0.2742
	2—3	0.04517*	0.01145	0.000	0.0227	0.0676
	2—4	-0.09543*	0.02047	0.000	-0.1356	-0.0553
	3—4	-0.14060*	0.01988	0.000	-0.1796	-0.1016
职业品格	1—2	0.21511*	0.02336	0.000	0.1693	0.2609
	1—3	0.22899*	0.02298	0.000	0.1840	0.2740
	1—4	0.14949*	0.02718	0.000	0.0962	0.2028
	2—3	0.01388	0.00979	0.157	-0.0053	0.0331
	2—4	-0.06562*	0.01752	0.000	-0.1000	-0.0313
	3—4	-0.07950*	0.01701	0.000	-0.1128	-0.0462
个人特质	1—2	0.11163*	0.02132	0.000	0.0698	0.1534
	1—3	0.07686*	0.02097	0.000	0.0357	0.1180
	1—4	-0.08495*	0.02481	0.001	-0.1336	-0.0363
	2—3	-0.03478*	0.00894	0.000	-0.0523	-0.0173
	2—4	-0.19659*	0.01599	0.000	-0.2279	-0.1652
	3—4	-0.16181*	0.01553	0.000	-0.1922	-0.1314

由上表数据可知，在胜任力总分上，教学压力为没有压力与压力较少、没有压力与压力较大、没有压力与压力很大、压力较少与压力较大、压力较少与压力很大、压力较大与压力很大的乡村教师 p 值小于 0.05，表明它们之间存在显著性差异。且在知识素养、教学能力和个人特质上也符合该规律。在职业品格上，压力较少与压力较大的乡村教师 p 值为 $0.157>0.05$，表明他们之间不存在显性相关。

第四节 结论与建议

上文通过对调查数据的处理，阐明了江西省乡村教师教学胜任力的基本情况，并从不同角度分析了该省乡村教师教学胜任力的主要影响因素。本节将进一步概括乡村教师教学胜任力的总体情况，并针对乡村教师教学胜任力存在的问题提出有针对性的建议。

一 基本结论

（一）乡村教师教学胜任力总体处于中等水平

调查数据显示，江西省乡村教师教学胜任力总分平均分得分为 4.47 分，说明该省乡村教师教学胜任力在总体上处于中等水平。各一级指标得分按分数高低排序如下：职业品格、教学能力、个人特质和知识素养。这说明，本次调查对象在职业品格和教学能力上表现较好，但在个人特质特别是知识素养上表现相对较弱。从二级指标来看，有 7 个二级指标总平均分超过 4.47 分，有两个二级指标平均分超过 5 分，分别是教学探索和职业态度，说明乡村教师在这两个二级指标方面表现较好。另有 4 个二级指标平均分得分在 4.47 以下，分别是教育知识（3.51 分）、通识知识（3.76 分）、职业追求（4.41 分）和自我特性（3.77 分）。说明乡村教师在这 4 个二级指标方面表现较弱。

（二）不同的乡村教师教学胜任力水平存在差异

调查结果显示，不同的乡村教师教学胜任力水平存在差异。从地区看，江西省的乡村教师在教学胜任力水平上表现出差异，按教学胜任力总分高低排序如下：萍乡、景德镇、赣州、上饶、宜春、吉安、抚州、鹰潭、南昌、新余、九江。

从性别看，男教师在教学胜任力总分和各一级指标上的得分均高于女教师。在二级指标中，男教师除职业情感平均分得分低于女教师外，其他指标均是男教师优于女教师。

从年龄看，年龄在40~50岁间的乡村教师教学胜任力水平均值最高，到了50岁后趋于稳定。在一级指标中，乡村教师的教学能力和职业品格在50岁后均趋于稳定，知识素养则随年龄的增长而不断提升。

从教龄看，乡村教师的教学胜任力水平随教龄的增长而不断提升，教龄在30~41年间的教师教学胜任力总分平均分得分最高。并且教师在知识素养和职业品格方面的表现也随教龄的增加而不断进步。但据分析得出，乡村教师在教龄达到30年后，其在教学能力和个人特质方面的变化较小。

从编制状况看，已获得国家教师编制的乡村教师，其在各一级指标上的表现均优于未获得国家教师编制的乡村教师。

从学历看，按教学胜任力总分平均分得分高低进行排序依次为：高中或中专、大专和本科。从总体上说，乡村教师在各一级指标特征上的表现也呈现此规律，各学历层次教师教学胜任力差异较小。

从职称看，按教学胜任力总分平均分高低进行排序依次为小教高级、小教一级、小教二级、小教三级和没评职称；在乡村初中教师中，按教学胜任力总分平均分高低进行排序依次为中教高级、中教一级、中教二级、中教三级和其他。这说明，乡村教师的职称越高，其教学胜任力水平也越高。

从任教课程看，数学教师的教学胜任力总平均分最高，其次为英语教师和语文教师。数学教师在教学能力和职业品格上的表现也优于英语教师和语文教师。

从周课时量看，任教周课时量在10节及以下的乡村教师教学胜任力水平最高。乡村教师在知识素养和个人特质上的表现也符合该规律。

从任班主任状况看，未任班主任的乡村教师其教学胜任力水平高于任班主任的乡村教师。而且在知识素养、教学能力和个人特质方面，未任班主任的乡村教师的表现优于任班主任的乡村教师。

(三) 多种因素影响乡村教师的教学胜任力

调查结果表明，影响江西省乡村教师教学胜任力的因素主要有：教研组织、教师培训、文献阅读、教学借鉴、教学研究和教学压力。

从教研组织看，乡村教师所在学校教研组织开展教研活动的频率越高，越有利于提高乡村教师的教学胜任力水平。

从教师培训看，乡村教师所在学校开展教师培训的频率越高，越有利于提升乡村教师的教学胜任力水平。同时，乡村教师在工作期间参与教师培训的次数越多，其教学胜任力水平也越高。

从文献阅读看，乡村教师阅读文献的频次越高，其教学胜任力水平越高。同时，乡村教师的藏书越多，订阅报刊的种类越多，其教学胜任力水平也越高。

从教学借鉴看，乡村教师观摩其他教师教学频次越高，向其他教师请教问题越多，其教学胜任力水平也越高。

从教学研究看，乡村教师承担的课题级别越高以及发表的教学研究成果越多，其教学胜任力水平越高。

从教学压力看，乡村教师的教学压力不利于其教学胜任力的发展，认为没有教学压力的乡村教师，其教学胜任力总平均分最高。

二 主要建议

（一）关注乡村教师生存状况，提升职业认同感

调查发现，乡村教师认为影响其教学胜任力的外在因素主要有经济待遇低、教学任务重和家长不配合，紧随其后的制约因素有杂事太多、教学条件差和应试教育倾向等。由此可知，乡村教师存在较大的生存压力，从而影响其对自身职业的认同感。乡村教师认为，其在工作中的付出与劳动收入不成正比。有些乡村小学只有一、两位教师在坚守，他们要教授所有年级学生的所有科目。他们的课前备课时间与课后反思教学时间均有限，这不利其对自身专业学科的深入探究，致使其专业水平止步不前。另一方面，在任教的其他学科上，由于不是专业出身，往往感到力不从心。此外，就现实而言，在村小就读的学生多为留守儿童，隔代抚养他们的祖父母文化程度不高，难以对学生进行课后辅导。在乡镇中心小学，乡村教师的生存压力较大，由于杂事过多，占用了他们钻研教材、学习观摩和自我反思的时间，导致他们的教学胜任力水平提升较缓慢，从而影响其对教师职业的认同感。

国务院下发的《关于印发乡村教师支持计划（2015—2020年）的通知》明确要求"全面落实集中连片特困地区乡村教师生活补助政策，依据学校艰苦边远程度实行差别化的补助标准，中央财政继续给予综合奖补"。改善乡村教师的生存状况，是促进教师积极从教、幸福从教的有力措施，有利于提升其职业认同感，坚定乡村教师长期从教的信念，有利于其提升教学胜任力水平。

（二）强化教研活动，提高乡村教师专业水平

调查结果表明，在工作期间经常参加教研活动的乡村教师，其教学胜任力水平最高，且在各级指标特征上表现最好。学校开展教研活动要进一步提高效果，成功的教研活动的关键在于有针对性，要抓准每次教研活动要解决的问题。发现乡村教师存在的困惑，是乡村学校开展教研活动的起点。对于乡村教师而言，教研组织是教研活动的组织者和引导者，乡村教师自身才是主体，作为主体的乡村教师要积极主动地参与到教研活动中去。教研组织只有尊重乡村教师的主体地位，乡村教师才会愿意参与教研活动，从而有利于提升其教学胜任力水平。

以师为本还是以生为本，是传统教育理念和现代教育理念的重要区别。为了使素质教育落到实处，让每一个学生接受富有创新性的知识，更新乡村教师的教育教学理念刻不容缓。调查发现，有27.6%的乡村教师年龄在40岁以上，5.9%的乡村教师年龄在50岁以上。尤其是村小教师年龄普遍偏高。已有二、三十年教龄的乡村教师要改变固有的教育理念并不容易。一方面，需要乡村教师自身积极主动地学习，吸收新知识，在主观上力求改变；另一方面，通过参加国编和特岗教师考试进入乡村学校的新教师在教学中要为乡村学校带来新的教育教学理念。

（三）加强教师培训，为乡村教师提供专业引领

调查结果表明，乡村教师参加教师培训的次数越多，其教学胜任力水平越高，且在各级指标特征上表现越好。在教师培训中，应注重培训的实际效果。调查发现，有423位乡村教师所在学校从未开展教师培训、4554位乡村教师所在学校开展培训较少。这说明乡村学校开展教师培训力度需要进一步加强。首先，要增加政府对乡村教师培训经费的投入，并要加强教师培训经费的监管力度，确保乡村教师的培训经费落到实处。这不仅体现在要确保满足参加教师培训的乡村教师的基本费用，也体现在要为乡村

教师选择高水平、高层次的培训教师。不同情况的乡村教师，他们接受的教师培训内容应有针对性。比如：小学和初中乡村教师在培训的内容上有不同之处，普通教师和骨干教师对培训内容与方式的要求也不一样，不同学科、职称和教龄的乡村教师对培训的需求也有差异，因此需要为相应的乡村教师选取对应的培训。其次，乡村学校要采用公平合理的方式选派乡村教师参加培训。在开展培训之前，要对参与培训的乡村教师进行调查，对他们的需求进行全面的了解，这样才能更好地设计教师培训的内容。只有当培训部门与接受培训的乡村教师之间的培训动机一致时，才能保证教师培训这一活动的实效。

（四）提倡广泛阅读，丰富乡村教师知识素养

通过分析乡村教师教学胜任力三级指标得分情况，发现乡村教师在教育理论知识（2.33分）、自然科学知识（3.15分）和人文社科知识（4.38分）上的得分均低于胜任力总分平均分（4.47分）。同时，前文分析得出，乡村教师中阅读各类书刊以及藏书或订阅报刊越多，其教学胜任力水平越高。在本次调查中有3410位乡村教师认为其最需要提升的素质是教育理论知识；有2225位乡村教师认为其最需要提升的素质是专业知识；有860位乡村教师认为其最需要提升的素质是通识知识。这三部分乡村教师占此次调查总人数的44.6%。由此可知，乡村教师的知识素养亟需提升。对于乡村教师自身而言，需要坚定终身学习的理念，充分利用各种机会主动阅读，不断拓宽阅读范围，拓展自身知识视野，努力完善知识体系，使自己的教育理论知识、专业知识和通识知识协调发展。对于乡村学校而言，要为教师创造阅读条件，改善学校图书馆及阅览室的环境，帮助其订阅相关知识类书籍和报刊，开展知识讲座或竞赛，激发乡村教师阅读的兴趣。

（五）改善工作环境，减缓乡村教师心理压力

调查结果表明，未感受到教学压力的乡村教师教学胜任力水平最高，在各级指标上的表现也最好，乡村教师承受的心理压力过大会对其教学胜任力水平产生消极影响。此次受调查的乡村教师中，有1328位乡村教师认为其心理素质有待提升。为此，乡村学校应努力营造和谐融洽的校园风气，创建良好的办公条件和宽松的工作环境，为乡村教师提供获取信息的物质条件，拓宽信息来源渠道。乡村学校管理者要实行民主管理，听取乡

村教师的心声，需要认识到的是：乡村教师是有知识与能力的特殊群体，应尊重并公平地对待每一位乡村教师。为此，乡村学校需采用人性化的管理手段，创造出宽松愉悦、以乡村教师群体共识和情感为依托的良好氛围，让乡村教师真正享有教育自主权并真正参与到学校管理中去。

同时，乡村教师要重视主动提升自身心理素质，增强抗压能力。乡村教师要认识到，在工作中感受到压力是正常的，遇到困难和挫折要及时调整心态，妥善解决各种矛盾和冲突。另外，乡村教师要保持健康的生活习惯。乡村教师在工作中出现心理压力，除乡村教师自身主动缓解外，还需要乡村学校领导、同事和家人的帮助，学校要密切关注乡村教师的心理状态，通过心理辅导、开展文娱活动等方法帮助乡村教师提升情绪管理水准，舒缓其紧张情绪。

第五章　高中教师教学胜任力研究

本章研究的是高中教师教学胜任力问题。首先简要介绍高中教师教学胜任力研究的背景、意义与方法；其次阐述高中教师教学胜任力研究的设计、实施、对象与结果；再次分析影响高中教师教学胜任力的主要因素；最后对高中教师教学胜任力的现状进行概括，并在此基础上提出提升高中教师教学胜任力的对策建议。

第一节　研究的背景、意义与方法

一　研究背景

（一）提升教师队伍素质的客观需要

我国于2012年颁布的《加强教师队伍建设的意见》明确提出了教师能力标准，并提出要打造一支高胜任力、高素质的教师队伍。2019年国务院办公厅颁布的《关于新时代推进普通高中育人方式的指导意见》要求加强教师队伍建设，提出要创新教师培育方式，重点提升教师新课程实施、学生发展指导和走班教学管理能力。2019年《中国教育现代化2035》中也提到要建设高素质专业化创新型教师队伍。通过调查高中教师教学胜任力的水平，对高中教师队伍的整体素质进行分析，不仅能为提升高中教师教学水平提供参考，还可为进一步提升高中教师队伍的整体素质指明方向。

（二）提高中等教育质量的现实要求

普通高中教育作为国民教育体系的重要组成部分，在人才培养中起着承上启下的关键作用。办好普通高中教育，对于巩固义务教育普及成果、增强高等教育发展后劲、进一步提高国民整体素质具有重要意义。党的十九大报告明确提出要优先发展教育事业,普及高中阶段教育,努力让每个孩子都能享有公平而有质量的教育。教育部发布的《2018年全国教育事业发展统计公报》显示,我国共有2.43万所高中,在校高中生有3934.67万人,高中阶段的毛入学率88.8%,这说明我国高中教育发展达到了一个空前的高度。而高中阶段是学生成长道路上一个重要的分岔路口,对于这个时期的学生而言,学生学习压力大,身体上和心理上都面临诸多的问题。因此,高中教师能否胜任高中阶段的教学是我们需要重点关注的问题。对高中教师教学胜任力进行研究将为提升高中教育质量发挥重要的作用。

二 研究意义

(一) 理论价值

研究高中教师教学胜任力具有较大的理论意义。从教师胜任力的角度对高中教师教学胜任力进行研究,研究的内容主要是对高中教师教学胜任力进行界定、运用编制的问卷测评高中教师教学胜任力、对高中教师教学胜任力现状进行分析,在此基础上提出相应的对策建议。因此,本研究不仅能丰富有关教师教学胜任力的研究成果;同时也可以检验已有的教师胜任力模型是否适用于高中教师,从而为完善高中教师教学胜任力模型提供依据。

(二) 现实意义

研究高中教师教学胜任力的实践意义在于:首先,有利于掌握高中教师教学胜任力的现状,了解高中教师教学胜任力方面的优势和不足之处。其次,有助于针对高中教师教学胜任力存在的问题,提出改进高中教师教学胜任力的有效策略,以便更好地促进高中教师的自我发展。最后,可以为改进教育管理部门对高中教师的选聘、绩效评估、职业培训和教师管理提供有益的参考。

三 研究方法

(一) 文献法

通过图书馆、资料室和网络平台等途径收集相关资料并进行系统的整理和分析,厘清高中教师教学胜任力方面的研究成果,界定本研究的相关概念，为本研究的开展提供理论指导。

（二）调查法

本研究采用江西师范大学何齐宗教授编制的调查问卷，借助问卷星向江西省高中教师发放网络问卷。目的在于调查江西省高中教师教学胜任力的现状，分析该省高中教师教学胜任力存在的问题，揭示影响该省高中教师教学胜任力的主要因素。

（三）统计法

本研究运用SPSS24.0对回收的有效问卷进行统计测量分析，通过分析被试数据的平均值、标准差，并对被试的测验值进行独立样本T检验和方差分析，从而揭示高中教师教学胜任力的总体情况、主要差异及其影响因素。

第二节 高中教师教学胜任力的调查与分析

为了解江西省高中教师教学胜任力水平的现状，我们借助问卷星平台回收问卷并用SPSS24.0对问卷进行分析。

一 调查的设计

（一）调查目的

本调查是为了掌握江西省高中教师教学胜任力水平的现状，分析影响高中教师教学胜任力的因素并探讨提升高中教师教学胜任力水平的策略。

（二）调查工具

本研究采用何齐宗教授编制的调查问卷。问卷包括三个部分：第一部分共16题，旨在了解被试的基本信息；第二部分共84题，是依据4个一级指标、11个二级指标和50个三级指标设计的，各级指标见表5-1；第三部分共21题，旨在探究影响高中教师教学胜任力水平的因素。

第二部分题目采用6点计分法，1代表"极不符合"、2代表"较不符合"、3代表"有点不符合"、4代表"有点符合"、5代表"比较符合"、6代表"完全符合"，得分越高表明教师的教学胜任力水平越高。为使调查结果更为科学，问卷设置了18道反向计分题，题号分别是1、2、8、27、28、48、49、51、52、57、60、66、67、68、69、70、74和

75。反向计分题的计分标准则相反。

表 5-1　　高中教师教学胜任力测评指标体系

一级指标	二级指标	三级指标
知识素养	教育知识	教育理论知识（第 1、2 题）；教育实践知识（第 3、4 题）
	学科知识	学科专业知识（第 5 题）；学科发展动态（第 6 题）
	通识知识	人文社科知识（第 7 题）；自然科学知识（第 8 题）
教学能力	教学设计	教学目标设定（第 9 题）；教学对象分析（第 10、11、12 题）；信息获取与处理（第 13 题）；教学内容安排（第 14 题）；教学方法选择（第 15、16、17 题）
	教学实施	课堂组织（第 18、19、20 题）；语言表达（第 21、22 题）；教学演示（第 23 题）；教育技术运用（第 24 题）；启发技巧（第 25 题）；激励艺术（第 26 题）；师生互动（第 27 题）；教学自主（第 28 题）；教学评价（第 29、30 题）
	教学探索	教学反思（第 31、32 题）；教学研究（第 33 题）；教学改革（第 34、35 题）
职业品格	职业态度	责任心（第 36、37 题）；进取心（第 38、39、40 题）；严谨性（第 41、42、43 题）
	职业情感	师生关系（第 44、45 题）；教学情感（第 46 题）；专业认同（第 47 题）；待遇认同（第 48、49 题）；单位认同（第 50 题）
	职业追求	职业规划（第 51、52 题）；职业理想（第 53、54 题）；职业信念（第 55、56、57、58 题）；职业境界（第 59 题）
个人特质	自我特性	适应性（第 60 题）；坚持性（第 61 题）；计划性（第 62 题）；自信心（第 63 题）；幽默感（第 64 题）；批判思维（第 65 题）；自我调控（第 66 题）；心理状态（第 67、68 题）；身体状况（第 69、70 题）
	人际特征	民主性（第 71、72、73 题）；平等性（第 74、75、76 题）；公正性（第 77 题）；宽容性（第 78、79 题）；沟通能力（第 80、81、82 题）；合作精神（第 83、84 题）

二　调查的实施

本研究的调查通过"问卷星"平台对江西省高中教师发放电子问卷的方式进行，发放的时间为 2018 年 4-6 月。

三　调查的对象

此次调查共回收有效问卷 1996 份。现从调查对象所在学校的地区分布、学校性质、性别、年龄与教龄、学历、职称、编制状况等维度对调查对象的情况进行统计，结果如下：

（一）地区分布

调查对象的地区分布情况如下：抚州167人，占8.4%；赣州396人，占19.8%；吉安205人，占10.3%；景德镇122人，占6.1%；九江138人，占6.9%；南昌367人，占18.9%；萍乡53人，占2.7%；上饶69人，占3.5%；新余186人，占9.3%；宜春239人，占12%；鹰潭54人，占2.7%。

（二）学校类型

本次调查的对象公办学校教师1853人，占92.8%；民办学校教师143人，占7.2%。

（三）性别结构

本研究样本中男教师1136人，占56.9%；女教师860人，占43.1%。

（四）年龄与教龄

1. 年龄分布

为了更好地开展数据分析，我们将调查对象的年龄表述为字母 a，并按10岁分组，将所有年龄数据分为第一组（$19 \leqslant a \leqslant 30$）、第二组（$30 < a \leqslant 40$）、第三组（$40 < a \leqslant 50$）、第四组（$51 \leqslant a \leqslant 60$）。调查对象中第一组（$19 \leqslant a \leqslant 30$）420人，占21%；第二组（$30 < a \leqslant 40$）697人，占34.9%；第三组（$40 < a \leqslant 50$）650人，占32.6%；第四组（$50 < a \leqslant 60$）229人，占11.5%。由此可知，本次调查对象年龄在19至50岁之间的高中教师分布较为均衡，而年龄在51至60岁之间的高中教师较少，但均有涉及。

2. 教龄分布

因时间跨度较大，我们将教龄用字母 b 表示，同样按10年一组进行划分，分为四个等级，第一组（$0.5 \leqslant b \leqslant 10$）、第二组（$10 < b \leqslant 20$）、第三组（$20 < b \leqslant 30$）和第四组（$30 < b \leqslant 40$）。教龄在半年到10年的教师644人，占32.3%；教龄在10年至20年的教师658人，占33%；教龄在20到30年的教师514人，占25.8%；教龄在30到40年的教师有180人，占9%。

（五）学历结构

本次调查的高中教师学历情况如下：高中（或中专）学历19人，占

1%；大专学历 59 人，占 3%；本科学历 1660 人，占 83.2%；硕士学历 246 人，占 12.3%；博士学历 12 人，占 0.6%。

此外，本次调查的高中教师的第一学历性质情况如下：第一学历为师范类专业的教师 1769 人，占 88.6%；第一学历为非师范类专业的教师 227 人，占 11.4%。

（六）编制与职称结构

1. 编制结构

从调查对象的编制结构看，多数教师是国家正式编制。属于国家正式编制的教师 1883 人，占 94.3%，未获国家编制的教师 113 名，占 5.7%。

2. 职称结构

从调查对象的职称结构看，拥有中教三级职称的教师 35 人，占 1.8%；拥有中教二级职称的 383 人，占 19.2%；拥有中教一级职称的 687 人，占 34.4%；拥有中教高级职称的 736 人，占 36.9%；未评职称的 115 人，占 7.8%。

（七）任教情况

1. 任教年级

从调查对象的任教主要年级看，任教高一年级的教师 868 人，占 43.5%；任教高二年级的 581 人，占 29.1%；任教高三年级的 547 人，占 27.4%。

2. 任教课程

从调查对象任教课程情况看，语文教师 326 人，占 16.3%；数学教师 300 人，占 15%；外语教师 351 人，占 17.6%；物理教师 225 人，占 11.3%；化学教师 165 人，占 8.3%；生物教师 112 人，占 5.6%；政治教师 112 人，占 5.6%；历史教师 113 人，占 5.7%；地理教师 99 人，占 5%；美术教师 15 人，占 0.8%；体育教师 72 人，占 3.6%；信息技术教师 51 人，占 2.6%；劳动技术教师 2 人，占 0.1%；心理健康教师 10 人，占 0.5；选择其他的 13 人，占 0.7%。

3. 周课时量

从调查对象的周课时量看，在 10 课时及以下的教师 536 人，占 26.9%；每周课时量在 11 至 15 课时的 1155 人，占 57.9%；每周有 16 至 20 课时的 251 人，占 12.6%；周课时量在 21 课时及以上的 54 人，占 2.7%。

4. 任班主任状况

调查对象担任班主任的 794 人，占 39.8%；未担任班主任的 1202 人，占 60.2%。

(八) 受表彰情况

本研究调查对象没有受过表彰的 315 人，占 8.6%；受过校级表彰的 1256 人，占 34.3%；受过县（区）级表彰的 827 人，占 22.6%；受过市级表彰的 804 人，占 22%；受过省级表彰的 361 人，占 9.9%；受过国家级表彰的 99 人，占 2.7%。

四 调查的结果

(一) 指标得分

表 5-2　　高中教师教学胜任力一、二级指标平均分统计

一级指标	得分	二级指标	得分
知识素养	4.88	教育知识	5.03
		学科知识	5.09
		通识知识	4.39
教学能力	5.04	教学设计	5.04
		教学实施	5.03
		教学探索	5.10
职业品格	4.81	职业态度	5.06
		职业情感	4.14
		职业追求	5.10
个人特质	4.80	自我特性	4.61
		人际特征	4.95

由表 5-2 可知，江西省高中教师教学胜任力的四个一级指标得分均高于 4 分，按照量表等级水平，均达到"有点符合"的水平，其中教学能力得分最高为 5.04，个人特质得分最低为 4.80，职业品格略高，为 4.81。这表明高中教师在教学能力指标上表现较好，但在个人特质和职业品格指标上有待提高。

从 11 个二级指标看，高中教师的教育知识、学科知识、教学设计、教学实施、教学探索、职业态度和职业追求得分超过 5 分，说明这 7 个二级指标表现较好。另有通识知识和职业情感这两个二级指标得分较低，表明高中教师在通识知识和职业情感上有待提高。

表 5-3　　　　高中教师教学胜任力三级指标平均分统计

三级指标	得分	三级指标	得分	三级指标	得分
教育理论知识	5.06	师生互动	4.57	职业境界	5.37
教育实践知识	4.99	教学自主	4.32	适应性	3.48
学科专业知识	5.18	教学评价	5.08	坚持性	5.24
学科发展动态	5.00	教学反思	5.20	计划性	5.04
人文社科知识	4.63	教学研究	5.12	自信心	5.10
自然科学知识	4.14	教学改革	4.99	幽默感	4.76
教学目标设定	5.29	责任心	5.30	批判思维	5.12
教学对象分析	5.03	进取心	5.10	自我调控	4.25
信息获取与处理	5.14	严谨性	4.85	心理状态	4.58
教学内容安排	5.22	师生关系	5.14	身体状况	4.28
教学方法选择	4.87	教学情感	5.06	民主性	4.81
课堂组织	5.14	专业认同	5.23	平等性	4.17
语言表达	5.20	待遇认同	1.86	公正性	5.31
教学演示	5.03	单位认同	4.73	宽容性	5.31
教育技术运用	5.02	职业规划	4.57	沟通能力	5.26
启发技巧	5.20	职业理想	5.37	合作精神	5.34
激励艺术	5.23	职业信念	5.16		

由表 5-3 可知，在 50 个三级指标中，除待遇认同和适应性两个指标得分低于 4 分，其余 48 个三级指标得分均在 4 分以上。其中得分最低的是待遇认同为 1.86 分，得分最高的是职业境界和职业理想均为 5.37 分。由此可知，高中教师在待遇认同和适应性方面有待加强，同时在自然科学知识、教学自主、自我调控、身体状况和平等性等方面也需要改善。

（二）分类得分

1. 地区差异

表 5-4　不同地区高中教师在教学胜任力总分与一、二级指标的差异比较

	F 值	P 值
胜任力总分	8.158	0.000
知识素养	9.456	0.000
教育知识	8.726	0.000
学科知识	5.597	0.000
通识知识	5.807	0.000
教学能力	5.233	0.000
教学设计	4.453	0.000
教学实施	5.243	0.000
教学探索	3.771	0.000
职业品格	4.002	0.000
职业态度	5.166	0.000
职业情感	3.903	0.000
职业追求	4.166	0.000
个人特质	7.643	0.000
自我特性	6.227	0.000
人际特征	6.284	0.000

将教学胜任力总分及各一、二级指标得分作为因变量，地区作为因子进行单因素方差分析后得出表 5-4。由表中数据可知，高中教师地区变量在教学胜任力总分和一、二级指标因变量检验的显著性概率值 P 值均为 $0.000<0.001$，表示不同地区高中教师在教学胜任力总分及一、二级指标上均有极其显著的不同。

表 5-5 为江西省 11 个设区市高中教师教学胜任力得分情况。其中抚州市在教学胜任力总分、知识素养、教学能力和个人特质中得分最高；吉安市在职业品格中得分最高；鹰潭市在教学胜任力总分、知识素养、教学能力、职业品格和个人特质中得分均为最低。

表 5-5　　　　　不同地区高中教师教学胜任力平均分统计

所在地区	人数	胜任力总分	知识素养	教学能力	职业品格	个人特质
抚州	167	5.06	5.14	5.28	5.27	4.74
赣州	396	4.85	4.80	4.96	5.03	4.26
吉安	205	5.03	5.07	5.25	5.30	4.49
景德镇	122	4.94	5.02	5.16	5.18	4.57
九江	138	4.91	4.93	5.05	5.10	4.50
南昌	367	4.72	4.67	4.78	4.92	4.21
萍乡	53	4.81	4.86	5.05	5.04	4.30
上饶	69	4.81	4.75	4.82	5.01	4.37
新余	186	4.95	5.00	5.15	5.24	4.48
宜春	239	4.94	4.95	5.13	5.14	4.40
鹰潭	54	4.70	4.50	4.61	4.70	4.06

2. 所在学校性质差异

表 5-6　　　　不同性质学校高中教师在教学胜任力总分与
一、二级指标的差异比较

	公办学校（N=1853）		民办学校（N=143）		t 值	P 值
	平均值	标准差	平均值	标准差		
胜任力总分	4.89	0.54	4.82	0.57	1.488	0.139
知识素养	4.90	0.73	4.70	0.77	2.921	0.004
教育知识	5.04	0.85	4.84	0.86	2.723	0.007
学科知识	5.11	0.83	4.86	1.09	2.723	0.007
通识知识	4.40	0.98	4.28	0.95	1.411	0.158
教学能力	5.05	0.61	4.96	0.69	1.455	0.148
教学设计	5.04	0.66	4.96	0.74	1.349	0.179
教学实施	5.04	0.62	4.93	0.68	1.798	0.074
教学探索	5.10	0.72	5.06	0.80	0.528	0.598
职业品格	4.81	0.54	4.82	0.54	−0.387	0.699
职业态度	5.06	0.66	5.06	0.68	0.004	0.997
职业情感	4.15	0.58	4.12	0.64	0.513	0.609
职业追求	5.10	0.71	5.17	0.71	−1.151	0.250
个人特质	4.80	0.59	4.77	0.61	0.602	0.548
自我特性	4.62	0.77	4.52	0.82	1.383	0.169
人际特征	4.95	0.57	4.97	0.57	−0.400	0.689

将教学胜任力总分及各一、二级指标为因变量,不同性质学校为自变量进行独立样本 T 检验。由表中数据可知,高中教师教学胜任力总分($t=1.488$, $p=0.139>0.05$)与所在学校性质未呈现显著性差异。在4个一级指标中,仅有知识素养($t=2.921$, $p=0.004<0.05$)与所在学校性质存在显著差异,这说明公办学校和民办学校教师在知识素养均值上存在统计学差异,其中公办学校高中教师的知识素养($M=4.9$)显著高于民办学校高中教师的知识素养($M=4.7$)。

在11个二级指标中,只有教育知识($t=2.723$, $p=0.007<0.05$)和学科知识($t=2.723$, $p=0.007<0.05$)与所在学校性质之间存在显著差异,公办教师的教育知识和学科知识更高。

3. 性别差异

表 5-7 不同性别高中教师在教学胜任力总分与一、二级指标的差异比较

	男（N=1136）		女（N=860）		t 值	P 值
	平均值	标准差	平均值	标准差		
胜任力总分	4.90	0.56	4.87	0.53	1.114	0.265
知识素养	4.96	0.74	4.79	0.72	5.181	0.000
教育知识	5.06	0.87	4.98	0.83	2.199	0.028
学科知识	5.20	0.81	4.96	0.89	6.134	0.000
通识知识	4.51	1.00	4.23	0.92	6.430	0.000
教学能力	5.07	0.63	5.01	0.61	2.163	0.031
教学设计	5.07	0.68	4.99	0.66	2.540	0.011
教学实施	5.04	0.64	5.01	0.62	1.054	0.292
教学探索	5.14	0.73	5.03	0.71	3.392	0.001
职业品格	4.77	0.57	4.85	0.50	-3.366	0.001
职业态度	5.06	0.70	5.05	0.61	0.126	0.900
职业情感	4.11	0.60	4.19	0.56	-2.884	0.004
职业追求	5.03	0.74	5.13	0.66	-5.118	0.000
个人特质	4.78	0.61	4.82	0.57	-1.553	0.120
自我特性	4.62	0.80	4.59	0.74	1.018	0.309
人际特征	4.91	0.59	5.01	0.55	-3.967	0.000

将教学胜任力总分及各一、二级指标为因变量，性别为自变量进行独立样本 T 检验得到表 5-7。由此可知高中教师教学胜任力总分（$t=1.114$, $p=0.265>0.05$）与性别未呈现显著性差异。但在一级指标中，不同性别的高中教师在知识素养（$t=5.181$, $p=0.000<0.05$）、教学能力（$t=2.163$, $p=0.031<0.05$）和职业品格（$t=-3.366$, $p=0.001<0.05$）均有显著的不同。其中男教师的知识素养和教学能力高于女教师，而女教师的职业品格高于男教师。

在 11 个二级指标中，不同性别高中教师在教学实施、职业态度和自我特性三个指标中未呈现显著性的差异，而在教育知识（$t=2.199$, $p=0.000<0.05$）、学科知识（$t=6.134$, $p=0.000<0.05$）、通识知识（$t=6.430$, $p=0.000<0.05$）、教学设计（$t=2.540$, $p=0.011<0.05$）、教学探索（$t=3.392$, $p=0.001<0.05$）、职业情感（$t=-2.884$, $p=0.004<0.05$）、职业追求（$t=-5.118$, $p=0.000<0.05$）和人际特征（$t=-3.967$, $p=0.000<0.05$）这 8 个指标中均存在性别差异。其中男教师的教育知识、学科知识、通识知识、教学设计和教学探索高于女教师；女教师的职业情感、职业追求和人际特征优于男教师。

4. 年龄与教龄差异

（1）年龄差异

将高中教师的年龄划分为 $19 \leqslant a \leqslant 30$、$30<a \leqslant 40$、$40<a \leqslant 50$、$50<a \leqslant 60$ 四组后和高中教师教学胜任力总分与一、二级指标进行单因素方差分析得到表 5-8。

由表可知，教学胜任力总分及各一、二级指标 p 值均为 $0.000<0.001$，表明高中教师在教学胜任力总分及各一、二级指标上均呈现明显的年龄差异。其中年龄越大，教学胜任力总分得分越高。

在 4 个一级指标中，年龄在 $40<a \leqslant 50$ 组的高中教师的教学能力和职业品格最好，年龄在 $50<a \leqslant 60$ 组的高中教师的知识素养和个人特质表现最佳。

在 11 个二级指标中，年龄在 $40<a \leqslant 50$ 组的高中教师在教学设计、教学实施、教学探索、职业态度和职业追求 5 个指标中表现最好。年龄在 $50<a \leqslant 60$ 组的高中教师在教育知识、学科知识、通识知识、教学设计、职业情感、自我特性和人际特征 7 个指标中表现最好。为进一步了解不同

年龄组高中教师教学胜任力的差异，事后进行了 LSD 多重比较。

表 5-8　不同年龄分组高中教师在教学胜任力总分与一、二级指标的差异比较

	19≤a≤30	30<a≤40	40<a≤50	50<a≤60	F 值	P 值
胜任力总分	4.67	4.85	5.01	5.03	40.602	0.000
知识素养	4.58	4.84	5.05	5.10	44.281	0.000
教育知识	4.75	4.97	5.19	5.22	28.875	0.000
学科知识	4.66	5.10	5.29	5.32	49.838	0.000
通识知识	4.15	4.30	4.54	4.66	21.867	0.000
教学能力	4.76	5.05	5.18	5.16	40.833	0.000
教学设计	4.73	5.06	5.17	5.17	38.368	0.000
教学实施	4.77	5.02	5.16	5.14	35.812	0.000
教学探索	4.81	5.10	5.24	5.21	34.082	0.000
职业品格	4.70	4.77	4.89	4.88	13.716	0.000
职业态度	4.84	5.06	5.16	5.15	23.125	0.000
职业情感	4.07	4.11	4.19	4.26	9.166	0.000
职业追求	5.06	5.03	5.19	5.14	6.605	0.000
个人特质	4.66	4.74	4.90	4.98	24.311	0.000
自我特性	4.38	4.51	4.77	4.87	36.026	0.000
人际特征	4.88	4.92	5.00	5.06	7.761	0.000

由表 5-9 可知，在教学胜任力总分和一级指标中的知识素养与教学能力上，仅有年龄在 40<a≤50 与 50<a≤60 两组的高中教师之间不存在显著性差异，其余各组之间均存在显著性差异。在一级指标中的职业品格和个人特质上，仅有年龄在 19≤a≤30 与 30<a≤40 以及 40<a≤50 与 50<a≤60 的高中教师之间不存在显著性差异，其余各组之间均存在显著性差异。表明高中教师的教学胜任力水平、知识素养、教学能力、职业品格和个人特质会随着年龄的增长而提高。

表 5-9　　不同年龄分组高中教师在教学胜任力总分及一级指标的多重比较（LSD）

因变量	年龄分组（I）	年龄分组（J）	均值差（I-J）	显著性
胜任力总分	19≤a≤30	30<a≤40	-0.175	0.000
		40<a≤50	-0.332	0.000
		50<a≤60	-0.358	0.000
	30<a≤40	40<a≤50	-0.157	0.000
		50<a≤60	-0.183	0.000
	40<a≤50	50<a≤60	-0.026	0.984
知识素养	19≤a≤30	30<a≤40	-0.261	0.000
		40<a≤50	-0.477	0.000
		50<a≤60	-0.526	0.000
	30<a≤40	40<a≤50	-0.216	0.000
		50<a≤60	-0.265	0.000
	40<a≤50	50<a≤60	-0.049	0.930
教学能力	19≤a≤30	30<a≤40	-0.282	0.000
		40<a≤50	-0.414	0.000
		50<a≤60	-0.399	0.000
	30<a≤40	40<a≤50	-0.132	0.000
		50<a≤60	-0.117	0.036
	40<a≤50	50<a≤60	0.015	1.000
职业品格	19≤a≤30	30<a≤40	-0.076	0.147
		40<a≤50	-0.195	0.000
		50<a≤60	-0.188	0.000
	30<a≤40	40<a≤50	-0.119	0.000
		50<a≤60	-0.112	0.023
	40<a≤50	50<a≤60	0.007	1.000
个人特质	19≤a≤30	30<a≤40	-0.081	0.155
		40<a≤50	-0.242	0.000
		50<a≤60	-0.320	0.000
	30<a≤40	40<a≤50	-0.162	0.000
		50<a≤60	-0.239	0.000
	40<a≤50	50<a≤60	-0.077	0.374

（2）教龄差异

将高中教师教龄划分为 0.5≤b≤10、10<b≤20、20<b≤30、30<b≤40 四组后和高中教师教学胜任力总分与一、二级指标进行单因素方差分析得到表 5-10。

表 5-10　不同教龄分组高中教师在教学胜任力总分与一、二级指标的差异比较

	0.5≤b≤10	10<b≤20	20<b≤30	30<b≤40	F 值	P 值
胜任力总分	4.69	4.91	5.04	5.04	51.018	0.000
知识素养	4.63	4.90	5.11	5.10	51.001	0.000
教育知识	4.79	5.03	5.26	5.20	34.561	0.000
学科知识	4.74	5.20	5.31	5.35	54.613	0.000
通识知识	4.19	4.33	4.62	4.63	24.151	0.000
教学能力	4.81	5.11	5.21	5.18	49.554	0.000
教学设计	4.79	5.12	5.19	5.20	44.492	0.000
教学实施	4.80	5.08	5.20	5.15	44.869	0.000
教学探索	4.85	5.18	5.26	5.24	39.115	0.000
职业品格	4.69	4.81	4.92	4.89	20.796	0.000
职业态度	4.88	5.10	5.20	5.15	26.875	0.000
职业情感	4.07	4.14	4.20	4.27	9.514	0.000
职业追求	5.01	5.08	5.24	5.13	11.911	0.000
个人特质	4.65	4.80	4.93	4.99	32.578	0.000
自我特性	4.38	4.59	4.82	4.91	45.744	0.000
人际特征	4.86	4.96	5.02	5.06	11.130	0.000

由表可知，教学胜任力总分及一、二级指标 p 值均为 $0.000<0.001$，表明高中教师在教学胜任力总分及各一、二级指标上均呈现明显的教龄差异。其中教龄在 20<b≤30 组的高中教师知识素养、教学能力、职业品格表现最好，教龄在 30<b≤40 组的高中教师的个人特质表现最佳。

在 11 个二级指标中，教龄在 20<b≤30 组的高中教师在教育知识、教学实施、教学探索、职业态度和职业追求 5 个指标中表现最好。教龄在

30<b≤40 组的高中教师在学科知识、通识知识、教学设计、职业情感、自我特性和人际特征 6 个指标中表现最好。为进一步了解不同教龄组高中教师教学胜任力的差异，事后进行了 LSD 多重比较。

表 5-11　　　　不同教龄分组高中教师在教学胜任力总分及一级指标的多重比较（LSD）

因变量	教龄分组（I）	教龄分组（J）	均值差（I-J）	显著性
胜任力总分	0.5≤b≤10	10<b≤20	-0.214	0.000
		20<b≤30	-0.353	0.000
		30<b≤40	-0.349	0.000
	10<b≤20	20<b≤30	-0.139	0.000
		30<b≤40	-0.135	0.007
	20<b≤30	30<b≤40	0.004	1.000
知识素养	0.5≤b≤10	10<b≤20	-0.273	0.000
		20<b≤30	-0.487	0.000
		30<b≤40	-0.470	0.000
	10<b≤20	20<b≤30	-0.214	0.000
		30<b≤40	-0.197	0.005
	20<b≤30	30<b≤40	0.017	1.000
教学能力	0.5≤b≤10	10<b≤20	-0.306	0.000
		20<b≤30	-0.401	0.000
		30<b≤40	-0.379	0.000
	10<b≤20	20<b≤30	-0.094	0.027
		30<b≤40	-0.073	0.473
	20<b≤30	30<b≤40	0.022	0.997
职业品格	0.5≤b≤10	10<b≤20	-0.124	0.000
		20<b≤30	-0.235	0.000
		30<b≤40	-0.197	0.000
	10<b≤20	20<b≤30	-0.111	0.003
		30<b≤40	-0.073	0.373
	20<b≤30	30<b≤40	0.038	0.925
个人特质	0.5≤b≤10	10<b≤20	-0.151	0.000
		20<b≤30	-0.288	0.000
		30<b≤40	-0.349	0.000
	10<b≤20	20<b≤30	-0.137	0.000
		30<b≤40	-0.198	0.000
	20<b≤30	30<b≤40	-0.060	0.736

由表 5-11 可知，在教学胜任力总分和一级指标中的知识素养与个人特质上，仅有教龄在 20<b≤30 与 30<b≤40 两组的高中教师之间不存在显著性差异，其余各组之间均存在显著性差异。在一级指标中的教学能力和职业品格上，仅有教龄在 10<b≤20 与 30<b≤40 以及 20<b≤30 与 30<b≤40 的高中教师之间不存在显著性差异，其余各组之间均存在显著性差异。这表明高中教师的教学胜任力水平和各一级指标随着教龄的增长而提高。

5. 编制状况差异

表 5-12　　不同编制高中教师在教学胜任力总分与一、二级指标的差异比较

	是（N=1883）		否（N=113）		t 值	P 值
	平均值	标准差	平均值	标准差		
胜任力总分	4.90	0.54	4.67	0.56	4.258	0.000
知识素养	4.90	0.73	4.54	0.72	5.066	0.000
教育知识	5.05	0.85	4.69	0.86	4.326	0.000
学科知识	5.12	0.84	4.66	0.98	4.876	0.000
通识知识	4.40	0.98	4.14	0.87	3.116	0.002
教学能力	5.06	0.61	4.77	0.72	4.226	0.000
教学设计	5.06	0.66	4.73	0.80	4.206	0.000
教学实施	5.04	0.62	4.77	0.70	4.010	0.000
教学探索	5.11	0.71	4.82	0.81	3.703	0.000
职业品格	4.81	0.54	4.71	0.57	2.058	0.040
职业态度	5.07	0.66	4.84	0.74	3.255	0.001
职业情感	4.15	0.59	4.10	0.58	0.733	0.463
职业追求	5.11	0.71	5.06	0.78	0.655	0.514
个人特质	4.81	0.59	4.67	0.58	2.395	0.018
自我特性	4.62	0.78	4.40	0.78	2.944	0.003
人际特征	4.96	0.58	4.89	0.56	1.205	0.228

将教学胜任力总分及一、二级指标为因变量，获编制状况为自变量进行独立样本 T 检验得到表 5-12。从中可知，教学胜任力总分（$t=4.258$，$p=0.000<0.001$）、知识素养（$t=5.066$，$p=0.000<0.001$）、教学能力（$t=4.226$，$p=0.000<0.001$）、职业品格（$t=2.058$，$p=0.040<0.05$）和个人特质（$t=2.395$，$p=0.018<0.05$）与是否获得国家教师编制均呈现

显著差异。从均值看，已获国家教师编制的高中教师，其教学胜任力总分以及各一级指标得分均高于未获国家教师编制的高中教师。这表明已获国家教师编制的高中教师的教学胜任力水平和各一级指标优于未获国家教师编制的高中教师。

在11个二级指标中，仅有职业情感（$t=0.733$，$p=0.463>0.05$）、职业追求（$t=0.655$，$p=0.514>0.05$）和人际特征（$t=1.205$，$p=0.228>0.05$）与是否获国家教师编制之间未呈现显著性差异，其余8个指标与是否获国家教师编制之间均呈现显著性差异。这表明已获国家教师编制的高中教师，其教育知识、学科知识、通识知识、教学设计、教学实施、教学探索、职业态度和自我特性均高于未获国家教师编制的高中教师。

6. 学历差异

表5-13 不同学历高中教师在教学胜任力总分与一、二级指标的差异比较

	高中（或中专）	大专	本科	硕士	博士	F值	P值
胜任力总分	4.62	4.66	4.92	4.75	4.32	9.736	0.000
知识素养	4.58	4.66	4.92	4.76	4.51	4.555	0.003
教育知识	4.57	4.62	5.06	4.95	4.44	5.465	0.001
学科知识	5.05	4.97	5.13	4.92	4.79	3.709	0.005
通识知识	4.13	4.41	4.41	4.22	4.38	2.371	0.050
教学能力	4.79	4.86	5.08	4.88	4.33	8.351	0.000
教学设计	4.84	4.93	5.08	4.84	4.44	7.904	0.000
教学实施	4.70	4.78	5.07	4.88	4.21	8.615	0.000
教学探索	4.92	4.94	5.13	4.93	4.42	5.546	0.001
职业品格	4.56	4.56	4.84	4.70	4.24	8.014	0.000
职业态度	4.82	4.88	5.09	4.91	4.29	6.886	0.000
职业情感	4.00	4.08	4.16	4.04	4.20	3.067	0.016
职业追求	4.78	4.66	5.14	5.03	4.22	8.504	0.000
个人特质	4.54	4.56	4.84	4.66	4.18	9.926	0.000
自我特性	4.30	4.32	4.66	4.41	4.02	9.662	0.000
人际特征	4.73	4.74	4.98	4.86	4.32	6.071	0.000

为了解不同学历的高中教师在教学胜任力总分和各一、二级指标上的差异，我们将教学胜任力总分和各一、二级指标得分作为因变量，学历作为自变量进行单因素方差分析得到表5-13。从中可知，

不同学历高中教师在教学胜任力总分及各一级指标上均存在显著差异。在 11 个二级指标中，不同学历高中教师仅在通识知识指标上不存在显著差异。

为进一步了解不同学历高中教师教学胜任力的差异，我们事后进行了 LSD 多重比较。

表 5-14　不同学历高中教师在教学胜任力总分上的多重比较（LSD）

因变量	学历（I）	学历（J）	均值差（I-J）	显著性
胜任力总分	高中（或中专）	大专	−0.041	1.000
		本科	−0.301	0.287
		硕士	−0.133	0.983
		博士	0.303	0.980
	大专	本科	−0.260	0.035
		硕士	−0.091	0.977
		博士	0.344	0.938
	本科	硕士	0.168	0.000
		博士	0.604	0.374
	硕士	博士	0.436	0.763

由表 5-14 可知，在教学胜任力总分上，本科学历高中教师教学胜任力水平高于大专和硕士学历高中教师。除此之外，其他学历之间并无显著差异。

表 5-15　不同学历高中教师在知识素养上的多重比较（LSD）

因变量	学历（I）	学历（J）	均值差（I-J）	显著性
知识素养	高中（或中专）	大专	−0.078	1.000
		本科	−0.336	0.648
		硕士	−0.185	0.989
		博士	0.069	1.000
	大专	本科	−0.259	0.136
		硕士	−0.107	0.983
		博士	0.146	1.000
	本科	硕士	0.151	0.018
		博士	0.405	0.956
	硕士	博士	0.254	0.999

在知识素养上，本科学历高中教师高于硕士学历高中教师。除此之外，其他学历之间并无显著差异。

表5-16　不同学历高中教师在教学能力上的多重比较（LSD）

因变量	学历（I）	学历（J）	均值差（I-J）	显著性
教学能力	高中（或中专）	大专	-0.074	1.000
		本科	-0.295	0.620
		硕士	-0.090	1.000
		博士	0.460	0.941
	大专	本科	-0.222	0.261
		硕士	-0.016	1.000
		博士	0.534	0.826
	本科	硕士	0.205	0.000
		博士	0.756	0.407
	硕士	博士	0.550	0.780

在教学能力上，本科学历高中教师高于硕士学历高中教师。除此之外，其他学历之间并无显著差异。

表5-17　不同学历高中教师在职业品格上的多重比较（LSD）

因变量	学历（I）	学历（J）	均值差（I-J）	显著性
职业品格	高中（或中专）	大专	0.002	1.000
		本科	-0.276	0.373
		硕士	-0.136	0.977
		博士	0.324	0.974
	大专	本科	-0.278	0.024
		硕士	-0.138	0.777
		博士	0.322	0.968
	本科	硕士	0.140	0.001
		博士	0.600	0.430
	硕士	博士	0.460	0.748

在职业品格上，本科学历高中教师显著高于大专和硕士学历高中教师。除此之外，其他学历之间并无显著差异。

表 5-18　不同学历高中教师在个人特质上的多重比较（LSD）

因变量	学历（I）	学历（J）	均值差（I-J）	显著性
个人特质	高中（或中专）	大专	-0.016	1.000
		本科	-0.297	0.449
		硕士	-0.120	0.997
		博士	0.358	0.868
	大专	本科	-0.281	0.030
		硕士	-0.104	0.965
		博士	0.374	0.750
	本科	硕士	0.177	0.000
		博士	0.655	0.106
	硕士	博士	0.478	0.398

在个人特质上，本科学历高中教师显著高于大专和硕士学历高中教师。除此之外，其他学历之间并无显著差异。

表 5-19　第一学历性质不同的高中教师在教学胜任力总分与一、二级指标的差异比较

	师范类（N=1769）		非师范类（N=227）		t 值	P 值
	平均值	标准差	平均值	标准差		
胜任力总分	4.90	0.54	4.74	0.59	4.108	0.000
知识素养	4.92	0.73	4.59	0.77	6.051	0.000
教育知识	5.07	0.84	4.66	0.89	6.601	0.000
学科知识	5.13	0.84	4.83	0.96	4.552	0.000
通识知识	4.41	0.98	4.23	0.96	2.678	0.008
教学能力	5.06	0.60	4.89	0.70	3.654	0.000
教学设计	5.06	0.65	4.88	0.78	3.283	0.001
教学实施	5.05	0.62	4.86	0.70	3.915	0.000
教学探索	5.11	0.70	4.96	0.83	2.638	0.009
职业品格	4.82	0.54	4.74	0.59	1.774	0.077
职业态度	5.07	0.65	4.97	0.72	2.024	0.044
职业情感	4.14	0.59	4.16	0.60	-0.441	0.659
职业追求	5.12	0.70	5.00	0.78	2.175	0.030
个人特质	4.81	0.59	4.72	0.64	2.117	0.035
自我特性	4.62	0.77	4.49	0.82	2.281	0.023
人际特征	4.96	0.57	4.89	0.64	1.466	0.144

将教学胜任力总分及一、二级指标为因变量，第一学历性质为自变量进行独立样本 T 检验得到表 5-19。由此可知，教学胜任力总分（$t=$

4.108,$p=0.000<0.001$)、知识素养($t=6.051$,$p=0.000<0.001$)、教学能力($t=3.654$,$p=0.000<0.001$)以及个人特质($t=2.117$,$p=0.035<0.05$)与第一学历是否为师范类呈现显著差异。职业品格($t=1.774$,$p=0.077>0.05$)与第一学历是否为师范类之间不存在显著性差异。这表明第一学历为师范类的高中教师在教学胜任力水平、知识素养、教学能力和个人特质上的表现要优于第一学历为非师范类的高中教师。

在11个二级指标中,除职业情感($t=-0.441$,$p=0.659>0.05$)与人际特征($t=1.466$,$p=0.144>0.05$)两个指标与第一学历是否为师范类无显著差异,其余9个指标均与第一学历是否为师范类之间呈现显著差异,且第一学历为师范类的高中教师的表现均优于第一学历为非师范类的高中教师。

7. 职称差异

表 5-20　　　　不同职称高中教师在教学胜任力总分与
一、二级指标的差异比较

	未评职称	中教三级	中教二级	中教一级	中教高级	F 值	P 值
胜任力总分	4.64	4.44	4.77	4.87	5.03	32.667	0.000
知识素养	4.45	4.28	4.71	4.89	5.09	37.663	0.000
教育知识	4.60	4.31	4.88	5.04	5.22	29.510	0.000
学科知识	4.49	4.47	4.83	5.15	5.34	44.997	0.000
通识知识	4.10	4.03	4.27	4.34	4.57	13.488	0.000
教学能力	4.68	4.62	4.89	5.06	5.20	34.399	0.000
教学设计	4.61	4.62	4.89	5.07	5.19	30.105	0.000
教学实施	4.73	4.56	4.86	5.04	5.19	33.114	0.000
教学探索	4.70	4.77	4.95	5.11	5.26	25.343	0.000
职业品格	4.72	4.53	4.75	4.77	4.90	10.899	0.000
职业态度	4.78	4.76	4.96	5.07	5.17	16.337	0.000
职业情感	4.10	4.15	4.11	4.09	4.22	5.252	0.000
职业追求	5.16	4.63	5.06	5.03	5.20	9.218	0.000
个人特质	4.70	4.34	4.72	4.77	4.92	19.216	0.000
自我特性	4.46	4.04	4.47	4.55	4.80	22.815	0.000
人际特征	4.90	4.57	4.92	4.94	5.02	7.056	0.000

将教学胜任力总分与一、二级指标作为因变量,职称作为自变量进行单因素方差分析得到表5-20。从中可知,高中教师在教学胜任力总分及各一、二级指标上均存在极其显著的职称差异(p值均为$0.000<0.001$)。

为进一步了解不同职称高中教师教学胜任力的差异,我们事后进行了LSD多重比较。

表 5-21　不同职称高中教师在教学胜任力总分上的多重比较（LSD）

因变量	职称（I）	职称（J）	均值差（I-J）	显著性
胜任力总分	未评职称	中教三级	0.197	0.408
		中教二级	−0.129	0.182
		中教一级	−0.234	0.000
		中教高级	−0.389	0.000
	中教三级	中教二级	−0.326	0.009
		中教一级	−0.431	0.000
		中教高级	−0.587	0.000
	中教二级	中教一级	−0.105	0.026
		中教高级	−0.260	0.000
	中教一级	中教高级	−0.155	0.000

如表 5-21 所示，在教学胜任力总分上，除未评职称与中教三级和中教二级的高中教师之间不存在显著性差异，其他职称的高中教师之间均存在显著差异。其中，职称为中教高级的高中教师表现最好，高于其他任何职称的高中教师。职称为中教一级的高中教师优于中教二级及以下的高中教师。职称为中教二级的高中教师优于中教三级的高中教师。这表明职称越高，高中教师教学胜任力水平越高。

表 5-22　不同职称高中教师在知识素养上的多重比较（LSD）

因变量	职称（I）	职称（J）	均值差（I-J）	显著性
知识素养	未评职称	中教三级	0.167	0.965
		中教二级	−0.268	0.003
		中教一级	−0.445	0.000
		中教高级	−0.640	0.000
	中教三级	中教二级	−0.436	0.049
		中教一级	−0.612	0.001
		中教高级	−0.807	0.000
	中教二级	中教一级	−0.176	0.002
		中教高级	−0.371	0.000
	中教一级	中教高级	−0.195	0.000

在知识素养上，除未评职称与中教三级的高中教师之间不存在显著性差异（$p=0.965>0.05$），其他职称的高中教师之间均存在显著差异。其

中，职称为中教高级的高中教师表现最好，高于其他任何职称的高中教师。职称为中教一级的高中教师优于中教二级及以下的高中教师。职称为中教二级的高中教师优于中教三级及以下的高中教师。这表明职称越高，高中教师知识素养越好。

表 5-23　不同职称高中教师在教学能力上的多重比较（LSD）

因变量	职称（I）	职称（J）	均值差（I-J）	显著性
教学能力	未评职称	中教三级	0.063	1.000
		中教二级	-0.205	0.030
		中教一级	-0.381	0.000
		中教高级	-0.521	0.000
	中教三级	中教二级	-0.268	0.135
		中教一级	-0.444	0.001
		中教高级	-0.584	0.000
	中教二级	中教一级	-0.176	0.000
		中教高级	-0.317	0.000
	中教一级	中教高级	-0.140	0.000

在教学能力上，除未评职称与中教三级及中教三级与中教二级的高中教师之间不存在显著性差异，其他职称的高中教师之间均存在显著性差异。其中，职称为中教高级的高中教师表现最好，高于其他任何职称的高中教师。职称为中教一级的高中教师优于中教二级及以下的高中教师。职称为中教二级的高中教师优于未评职称的高中教师。这表明职称越高，高中教师教学能力越高。

表 5-24　不同职称高中教师在职业品格上的多重比较（LSD）

因变量	职称（I）	职称（J）	均值差（I-J）	显著性
职业品格	未评职称	中教三级	0.195	0.442
		中教二级	-0.026	0.993
		中教一级	-0.046	0.919
		中教高级	-0.178	0.007
	中教三级	中教二级	-0.221	0.251
		中教一级	-0.241	0.154
		中教高级	-0.373	0.003
	中教二级	中教一级	-0.021	0.985
		中教高级	-0.153	0.000
	中教一级	中教高级	-0.132	0.000

在职业品格上,只有未评职称、中教三级、中教二级和中教一级与中教高级教师之间存在显著差异。这表明职称为中教高级的高中教师的职业品格表现最好。

表 5-25　不同职称高中教师在个人特质上的多重比较（LSD）

因变量	职称（I）	职称（J）	均值差（I-J）	显著性
个人特质	未评职称	中教三级	0.364	0.004
		中教二级	-0.017	1.000
		中教一级	-0.064	0.920
		中教高级	-0.217	0.000
	中教三级	中教二级	-0.381	0.001
		中教一级	-0.428	0.000
		中教高级	-0.581	0.000
	中教二级	中教一级	-0.047	0.922
		中教高级	-0.200	0.000
	中教一级	中教高级	-0.153	0.000

在个人特质上,除未评职称与中教二级、中教一级以及中教二级与中教一级之间不存在显著性差异,其他职称教师之间均存在显著性差异。其中,职称为中教高级的高中教师表现最好,高于其他任何职称的高中教师。职称为中教一级的高中教师优于中教三级的高中教师。中教二级的高中教师优于中教三级的高中教师,但与未评职称的高中教师不存在显著差异。未评职称的高中教师优于中教三级的高中教师。这表明从总体上看职称越高,高中教师个人特质越好。

8. 任教情况差异

(1) 任教主要课程差异

语文、数学、英语、政治、历史、地理、物理、化学、生物是高中的核心课程。因此本研究重点分析这 9 门课程高中教师的教学胜任力。对任教不同课程高中教师的教学胜任力总分和一、二级指标进行单因素方差分析得到表 5-27。从中可知,任教不同课程高中教师在教学胜任力总分上不存在显著性差异（$p=0.068>0.05$）。

表 5-26　　不同学科高中教师在教学胜任力总分与一、二级指标的差异比较

	F 值	P 值
胜任力总分	1.823	0.068
知识素养	2.531	0.010
教育知识	1.268	0.000
学科知识	3.033	0.002
通识知识	6.269	0.000
教学能力	3.253	0.001
教学设计	4.153	0.000
教学实施	2.652	0.007
教学探索	2.262	0.021
职业品格	2.972	0.000
职业态度	2.125	0.031
职业情感	2.785	0.005
职业追求	2.282	0.020
个人特质	1.589	0.123
自我特性	1.319	0.229
人际特征	2.467	0.012

表 5-27　　任教不同课程高中教师教学胜任力总分及一、二级指标平均分统计表

	语文	数学	英语	物理	化学	生物	历史	地理	政治
胜任力总分	4.84	4.91	4.94	4.85	4.94	4.88	4.81	4.85	4.83
知识素养	4.79	4.87	4.90	4.98	5.05	4.97	4.84	4.88	4.82
教育知识	4.97	5.02	5.05	5.10	5.15	5.06	4.99	4.87	5.04
学科知识	4.94	5.15	5.16	5.18	5.20	5.11	5.04	5.11	4.93
通识知识	4.27	4.27	4.33	4.52	4.68	4.63	4.32	4.69	4.26
教学能力	4.97	5.12	5.14	5.00	5.08	5.00	4.94	5.00	4.96
教学设计	4.96	5.14	5.15	5.01	5.05	4.98	4.94	4.95	4.92
教学实施	4.96	5.08	5.12	4.99	5.08	5.00	4.93	5.02	4.94
教学探索	5.03	5.20	5.16	5.03	5.12	5.07	4.99	5.03	5.08
职业品格	4.80	4.83	4.89	4.69	4.81	4.78	4.75	4.77	4.79
职业态度	5.04	5.10	5.14	4.95	5.02	5.06	4.97	5.05	5.05
职业情感	4.11	4.19	4.22	4.05	4.12	4.08	4.09	4.05	4.03
职业追求	5.13	5.09	5.19	4.95	5.16	5.09	5.06	5.08	5.14
个人特质	4.78	4.82	4.85	4.71	4.84	4.77	4.73	4.75	4.75
自我特性	4.59	4.65	4.61	4.54	4.72	4.56	4.55	4.51	4.51
人际特征	4.94	4.96	5.04	4.85	4.94	4.94	4.87	4.94	4.93

为进一步了解任教不同课程的高中教师教学胜任力的差异，我们事后进行了 LSD 多重比较。根据多重比较的结果，任教不同课程的高中教师在教学胜任力总分及各一级指标上均不存在显著性差异。在 11 个二级指标中，任教外语的高中教师的通识知识、职业追求和人际特征均高于任教物理的高中教师。

（2）任教年级差异

表 5-28　　　任教不同年级高中教师在教学胜任力总分
与一、二级指标的差异比较

	高一年级	高二年级	高三年级	F 值	P 值
胜任力总分	4.87	4.88	4.91	1.03	0.358
知识素养	4.84	4.89	4.95	3.81	0.022
教育知识	4.99	5.02	5.08	1.93	0.146
学科知识	5.03	5.11	5.18	5.87	0.003
通识知识	4.35	4.39	4.45	1.91	0.148
教学能力	5.02	5.05	5.07	1.04	0.355
教学设计	5.01	5.05	5.07	1.20	0.300
教学实施	5.01	5.04	5.05	0.93	0.393
教学探索	5.08	5.11	5.11	0.50	0.609
职业品格	4.82	4.78	4.82	1.47	0.229
职业态度	5.06	5.03	5.08	0.70	0.499
职业情感	4.18	4.09	4.14	3.69	0.025
职业追求	5.12	5.08	5.11	0.53	0.589
个人特质	4.80	4.79	4.81	0.21	0.808
自我特性	4.61	4.61	4.62	0.04	0.963
人际特征	4.95	4.94	4.97	0.43	0.651

对任教不同年级高中教师教学胜任力总分及各一、二级指标进行单因素方差分析得到表 5-28。从中可知，在教学胜任力总分和一级指标中，只有知识素养（$p=0.022<0.05$）与任教年级存在显著差异。在二级指标中，只有学科知识（$p=0.003<0.05$）和职业情感（$p=0.025<0.05$）与任教年级存在显著差异。

为了解任教年级与教学胜任力水平之间的差异，我们对任教不同年级高中教师进行 LSD 多重比较。在一级指标知识素养中，任教高三年级教师水平高于任教高一年级教师。在 11 个二级指标中，在学科知识指标上任教高三年级教师水平高于任教高一年级教师；在职业情感上，任教高一年级教师表现优于任教高二年级教师。

（3）周课时量差异

表 5-29　　　不同周课时量高中教师在教学胜任力总分与
一、二级指标的差异比较

	10节及以下	11—15节	16—20节	21节及以上	F 值	P 值
胜任力总分	4.87	4.92	4.80	4.76	4.770	0.003
知识素养	4.87	4.92	4.80	4.61	4.646	0.003
教育知识	5.01	5.07	4.92	4.69	5.159	0.001
学科知识	5.05	5.14	5.03	4.94	2.318	0.055
通识知识	4.39	4.41	4.34	4.11	1.777	0.149
教学能力	5.01	5.08	4.97	4.96	3.366	0.012
教学设计	5.00	5.08	4.95	5.00	3.238	0.016
教学实施	4.99	5.06	4.96	4.90	3.667	0.012
教学探索	5.05	5.13	5.04	5.06	2.356	0.064
职业品格	4.78	4.84	4.73	4.77	3.638	0.012
职业态度	5.02	5.09	4.99	5.01	2.338	0.057
职业情感	4.15	4.17	4.06	4.04	3.004	0.029
职业追求	5.06	5.14	5.02	5.11	2.759	0.041
个人特质	4.81	4.83	4.68	4.70	4.563	0.003
自我特性	4.63	4.65	4.41	4.45	6.945	0.000
人际特征	4.96	4.96	4.90	4.90	1.103	0.347

对不同周课时量的高中教师教学胜任力总分和一、二级指标进行单因素方差分析得到表 5-29。从中可知，不同周课时量的高中教师在教学胜任力总分和各一级指标上均存在显著差异。在 11 个二级指标中，只有学科知识（$F=2.318$，$P=0.055>0.05$）、通识知识（$F=1.777$，$P=0.149>0.05$）、教学探索（$F=2.356$，$P=0.064>0.05$）、职业态度（$F=2.338$，$P=0.057>0.05$）和人际特征（$F=1.103$，$P=0.347>0.05$）5 个指标与

不同周课时量的高中教师之间不存在显著性差异，其余6个指标与不同周课时量的高中教师之间均存在显著性差异。

为了解不同周课时量与教学胜任力水平之间的差异，我们对不同周课时量的高中教师进行LSD多重比较。

表5-30 不同周课时量高中教师在教学胜任力总分上的多重比较（LSD）

因变量	周课时量（I）	周课时量（J）	均值差（I-J）	显著性
胜任力总分	10节及以下	11—15节	-0.050	0.373
		16—20节	0.071	0.400
		21节及以上	0.107	0.589
	11—15节	16—20节	0.122	0.016
		21节及以上	0.158	0.227
	16—20节	21节及以上	0.036	0.978

由上表可知，就教学胜任力总分而言，只有周课时量在11—15节的高中教师与周课时量在16—20节的高中教师之间存在显著差异。周课时量在11—15节的高中教师，其教学胜任力水平高于周课时量在16—20节的高中教师。

表5-31 不同周课时量高中教师在一级指标上的多重比较（LSD）

因变量	课时量分组（I）	课时量分组（J）	均值差（I-J）	显著性
知识素养	10节及以下	11—15节	-0.055	0.631
		16—20节	0.064	0.845
		21节及以上	0.258	0.172
	11—15节	16—20节	0.119	0.137
		21节及以上	0.313	0.049
	16—20节	21节及以上	0.194	0.526
教学能力	10节及以下	11—15节	-0.075	0.101
		16—20节	0.038	0.975
		21节及以上	0.043	0.999
	11—15节	16—20节	0.113	0.096
		21节及以上	0.118	0.840
	16—20节	21节及以上	0.005	1.000

续表

因变量	课时量分组（I）	课时量分组（J）	均值差（I-J）	显著性
职业品格	10 节及以下	11—15 节	-0.057	0.253
		16—20 节	0.054	0.633
		21 节及以上	0.016	0.998
	11—15 节	16—20 节	0.112	0.033
		21 节及以上	0.073	0.816
	16—20 节	21 节及以上	-0.039	0.973
个人特质	10 节及以下	11—15 节	-0.013	0.999
		16—20 节	0.129	0.033
		21 节及以上	0.113	0.796
	11—15 节	16—20 节	0.142	0.005
		21 节及以上	0.126	0.684
	16—20 节	21 节及以上	-0.016	1.000

在知识素养上，周课时量在 11—15 节的高中教师高于周课时量在 21 节及以上的高中教师。在职业品格上，周课时量在 11—15 节的高中教师高于周课时量在 16—20 节的高中教师。在个人特质上，周课时量在 10 节及以下和 11—15 节的高中教师高于周课时量在 16—20 节的高中教师。

（4）任班主任状况差异

对高中教师任班主任状况与教学胜任力总分和一、二级指标进行独立样本 T 检验得到表 5-32。从中可知，高中教师任班主任状况与教学胜任力水平不存在显著差异（$t=0.767$，$p=0.443>0.05$）。在一级指标中，只有教学能力（$t=2.802$，$p=0.005<0.05$）与高中教师任班主任状况存在显著性差异。从均值看，担任班主任的高中教师（$M=5.09$）教学能力高于未担任班主任的高中教师（$M=5.01$）。

在二级指标中，只有学科知识（$t=2.246$，$p=0.025<0.05$）、教学设计（$t=3.270$，$p=0.001<0.05$）、教学实施（$t=2.281$，$p=0.023<0.05$）和教学探索（$t=2.388$，$p=0.017<0.05$）4 个指标与高中教师任班主任状况存在显著相关。从均值看，担任班主任的高中教师均高于未担任班主任的高中教师。

表 5-32　是否担任班主任的高中教师在教学胜任力总分与一、二级指标的差异比较

	是 (N=794)		否 (N=1202)		t 值	P 值
	平均值	标准差	平均值	标准差		
胜任力总分	4.90	0.57	4.88	0.53	0.767	0.443
知识素养	4.91	0.74	4.86	0.73	1.416	0.157
教育知识	5.05	0.86	5.01	0.85	0.860	0.390
学科知识	5.15	0.85	5.06	0.86	2.246	0.025
通识知识	4.41	0.99	4.37	0.97	0.816	0.415
教学能力	5.09	0.63	5.01	0.61	2.802	0.005
教学设计	5.10	0.67	5.00	0.67	3.270	0.001
教学实施	5.07	0.64	5.00	0.62	2.281	0.023
教学探索	5.14	0.73	5.07	0.71	2.388	0.017
职业品格	4.80	0.58	4.82	0.52	-0.813	0.416
职业态度	5.08	0.70	5.04	0.64	1.100	0.272
职业情感	4.13	0.60	4.16	0.58	-1.172	0.241
职业追求	5.07	0.75	5.13	0.68	-1.827	0.068
个人特质	4.78	0.61	4.81	0.59	-1.082	0.280
自我特性	4.58	0.80	4.63	0.76	-1.253	0.210
人际特征	4.94	0.58	4.96	0.57	-0.659	0.510

9. 获表彰情况差异

表 5-33　获不同最高表彰级别的高中教师在教学胜任力总分与一、二级指标的差异比较

	F 值	P 值
胜任力总分	12.566	0.000
知识素养	10.374	0.000
教育知识	7.592	0.000
学科知识	13.791	0.000
通识知识	4.661	0.000
教学能力	17.692	0.000
教学设计	14.588	0.000
教学实施	15.117	0.000
教学探索	18.733	0.000
职业品格	7.861	0.000
职业态度	12.644	0.000
职业情感	3.358	0.005
职业追求	4.183	0.001
个人特质	5.255	0.000
自我特性	4.664	0.000
人际特征	4.351	0.001

对不同最高表彰级别的高中教师的教学胜任力总分和一、二级指标进行单因素方差分析得到表5-33。从中可知,不同最高表彰级别的高中教师在教学胜任力总分及一、二级指标上均存在显著差异。

表5-34　获不同最高表彰级别的高中教师教学胜任力总分及一、二级指标平均分统计表

	无表彰	校级表彰	县（区）级表彰	市级表彰	省级表彰	国家级表彰
胜任力总分	4.74	4.79	4.90	4.94	5.00	5.05
知识素养	4.66	4.79	4.94	4.97	4.99	5.01
教育知识	4.84	4.90	5.10	5.11	5.15	5.04
学科知识	4.80	4.99	5.14	5.19	5.23	5.38
通识知识	4.18	4.34	4.41	4.47	4.44	4.57
教学能力	4.84	4.93	5.07	5.11	5.20	5.27
教学设计	4.82	4.94	5.06	5.11	5.18	5.25
教学实施	4.84	4.92	5.04	5.09	5.18	5.25
教学探索	4.86	4.94	5.13	5.18	5.28	5.37
职业品格	4.74	4.72	4.80	4.83	4.90	5.00
职业态度	4.88	4.95	5.11	5.09	5.17	5.32
职业情感	4.11	4.09	4.13	4.16	4.21	4.31
职业追求	5.10	5.01	5.05	5.13	5.21	5.26
个人特质	4.74	4.71	4.79	4.84	4.90	4.92
自我特性	4.52	4.50	4.62	4.67	4.73	4.68
人际特征	4.91	4.88	4.93	4.97	5.03	5.11

表5-34为获不同最高表彰级别的高中教师教学胜任力总分及一、二级指标得分情况。从教学胜任力总分均值看,受到表彰级别越高的高中教师得分越高。为了解获不同最高表彰级别的高中教师与教学胜任力水平之间的差异,我们对获不同最高表彰级别的高中教师进行了LSD多重比较。

表 5-35　获不同最高表彰级别的高中教师在教学胜任力总分上的多重比较（LSD）

因变量	最高表彰级别（I）	最高表彰级别（J）	均值差（I-J）	显著性
胜任力总分	无表彰	校级表彰	-0.044	0.948
		县、区级表彰	-0.156	0.013
		市级表彰	-0.194	0.000
		省级表彰	-0.255	0.000
		国家级表彰	-0.308	0.000
	校级表彰	县、区级表彰	-0.112	0.132
		市级表彰	-0.150	0.004
		省级表彰	-0.211	0.000
		国家级表彰	-0.264	0.002
	县、区级表彰	市级表彰	-0.038	0.954
		省级表彰	-0.099	0.348
		国家级表彰	-0.152	0.281
	市级表彰	省级表彰	-0.061	0.791
		国家级表彰	-0.114	0.589
	省级表彰	国家级表彰	-0.053	0.982

由上表可知，在教学胜任力总分上，无表彰与获最高表彰为县（区）级以上之间存在显著差异。表明获最高表彰为县（区）级以上的高中教师教学胜任力水平高于未获表彰的高中教师。获最高表彰为校级与市级、省级和国家级表彰之间存在显著性差异。这表明在获表彰的高中教师中，获最高表彰为市级以上表彰的高中教师的教学胜任力水平高于获最高表彰为校级的高中教师。

由表 5-36 可知，就知识素养而言，未获表彰与获最高表彰为县（区）级表彰、市级表彰、省级表彰和国家级表彰之间存在显著性差异。这表明获最高表彰为县（区）级表彰以上的高中教师知识素养高于未获表彰的高中教师。获最高表彰为校级表彰与获最高表彰为县（区）级表彰、市级表彰和省级表彰之间存在显著性差异。这表明在获表彰的高中教师中，获最高表彰为县（区）级表彰、市级表彰和省级表彰的高中教师的知识素养高于获最高表彰为校级表彰的高中教师。

表 5-36　　　　获不同最高表彰级别的高中教师在知识素养上的多重比较（LSD）

因变量	最高表彰级别（I）	最高表彰级别（J）	均值差（I-J）	显著性
知识素养	无表彰	校级表彰	-0.123	0.367
		县、区级表彰	-0.277	0.000
		市级表彰	-0.307	0.000
		省级表彰	-0.330	0.000
		国家级表彰	-0.344	0.002
	校级表彰	县、区级表彰	-0.154	0.047
		市级表彰	-0.184	0.002
		省级表彰	-0.207	0.001
		国家级表彰	-0.221	0.119
	县、区级表彰	市级表彰	-0.029	1.000
		省级表彰	-0.053	0.998
		国家级表彰	-0.067	1.000
	市级表彰	省级表彰	-0.024	1.000
		国家级表彰	-0.038	1.000
	省级表彰	国家级表彰	-0.014	1.000

由表 5-37 可知，就教学能力而言，未获表彰与获最高表彰为县（区）级表彰、市级表彰、省级表彰和国家级表彰之间存在显著性差异。这表明获最高表彰为县（区）级表彰以上的高中教师教学能力高于未获表彰的高中教师。获最高表彰为校级表彰与获最高表彰为县（区）级表彰、市级表彰、省级表彰和国家级表彰之间存在显著性差异；获最高表彰为县（区）级表彰与获最高表彰为省级表彰和国家级表彰之间存在显著性差异。这表明在获表彰的高中教师中，获最高表彰为县（区）级表彰以上的高中教师的教学能力高于获最高表彰为校级表彰的高中教师。获最高表彰为省级表彰和国家级表彰的高中教师的教学能力高于获最高表彰为县（区）级表彰的高中

教师。

表 5-37　获不同最高表彰级别的高中教师在教学能力上的多重比较（LSD）

因变量	最高表彰级别（I）	最高表彰级别（J）	均值差（I-J）	显著性
教学能力	无表彰	校级表彰	-0.088	0.698
		县、区级表彰	-0.227	0.000
		市级表彰	-0.272	0.000
		省级表彰	-0.360	0.000
		国家级表彰	-0.436	0.000
	校级表彰	县、区级表彰	-0.139	0.030
		市级表彰	-0.184	0.000
		省级表彰	-0.271	0.000
		国家级表彰	-0.348	0.000
	县、区级表彰	市级表彰	-0.046	0.990
		省级表彰	-0.133	0.043
		国家级表彰	-0.209	0.026
	市级表彰	省级表彰	-0.087	0.361
		国家级表彰	-0.164	0.144
	省级表彰	国家级表彰	-0.077	0.985

由表 5-38 可知，就职业品格而言，获最高表彰为省级表彰和国家级表彰的高中教师与未获表彰和获最高表彰为校级表彰之间存在显著性差异。这表明获最高表彰为省级表彰和国家级表彰的高中教师职业品格高于未获表彰和获最高表彰为校级表彰的高中教师。获最高表彰为国家级表彰的高中教师与获最高表彰为县（区）级表彰之间存在显著性差异。这表明获最高表彰为国家级表彰的高中教师职业品格高于获最高表彰为县（区）级表彰的高中教师。

表 5-38　　　　获不同最高表彰级别的高中教师在职业
品格上的多重比较（LSD）

因变量	最高表彰级别（I）	最高表彰级别（J）	均值差（I-J）	显著性
职业品格	无表彰	校级表彰	0.015	1.000
		县、区级表彰	-0.064	0.787
		市级表彰	-0.097	0.279
		省级表彰	-0.169	0.012
		国家级表彰	-0.267	0.002
	校级表彰	县、区级表彰	-0.079	0.531
		市级表彰	-0.111	0.089
		省级表彰	-0.183	0.002
		国家级表彰	-0.282	0.001
	县、区级表彰	市级表彰	-0.033	0.977
		省级表彰	-0.104	0.291
		国家级表彰	-0.203	0.049
	市级表彰	省级表彰	-0.072	0.653
		国家级表彰	-0.170	0.141
	省级表彰	国家级表彰	-0.099	0.781

表 5-39　　　　获不同最高表彰级别的高中教师在个人
特质上的多重比较（LSD）

因变量	最高表彰级别（I）	最高表彰级别（J）	均值差（I-J）	显著性
个人特质	无表彰	校级表彰	0.022	0.999
		县、区级表彰	-0.056	0.905
		市级表彰	-0.101	0.334
		省级表彰	-0.162	0.044
		国家级表彰	-0.184	0.200
	校级表彰	县、区级表彰	-0.078	0.640
		市级表彰	-0.123	0.085
		省级表彰	-0.184	0.006
		国家级表彰	-0.206	0.088
	县、区级表彰	市级表彰	-0.045	0.940
		省级表彰	-0.106	0.383
		国家级表彰	-0.128	0.600
	市级表彰	省级表彰	-0.061	0.849
		国家级表彰	-0.083	0.897
	省级表彰	国家级表彰	-0.022	1.000

由表 5-39 可知，就个人特质而言，仅有获最高表彰为省级表彰与无表彰和获最高表彰为校级表彰之间存在显著性差异。这表明获最高表彰为省级表彰的高中教师个人特质高于未获表彰和获最高表彰为校级表彰的高中教师。

第三节 高中教师教学胜任力的影响因素

上节从不同角度论述了江西省高中教师教学胜任力的现状。本节将围绕教研组织、教师培训、文献阅读、教学借鉴、教学研究及教学压力这六个因素来探讨其对高中教师教学胜任力水平的影响。

一 教研组织

（一）教研活动开展情况

图 5-1 为高中教师所在学校教研活动开展情况的统计。从中可知，建立教研组织并经常开展教研活动的高中教师人数较多，有 1518 位，占比 76.1%。

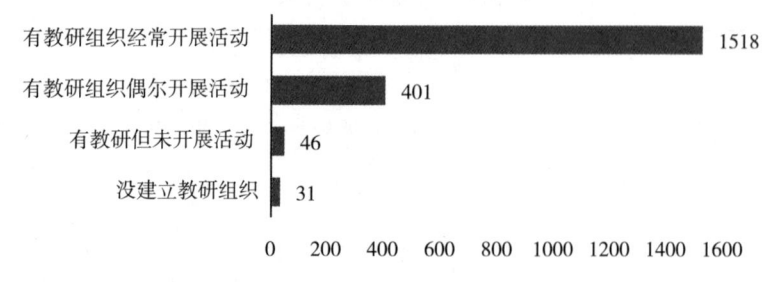

教研活动开展情况	人数
有教研组织经常开展活动	1518
有教研组织偶尔开展活动	401
有教研但未开展活动	46
没建立教研组织	31

图 5-1 高中教师所在学校教研活动开展情况统计（单位：人）

将教学胜任力总分和各一、二级指标作为因变量，所在学校教研活动开展情况作为自变量进行单因素方差分析后，得到表 5-40。从中可知，教学胜任力总分及各一、二级指标和不同教研活动开展情况下的高中教师之间均存在显著差异（P 值均为 0.000<0.001）。为进一步了解不同教研活动开展情况下高中教师教学胜任力的差异，我们事后进行了 LSD 多重比较。

表 5-40　不同教研活动开展情况高中教师在教学胜任力总分与一、二级指标的差异比较

	有，未开展活动	有，偶尔开展活动	有，经常开展活动	F 值	P 值
胜任力总分	4.37	4.66	4.97	82.560	0.000
知识素养	4.40	4.64	4.98	38.796	0.000
教育知识	4.52	4.76	5.13	33.475	0.000
学科知识	4.57	4.87	5.19	25.948	0.000
通识知识	4.01	4.17	4.46	18.209	0.000
教学能力	4.50	4.82	5.14	53.163	0.000
教学设计	4.55	4.82	5.12	39.049	0.000
教学实施	4.42	4.81	5.12	66.278	0.000
教学探索	4.59	4.84	5.19	42.138	0.000
职业品格	4.30	4.59	4.89	62.782	0.000
职业态度	4.61	4.82	5.15	42.796	0.000
职业情感	3.79	3.94	4.21	37.896	0.000
职业追求	4.43	4.90	5.19	47.331	0.000
个人特质	4.29	4.58	4.89	66.982	0.000
自我特性	4.06	4.36	4.70	44.977	0.000
人际特征	4.47	4.75	5.03	61.921	0.000

表 5-41　不同教研活动开展情况在胜任力总分及一级指标上的多重比较（LSD）

因变量	水平（I）	水平（J）	均值差（I-J）	显著性
胜任力总分	有教研组织但未开展活动	有教研组织偶尔开展活动	-0.287	0.002
	有教研组织但未开展活动	有教研组织经常开展活动	-0.601	0.000
	有教研组织偶尔开展活动	有教研组织经常开展活动	-0.313	0.000
知识素养	有教研组织但未开展活动	有教研组织偶尔开展活动	-0.241	0.184
	有教研组织但未开展活动	有教研组织经常开展活动	-0.573	0.000
	有教研组织偶尔开展活动	有教研组织经常开展活动	-0.332	0.000
教学能力	有教研组织但未开展活动	有教研组织偶尔开展活动	-0.324	0.019
	有教研组织但未开展活动	有教研组织经常开展活动	-0.638	0.000
	有教研组织偶尔开展活动	有教研组织经常开展活动	-0.314	0.000
职业品格	有教研组织但未开展活动	有教研组织偶尔开展活动	-0.291	0.011
	有教研组织但未开展活动	有教研组织经常开展活动	-0.589	0.000
	有教研组织偶尔开展活动	有教研组织经常开展活动	-0.298	0.000
个人特质	有教研组织但未开展活动	有教研组织偶尔开展活动	-0.293	0.004
	有教研组织但未开展活动	有教研组织经常开展活动	-0.603	0.000
	有教研组织偶尔开展活动	有教研组织经常开展活动	-0.309	0.000

由表 5-41 可知，在教学胜任力总分上，不同教研活动开展情况下的高中教师之间均存在显著差异且均值差均为负。这表明教研活动开展越多，高中教师教学胜任力水平越高。

在知识素养中，除有教研组织但未开展活动与有教研组织偶尔开展活动的高中教师之间不存在显著性差异，其余各组之间均存在显著差异。在教学能力、职业品格和个人特质上，不同教研活动开展情况下的高中教师的表现与教学胜任力总分一致。这表明教研活动开展越多，高中教师知识素养、教学能力、职业品格和个人特质越高。

（二）教研活动参与情况

图 5-2 为高中教师教研活动参与情况的统计。从中可知，组织教研活动并经常参加的高中教师人数较多，有 1402 位，占比 70.2%。

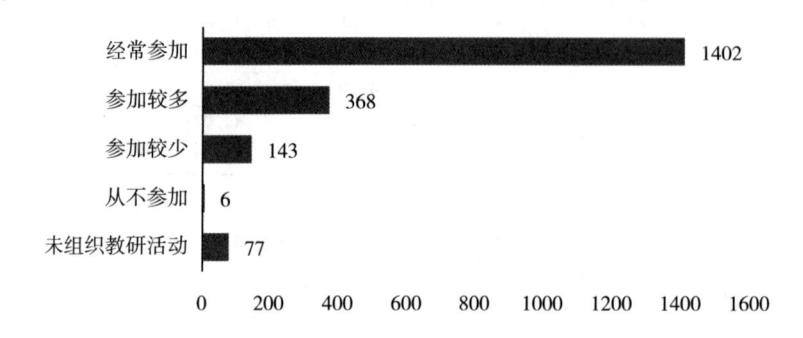

图 5-2　教研活动参与情况统计（单位：人）

将教学胜任力总分和各一、二级指标作为因变量，把有参与教研活动经历的教师作为自变量进行单因素方差分析后，得到表 5-42。

表 5-42　不同教研活动参与情况高中教师在教学胜任力总分与一、二级指标的差异比较

	参加较少	参加较多	经常参加	F 值	P 值
胜任力总分	4.54	4.83	4.97	50.697	0.000
知识素养	4.49	4.86	4.96	24.075	0.000
教育知识	4.62	5.00	5.11	19.094	0.000
学科知识	4.77	5.08	5.17	14.006	0.000
通识知识	3.97	4.37	4.46	17.434	0.000
教学能力	4.72	4.99	5.13	37.627	0.000
教学设计	4.72	5.00	5.12	28.607	0.000

续表

	参加较少	参加较多	经常参加	F 值	P 值
教学实施	4.71	4.98	5.12	34.946	0.000
教学探索	4.74	5.02	5.19	34.932	0.000
职业品格	4.48	4.74	4.89	50.715	0.000
职业态度	4.72	4.95	5.16	41.996	0.000
职业情感	3.90	4.13	4.19	17.099	0.000
职业追求	4.72	5.01	5.21	36.292	0.000
个人特质	4.48	4.74	4.89	39.084	0.000
自我特性	4.23	4.57	4.70	26.597	0.000
人际特征	4.67	4.88	5.04	36.897	0.000

由上表可知，教学胜任力总分及各一、二级指标和不同教研活动参与情况下的高中教师之间均存在显著差异（P 值均为 0.000<0.001）。从各项得分均值看，高中教师参与教研活动次数越多，其教学胜任力总分及各一、二级指标得分也越高。

为进一步了解不同教研活动参与情况下的高中教师教学胜任力的差异，我们事后进行了 LSD 多重比较。

表 5-43　　不同教研活动参与情况在胜任力总分及一级指标上的多重比较（LSD）

因变量	水平（I）	水平（J）	均值差（I-J）	显著性
胜任力总分	参加较少	参加较多	-0.291	0.000
	参加较少	经常参加	-0.427	0.000
	参加较多	经常参加	-0.136	0.000
知识素养	参加较少	参加较多	-0.372	0.000
	参加较少	经常参加	-0.473	0.000
	参加较多	经常参加	-0.101	0.045
教学能力	参加较少	参加较多	-0.272	0.000
	参加较少	经常参加	-0.49	0.000
	参加较多	经常参加	-0.140	0.000
职业品格	参加较少	参加较多	-0.254	0.000
	参加较少	经常参加	-0.413	0.000
	参加较多	经常参加	-0.159	0.000
个人特质	参加较少	参加较多	-0.266	0.000
	参加较少	经常参加	-0.411	0.000
	参加较多	经常参加	-0.145	0.000

由上表可知，在教学胜任力总分及各一级指标上，不同教研活动参与情况下的高中教师之间均存在显著的差异且均值差均为负。由此可知，参加教研活动越多的高中教师，其教学胜任力水平也越高。

（三）对教研活动的评价

图5-3为高中教师对教研活动评价情况的统计。从中可知，认为参加教研活动效果较好的高中教师为972人，占比48.7%。

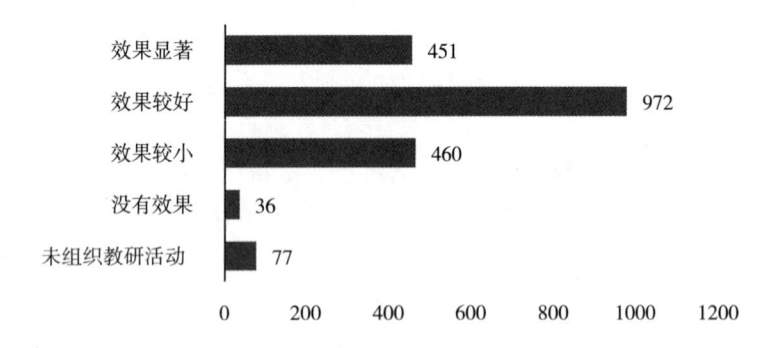

效果显著 451
效果较好 972
效果较小 460
没有效果 36
未组织教研活动 77

图5-3　教研活动评价情况统计（单位：人）

将教学胜任力总分和各一、二级指标作为因变量，把认为参加教研活动有效果的高中教师作为自变量进行单因素方差分析后，得到表5-44。

表5-44　不同教研活动评价高中教师在教学胜任力总分与一、二级指标的差异比较

	效果较小	效果较好	效果显著	F值	P值
胜任力总分	4.69	4.92	5.14	87.418	0.000
知识素养	4.70	4.92	5.12	39.166	0.000
教育知识	4.87	5.08	5.20	18.022	0.000
学科知识	4.90	5.13	5.38	39.205	0.000
通识知识	4.16	4.39	4.71	34.707	0.000
教学能力	4.83	5.08	5.33	78.009	0.000
教学设计	4.81	5.07	5.33	71.883	0.000
教学实施	4.85	5.06	5.29	57.173	0.000
教学探索	4.84	5.12	5.44	90.426	0.000
职业品格	4.60	4.85	5.07	92.899	0.000
职业态度	4.84	5.08	5.37	89.010	0.000
职业情感	3.86	4.20	4.43	119.055	0.000
职业追求	4.96	5.16	5.29	25.636	0.000
个人特质	4.61	4.83	5.05	66.295	0.000
自我特性	4.43	4.65	4.83	31.589	0.000
人际特征	4.75	4.98	5.23	83.181	0.000

由上表可知，教学胜任力总分及各一、二级指标和高中教师对教研活动的评价之间均存在显著差异（P 值均为 $0.000<0.001$）。从各项得分均值看，高中教师对教研活动的评价越高，其教学胜任力总分及各一、二级指标得分也越高。为进一步了解不同教研活动评价下高中教师教学胜任力的差异，我们事后进行了 LSD 多重比较。

表 5-45　　不同教研活动评价高中教师在教学胜任力总分及一级指标上的多重比较（LSD）

因变量	水平（I）	水平（J）	均值差（I-J）	显著性
胜任力总分	效果较小	效果较好	-0.235	0.000
		效果显著	-0.458	0.000
	效果较好	效果显著	-0.223	0.000
知识素养	效果较小	效果较好	-0.223	0.000
		效果显著	-0.427	0.000
	效果较好	效果显著	-0.204	0.000
教学能力	效果较小	效果较好	-0.243	0.000
		效果显著	-0.496	0.000
	效果较好	效果显著	-0.253	0.000
职业品格	效果较小	效果较好	-0.252	0.000
		效果显著	-0.467	0.000
	效果较好	效果显著	-0.215	0.000
个人特质	效果较小	效果较好	-0.222	0.000
		效果显著	-0.442	0.000
	效果较好	效果显著	-0.221	0.000

由上表可知，在教学胜任力总分及各一级指标上，对教研活动有不同评价的高中教师之间均存在显著的差异且均值差均为负。由此可知，对教研组织活动评价越高的高中教师，其教学胜任力水平也越高。

二　教师培训

（一）教师培训开展情况

图 5-4 为高中教师培训开展情况的统计。从中可知，有 35 位高中教师选择从未开展过培训；有 686 位高中教师选择培训开展较少；有 607 位

高中教师选择培训开展较多；有 668 位高中教师选择经常开展培训。

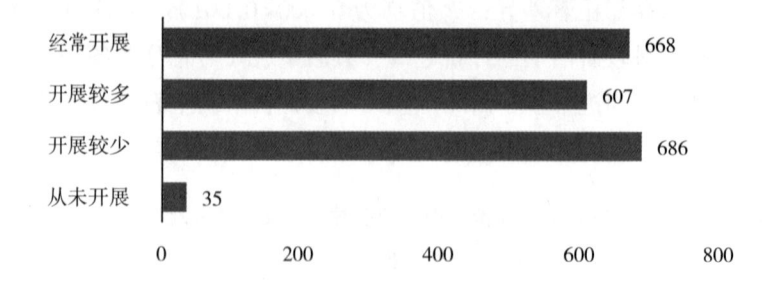

图 5-4　教师培训开展情况统计（单位：人）

- 经常开展　668
- 开展较多　607
- 开展较少　686
- 从未开展　35

将教学胜任力总分和各一、二级指标作为因变量，把选择开展过培训的高中教师作为自变量进行单因素方差分析后，得到表 5-46。

表 5-46　不同教师培训开展情况高中教师在教学胜任力总分与一、二级指标的差异比较

	开展较少	开展较多	经常开展	F 值	P 值
胜任力总分	4.71	4.90	5.07	78.393	0.000
知识素养	4.68	4.92	5.09	53.185	0.000
教育知识	4.85	5.06	5.20	28.721	0.000
学科知识	4.88	5.11	5.32	45.979	0.000
通识知识	4.14	4.43	4.63	44.258	0.000
教学能力	4.85	5.07	5.25	71.071	0.000
教学设计	4.82	5.07	5.25	68.492	0.000
教学实施	4.85	5.05	5.21	55.073	0.000
教学探索	4.88	5.10	5.33	71.086	0.000
职业品格	4.65	4.82	4.99	71.949	0.000
职业态度	4.88	5.06	5.26	59.346	0.000
职业情感	3.95	4.18	4.35	83.233	0.000
职业追求	4.99	5.10	5.24	21.908	0.000
个人特质	4.66	4.80	4.97	47.124	0.000
自我特性	4.45	4.63	4.78	30.539	0.000
人际特征	4.82	4.93	5.12	49.342	0.000

由上表可知，教学胜任力总分及各一、二级指标和不同培训开展情况

下的高中教师之间均存在显著差异（P 值均为 0.000<0.001）。从各项得分均值看，高中教师培训开展越多，其教学胜任力总分及各一、二级指标得分也越高。

为进一步了解不同教师培训开展情况下的高中教师教学胜任力的差异，我们事后进行了 LSD 多重比较。

表 5-47　　　　不同教师培训开展情况在胜任力总分及一级指标上的多重比较（LSD）

因变量	水平（I）	水平（J）	均值差（I-J）	显著性
胜任力总分	开展较少	开展较多	-0.192	0.000
		经常开展	-0.364	0.000
	开展较多	经常开展	-0.172	0.000
知识素养	开展较少	开展较多	-0.237	0.000
		经常开展	-0.409	0.000
	开展较多	经常开展	-0.171	0.000
教学能力	开展较少	开展较多	-0.218	0.000
		经常开展	-0.397	0.000
	开展较多	经常开展	-0.179	0.000
职业品格	开展较少	开展较多	-0.170	0.000
		经常开展	-0.341	0.000
	开展较多	经常开展	-0.171	0.000
个人特质	开展较少	开展较多	-0.142	0.000
		经常开展	-0.310	0.000
	开展较多	经常开展	-0.167	0.000

由上表可知，在教学胜任力总分及各一级指标上，不同教师培训开展情况下的高中教师之间均存在显著的差异（P 值均为 0.000<0.001）且均值差均为负。由此可知，对高中教师开展的培训越多，其教学胜任力水平也越高。

（二）教师培训参与情况

图 5-5 为高中教师培训参与情况的统计。从中可知，有 8 位高中教师从未参加培训；有 425 位高中教师参加培训较少；有 616 位高中教师参加培训较多；有 912 位高中教师经常参加培训。

图 5-5 教师培训参与情况统计（单位：人）

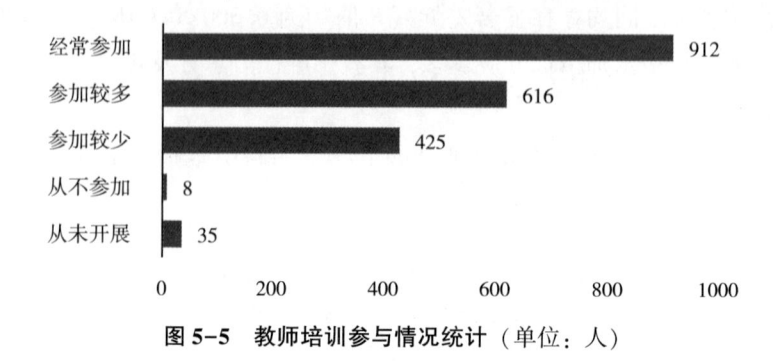

- 经常参加：912
- 参加较多：616
- 参加较少：425
- 从不参加：8
- 从未开展：35

将教学胜任力总分和各一、二级指标作为因变量，把参与培训的高中教师作为自变量进行单因素方差分析后，得到表 5-48。

表 5-48 不同培训参与情况高中教师在教学胜任力总分与一级指标的差异比较

	参加较少	参加较多	经常参加	F 值	P 值
胜任力总分	4.67	4.84	5.04	73.205	0.000
知识素养	4.66	4.86	5.03	35.596	0.000
教育知识	4.81	5.00	5.17	24.719	0.000
学科知识	4.88	5.07	5.23	23.662	0.000
通识知识	4.14	4.36	4.54	25.904	0.000
教学能力	4.81	5.00	5.20	60.559	0.000
教学设计	4.82	4.99	5.19	46.483	0.000
教学实施	4.80	5.00	5.18	54.634	0.000
教学探索	4.83	5.03	5.29	63.263	0.000
职业品格	4.59	4.75	4.97	79.822	0.000
职业态度	4.82	4.96	5.25	72.998	0.000
职业情感	3.93	4.12	4.28	53.690	0.000
职业追求	4.90	5.05	5.25	40.723	0.000
个人特质	4.60	4.75	4.95	57.195	0.000
自我特性	4.39	4.59	4.75	35.041	0.000
人际特征	4.76	4.88	5.10	58.728	0.000

由上表可知，教学胜任力总分及各一、二级指标和不同教师培训参与情况下的高中教师之间均存在显著差异（P 值均为 0.000<0.001）。为进一步了解不同教师培训参与情况下的高中教师教学胜任力的差异，我们事后进行了 LSD 多重比较。

表 5-49　　　　不同教师培训参与情况在胜任力总分及一级指标上的多重比较（LSD）

因变量	水平（I）	水平（J）	均值差（I-J）	显著性
胜任力总分	参加较少	参加较多	-0.175	0.000
		经常参加	-0.371	0.000
	参加较多	经常参加	-0.195	0.000
知识素养	参加较少	参加较多	-0.195	0.000
		经常参加	-0.366	0.000
	参加较多	经常参加	-0.171	0.000
教学能力	参加较少	参加较多	-0.193	0.000
		经常参加	-0.393	0.000
	参加较多	经常参加	-0.200	0.000
职业品格	参加较少	参加较多	-0.160	0.000
		经常参加	-0.376	0.000
	参加较多	经常参加	-0.216	0.000
个人特质	参加较少	参加较多	-0.154	0.000
		经常参加	-0.347	0.000
	参加较多	经常参加	-0.193	0.000

由上表可知，在教学胜任力总分和各一级指标上，不同教师培训参与情况下的高中教师之间均存在显著的差异（P 值均为 0.000<0.001）且均值差均为负。由此可知，高中教师参与培训的频率越高，其教学胜任力水平也越高。

（三）对教师培训的评价

图 5-6 为高中教师对教师培训评价情况的统计。从中可知，认为参加教师培训收获较多的高中教师人数较多，有 865 位。

将教学胜任力总分和各一、二级指标作为因变量，把认为教师培训有收获的高中教师作为自变量进行单因素方差分析后，得到表 5-50。

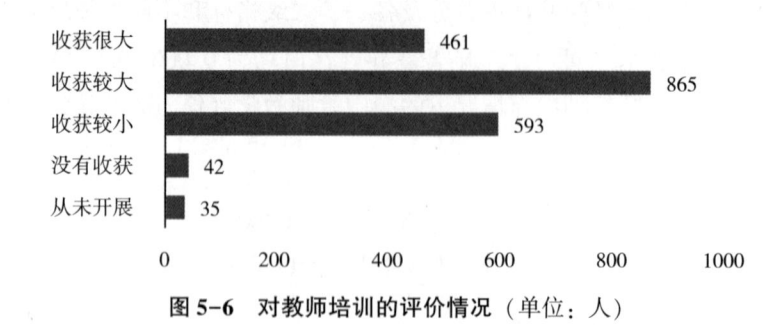

```
收获很大    461
收获较大    865
收获较小    593
没有收获    42
从未开展    35
     0    200   400   600   800   1000
```

图 5-6　对教师培训的评价情况（单位：人）

表 5-50　对教师培训不同评价高中教师在教学胜任力总分与一、二级指标的差异比较

	收获较小	收获较大	收获很大	F 值	P 值
胜任力总分	4.68	4.93	5.12	95.065	0.000
知识素养	4.69	4.93	5.11	43.200	0.000
教育知识	4.85	5.08	5.21	24.081	0.000
学科知识	4.91	5.13	5.35	33.472	0.000
通识知识	4.15	4.42	4.68	37.644	0.000
教学能力	4.85	5.07	5.30	69.808	0.000
教学设计	4.84	5.06	5.32	68.856	0.000
教学实施	4.86	5.06	5.25	51.477	0.000
教学探索	4.88	5.11	5.41	76.265	0.000
职业品格	4.58	4.88	5.04	109.108	0.000
职业态度	4.82	5.09	5.35	86.327	0.000
职业情感	3.86	4.24	4.44	156.195	0.000
职业追求	4.93	5.09	5.24	31.945	0.000
个人特质	4.59	4.86	5.03	80.474	0.000
自我特性	4.39	4.69	4.82	49.056	0.000
人际特征	4.75	4.99	5.19	80.525	0.000

由上表可知，教学胜任力总分及各一、二级指标和对教师培训评价不同的高中教师之间均存在显著差异（P 值均为 0.000<0.001）。从各项得分均值看，高中教师对教师培训评价越高，其教学胜任力总分及各一、二

级指标得分也越高。为进一步了解对教师培训评价不同的高中教师教学胜任力的差异,我们事后进行了 LSD 多重比较。

表 5-51　对教师培训不同评价高中教师在胜任力总分及一级指标上的多重比较(LSD)

因变量	水平 (I)	水平 (J)	均值差 (I-J)	显著性
胜任力总分	收获较小	收获较大	-0.254	0.000
		收获很大	-0.443	0.000
	收获较大	收获很大	-0.189	0.000
知识素养	收获较小	收获较大	-0.241	0.000
		收获很大	-0.424	0.000
	收获较大	收获很大	-0.183	0.000
教学能力	收获较小	收获较大	-0.216	0.000
		收获很大	-0.448	0.000
	收获较大	收获很大	-0.232	0.000
职业品格	收获较小	收获较大	-0.294	0.000
		收获很大	-0.461	0.000
	收获较大	收获很大	-0.167	0.000
个人特质	收获较小	收获较大	-0.266	0.000
		收获很大	-0.439	0.000
	收获较大	收获很大	-0.173	0.000

由上表可知,在教学胜任力总分及各一级指标上,对教研活动有不同评价的高中教师之间均存在极其显著的差异(P 值均为 0.000<0.001)且均值差均为负。由此可知,对教研组织活动评价越高的高中教师,其教学胜任力水平也越高。

三　文献阅读

（一）教育教学类书刊阅读情况

图 5-7 为高中教师阅读教育教学类书刊情况的统计。从中可知,有 16 位高中教师从不阅读;有 730 位高中教师阅读较少;有 727 位高中教师阅读较多;有 523 位高中教师经常阅读。可见,阅读教育教学类书刊的教师占大多数。

```
经常阅读  523
阅读较多  727
阅读较少  730
从不阅读  16
```

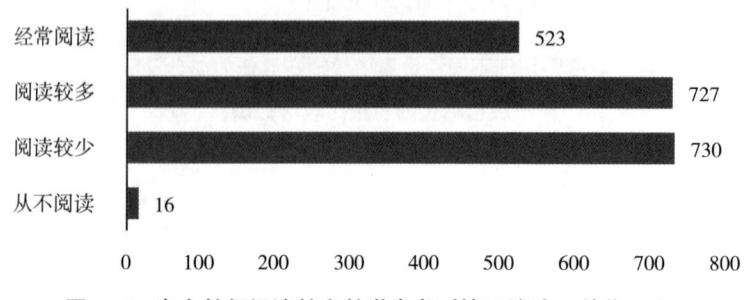

图 5-7　高中教师阅读教育教学类书刊情况统计（单位：人）

表 5-52　阅读教育教学类书刊频率不同教师在教学胜任力总分与一、二级指标的差异比较

	阅读较少	阅读较多	经常阅读	F 值	P 值
胜任力总分	4.61	4.96	5.17	193.952	0.000
知识素养	4.57	4.98	5.19	122.360	0.000
教育知识	4.75	5.12	5.28	65.989	0.000
学科知识	4.77	5.19	5.42	93.349	0.000
通识知识	4.01	4.49	4.78	106.448	0.000
教学能力	4.76	5.11	5.36	164.436	0.000
教学设计	4.75	5.12	5.35	138.564	0.000
教学实施	4.76	5.09	5.32	135.448	0.000
教学探索	4.78	5.16	5.48	171.564	0.000
职业品格	4.57	4.87	5.06	142.211	0.000
职业态度	4.79	5.10	5.38	138.221	0.000
职业情感	3.91	4.22	4.39	118.970	0.000
职业追求	4.90	5.18	5.29	54.505	0.000
个人特质	4.55	4.87	5.07	143.446	0.000
自我特性	4.30	4.71	4.92	122.735	0.000
人际特征	4.75	5.00	5.19	103.249	0.000

将教学胜任力总分和各一、二级指标作为因变量，有阅读教育教学类书刊经历的高中教师作为自变量进行单因素方差分析后得到表 5-53。从中可知，教学胜任力总分及各一、二级指标和阅读教育教学类书刊频率不同的高中教师之间均存在显著差异（P 值均等于 0.000<0.001）。从各项

得分均值看，阅读教育教学类书刊频率越高，其教学胜任力总分及各一、二级指标得分也越高。

为进一步了解阅读教育教学类书刊频率不同的高中教师教学胜任力的差异，我们事后进行了 LSD 多重比较。

表 5-53　　阅读教育教学类书刊频率不同教师胜任力总分及一级指标上的多重比较（LSD）

因变量	水平（I）	水平（J）	均值差（I-J）	显著性
胜任力总分	阅读较少		-0.346	0.000
		经常阅读	-0.555	0.000
	阅读较多	经常阅读	-0.209	0.000
知识素养	阅读较少	阅读较多	-0.409	0.000
		经常阅读	-0.618	0.000
	阅读较多	经常阅读	-0.209	0.000
教学能力	阅读较少	阅读较多	-0.351	0.000
		经常阅读	-0.595	0.000
	阅读较多	经常阅读	-0.243	0.000
职业品格	阅读较少	阅读较多	-0.302	0.000
		经常阅读	-0.486	0.000
	阅读较多	经常阅读	-0.184	0.000
个人特质	阅读较少	阅读较多	-0.322	0.000
		经常阅读	-0.520	0.000
	阅读较多	经常阅读	-0.198	0.000

由上表可知，在教学胜任力总分及各一级指标上，阅读教育教学类书刊频率不同的高中教师之间均存在极其显著的差异（P 值均为 0.000<0.001），且均值差均为负。由此可知，阅读教育教学类书刊的频率越高，其教学胜任力水平越高。

（二）自然科学类书刊阅读情况

图 5-8 为高中教师阅读自然科学类书刊情况的统计。从中可知，有 32 位高中教师从不阅读；有 987 位高中教师阅读较少；有 553 位高中教师阅读较多；有 424 位高中教师经常阅读。

将教学胜任力总分和各一、二级指标作为因变量，有阅读自然科学类

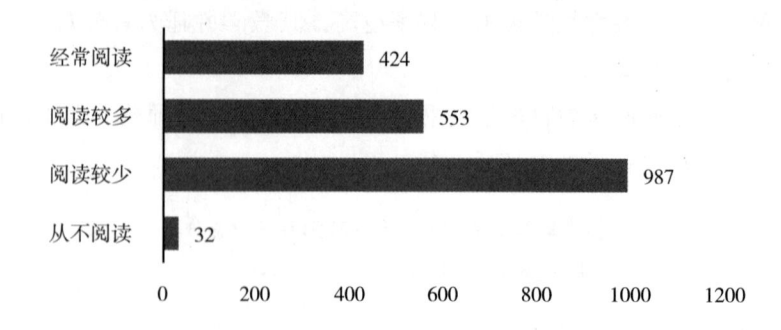

```
经常阅读    424
阅读较多    553
阅读较少    987
从不阅读    32
         0   200  400  600  800  1000  1200
```

图 5-8　高中教师阅读自然科学类书刊情况统计（单位：人）

书刊经历的高中教师作为自变量进行单因素方差分析后，得到表 5-54。

表 5-54　阅读自然科学类书刊频率不同教师在教学胜任力总分与一、二级指标的差异比较

	阅读较少	阅读较多	经常阅读	F 值	P 值
胜任力总分	4.74	4.96	5.16	100.340	0.000
知识素养	4.69	5.03	5.20	87.971	0.000
教育知识	4.89	5.13	5.25	30.367	0.000
学科知识	4.92	5.21	5.44	66.668	0.000
通识知识	4.07	4.65	4.87	136.959	0.000
教学能力	4.89	5.10	5.37	98.818	0.000
教学设计	4.88	5.10	5.37	89.548	0.000
教学实施	4.89	5.08	5.32	69.968	0.000
教学探索	4.93	5.14	5.49	102.772	0.000
职业品格	4.70	4.85	5.04	67.015	0.000
职业态度	4.91	5.08	5.40	87.137	0.000
职业情感	4.02	4.20	4.40	70.889	0.000
职业追求	5.03	5.16	5.22	12.433	0.000
个人特质	4.68	4.86	5.05	60.847	0.000
自我特性	4.45	4.72	4.87	49.299	0.000
人际特征	4.85	4.97	5.19	54.575	0.000

由上表可知，教学胜任力总分及各一、二级指标和阅读自然科学类书刊频率不同的高中教师之间均存在显著的差异（P 值均等于 0.000<

0.001)。从各项得分均值看，高中教师阅读自然科学类书刊越多，其教学胜任力总分及各一、二级指标得分也越高。

为进一步了解阅读自然科学类书刊频率不同的高中教师教学胜任力的差异，我们事后进行了 LSD 多重比较。

表 5-55　　阅读自然科学类书刊频率不同教师在胜任力总分及一级指标上的多重比较（LSD）

因变量	水平（I）	水平（J）	均值差（I-J）	显著性
胜任力总分	阅读较少	阅读较多	-0.220	0.000
		经常阅读	-0.425	0.000
	阅读较多	经常阅读	-0.205	0.000
知识素养	阅读较少	阅读较多	-0.335	0.000
		经常阅读	-0.510	0.000
	阅读较多	经常阅读	-0.175	0.001
教学能力	阅读较少	阅读较多	-0.204	0.000
		经常阅读	-0.472	0.000
	阅读较多	经常阅读	-0.267	0.000
职业品格	阅读较少	阅读较多	-0.157	0.000
		经常阅读	-0.346	0.000
	阅读较多	经常阅读	-0.188	0.000
个人特质	阅读较少	阅读较多	-0.183	0.000
		经常阅读	-0.372	0.000
	阅读较多	经常阅读	-0.188	0.000

上表显示，在教学胜任力总分及各一级指标上，阅读自然科学类书刊频率不同的高中教师之间均存在显著差异且均值差均为负。由此可知，阅读自然科学类书刊越多的高中教师，其教学胜任力水平也越高。

（三）人文社科类书刊阅读情况

图 5-9 为高中教师阅读人文社科类书刊情况的统计。从中可知，有 22 位高中教师从不阅读；有 724 位高中教师阅读较少；有 744 位高中教师阅读较多；有 506 位高中教师经常阅读。

将教学胜任力总分和各一、二级指标作为因变量，有阅读人文社科类书刊经历的高中教师作为自变量进行单因素方差分析后，得到

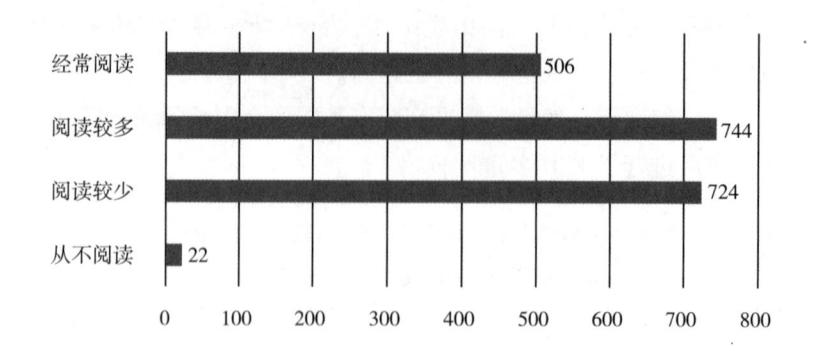

图 5-9　高中教师阅读人文社科类书刊情况统计（单位：人）

表 5-56。

表 5-56　阅读人文社科类书刊频率不同教师在教学胜任力总分与一、二级指标的差异比较

	阅读较少	阅读较多	经常阅读	F 值	P 值
胜任力总分	4.71	4.91	5.14	99.535	0.000
知识素养	4.65	4.94	5.19	84.671	0.000
教育知识	4.85	5.07	5.25	36.346	0.000
学科知识	4.89	5.10	5.42	62.610	0.000
通识知识	4.02	4.49	4.82	114.388	0.000
教学能力	4.87	5.05	5.33	90.806	0.000
教学设计	4.87	5.04	5.31	70.451	0.000
教学实施	4.86	5.04	5.29	73.454	0.000
教学探索	4.90	5.08	5.45	95.730	0.000
职业品格	4.66	4.82	5.02	65.454	0.000
职业态度	4.90	5.04	5.36	79.021	0.000
职业情感	4.01	4.16	4.34	48.838	0.000
职业追求	4.97	5.15	5.25	25.287	0.000
个人特质	4.65	4.82	5.03	63.959	0.000
自我特性	4.42	4.66	4.86	48.834	0.000
人际特征	4.83	4.95	5.17	58.600	0.000

上表显示，教学胜任力总分及一、二级指标和阅读人文社科类书刊频率不同的高中教师之间均存在显著差异（P 值均等于 0.000<0.001）。从

各项得分均值看，高中教师阅读人文社科类书刊越多，其教学胜任力总分及各一、二级指标得分也越高。

为进一步了解阅读人文社科类书刊频率不同的高中教师教学胜任力的差异，我们事后进行了 LSD 多重比较。

表 5-57　　阅读人文社科类书刊不同教师在胜任力总分及一级指标上的多重比较（LSD）

因变量	水平（I）	水平（J）	均值差（I-J）	显著性
胜任力总分	阅读较少	阅读较多	-0.197	0.000
		经常阅读	-0.433	0.000
	阅读较多	经常阅读	-0.236	0.000
知识素养	阅读较少	阅读较多	-0.283	0.000
		经常阅读	-0.534	0.000
	阅读较多	经常阅读	-0.251	0.000
教学能力	阅读较少	阅读较多	-0.174	0.000
		经常阅读	-0.456	0.000
	阅读较多	经常阅读	-0.282	0.000
职业品格	阅读较少	阅读较多	-0.161	0.000
		经常阅读	-0.358	0.000
	阅读较多	经常阅读	-0.197	0.000
个人特质	阅读较少	阅读较多	-0.172	0.000
		经常阅读	-0.385	0.000
	阅读较多	经常阅读	-0.213	0.000

上表显示，在教学胜任力总分及各一级指标上，阅读人文社科类书刊频率不同的高中教师之间均存在显著差异（P 值均等于 $0.000 < 0.001$），且均值差均为负。由此可知，阅读人文社科类书刊越多的高中教师，其教学胜任力水平也越高。

（四）藏书量

图 5-10 为高中教师藏书量情况的统计。从中可知，藏书量在 10 本及以下的高中教师有 239 位；藏书量在 11—50 本的高中教师有 772 位；藏书量在 51—100 本的高中教师有 514 位；藏书量在 101 本及以上的高中教师有 471 位。

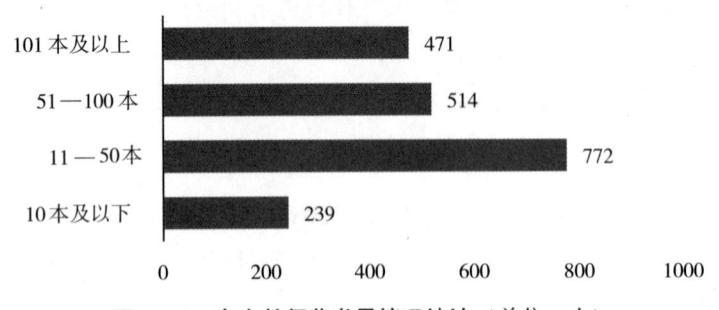

```
            101本及以上  ████████████ 471
            51—100本     █████████████ 514
            11—50本      ████████████████████ 772
            10本及以下    ██████ 239
                      0    200   400   600   800  1000
```

图 5-10　高中教师藏书量情况统计（单位：人）

表 5-58　藏书量不同的高中教师在教学胜任力总分与一、二级指标的差异比较

	10本及以下	11—50本	51—100本	101本及以上	F 值	P 值
胜任力总分	4.64	4.80	4.96	5.06	44.080	0.000
知识素养	4.59	4.78	4.95	5.12	36.701	0.000
教育知识	4.77	4.95	5.07	5.23	19.765	0.000
学科知识	4.82	4.98	5.18	5.33	27.961	0.000
通识知识	4.02	4.25	4.48	4.69	33.670	0.000
教学能力	4.81	4.95	5.14	5.22	35.323	0.000
教学设计	4.84	4.94	5.14	5.19	26.376	0.000
教学实施	4.77	4.94	5.12	5.20	35.821	0.000
教学探索	4.86	4.99	5.19	5.29	29.362	0.000
职业品格	4.58	4.75	4.88	4.93	29.966	0.000
职业态度	4.78	4.99	5.15	5.20	29.221	0.000
职业情感	3.99	4.10	4.21	4.23	12.916	0.000
职业追求	4.85	5.05	5.16	5.25	19.006	0.000
个人特质	4.59	4.72	4.88	4.96	30.975	0.000
自我特性	4.33	4.49	4.71	4.83	32.827	0.000
人际特征	4.79	4.90	5.00	5.07	17.279	0.000

将教学胜任力总分和各一、二级指标作为因变量，不同藏书量的高中教师作为自变量进行单因素方差分析后，得到表 5-59。从中可知，教学胜任力总分及各一、二级指标和藏书量不同的高中教师之间均存在显著差异（P 值均等于 $0.000<0.001$）。

为进一步了解不同藏书量的高中教师教学胜任力的差异，我们事后进行了 LSD 多重比较。

表 5-59　藏书量不同的高中教师在胜任力总分上的多重比较（LSD）

因变量	水平（I）	水平（J）	均值差（I-J）	显著性
胜任力总分	10 本及以下	11—50 本	-0.159	0.001
		51—100 本	-0.320	0.000
		101 本及以上	-0.417	0.000
	11—50 本	51—100 本	-0.161	0.000
		101 本及以上	-0.258	0.000
	51—100 本	101 本及以上	-0.097	0.041

上表显示，在教学胜任力总分上，藏书量不同的高中教师之间均存在显著差异且均值差均为负。由此可知，藏书量越多的高中教师，其教学胜任力水平也越高。

表 5-60　藏书量不同的高中教师在一级指标上的多重比较（LSD）

因变量	水平（I）	水平（J）	均值差（I-J）	显著性
知识素养	10 本及以下	11—50 本	-0.189	0.004
		51—100 本	-0.358	0.000
		101 本及以上	-0.527	0.000
	11—50 本	51—100 本	-0.169	0.000
		101 本及以上	-0.338	0.000
	51—100 本	101 本及以上	-0.169	0.001
教学能力	10 本及以下	11—50 本	-0.138	0.023
		51—100 本	-0.328	0.000
		101 本及以上	-0.406	0.000
	11—50 本	51—100 本	-0.190	0.000
		101 本及以上	-0.268	0.000
	51—100 本	101 本及以上	-0.078	0.253
职业品格	10 本及以下	11—50 本	-0.177	0.000
		51—100 本	-0.305	0.000
		101 本及以上	-0.359	0.000
	11—50 本	51—100 本	-0.128	0.000
		101 本及以上	-0.182	0.000
	51—100 本	101 本及以上	-0.054	0.476
个人特质	10 本及以下	11—50 本	-0.132	0.024
		51—100 本	-0.289	0.000
		101 本及以上	-0.376	0.000
	11—50 本	51—100 本	-0.156	0.000
		101 本及以上	-0.244	0.000
	51—100 本	101 本及以上	-0.088	0.132

上表显示，在 4 个一级指标中，藏书量不同的高中教师之间在知识素养指标上均存在显著差异且均值差均为负。在教学能力、职业品格和个人特质指标中，除藏书量在 51—100 本与 101 本及以上两组之间无显著性差异，其余各组之间均存在显著性差异。由此可知，藏书量越多的高中教师，其知识素养、教学能力、职业品格和个人特质也越高。

（五）报刊订阅情况

图 5-11 为高中教师报刊订阅情况的统计。从中可知，没有订阅的高中教师有 760 位；订阅 1 种的高中教师有 519 位；订阅两种的高中教师有 451 位；订阅 3 种及以上的高中教师有 266 位。

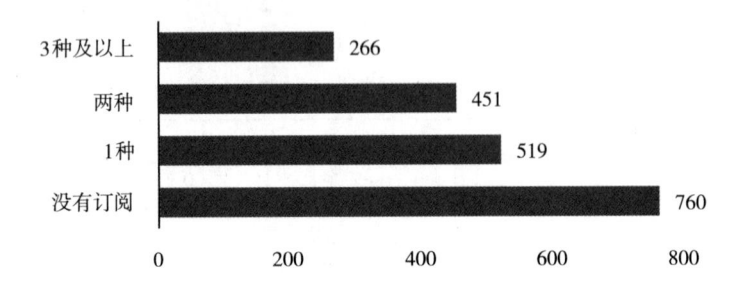

图 5-11　高中教师报刊订阅情况统计（单位：人）

表 5-61　订阅报刊种类不同的高中教师在教学胜任力总分与一、二级指标的差异比较

	没有订阅	订阅 1 种	订阅 2 种	订阅 3 种及以上	F 值	P 值
胜任力总分	4.76	4.87	4.98	5.12	36.648	0.000
知识素养	4.74	4.87	4.99	5.15	25.919	0.000
教育知识	4.91	4.99	5.13	5.26	14.236	0.000
学科知识	4.90	5.14	5.20	5.37	26.531	0.000
通识知识	4.23	4.37	4.49	4.72	17.338	0.000
教学能力	4.89	5.03	5.15	5.31	38.238	0.000
教学设计	4.88	5.02	5.16	5.32	37.445	0.000
教学实施	4.89	5.02	5.12	5.26	25.710	0.000
教学探索	4.92	5.09	5.22	5.42	39.710	0.000
职业品格	4.70	4.80	4.89	5.01	26.951	0.000
职业态度	4.91	5.06	5.15	5.31	30.197	0.000
职业情感	3.99	4.15	4.26	4.38	37.390	0.000
职业追求	5.06	5.07	5.14	5.23	4.184	0.001
个人特质	4.70	4.77	4.89	4.99	19.771	0.000
自我特性	4.49	4.57	4.73	4.82	15.844	0.000
人际特征	4.87	4.93	5.02	5.13	16.790	0.000

将教学胜任力总分和各一、二级指标作为因变量，高中教师报刊订阅情况作为自变量进行单因素方差分析后，得到表 5-61。从中可知，教学胜任力总分及各一、二级指标和高中教师订阅报刊杂志种类之间均存在显著性差异（P 值均等于 $0.000<0.001$）。

为进一步了解订阅报刊种类不同的高中教师教学胜任力的差异，我们事后进行了 LSD 多重比较。

表 5-62　　订阅报刊种类不同的高中教师在胜任力
总分上的多重比较（LSD）

因变量	水平（I）	水平（J）	均值差（I-J）	显著性
胜任力总分	没有订阅	订阅 1 种	-0.113	0.001
		订阅 2 种	-0.223	0.000
		订阅 3 种及以上	-0.360	0.000
	订阅 1 种	订阅 2 种	-0.111	0.007
		订阅 3 种及以上	-0.247	0.000
	订阅 2 种	订阅 3 种及以上	-0.136	0.011

上表显示，在教学胜任力总分上，订阅报刊种类不同的高中教师之间均存在显著差异且均值差均为负。这表明订阅报刊种类越多的高中教师，其教学胜任力水平也越高。

在 4 个一级指标中，在知识素养上，除订阅 1 种和订阅 2 种的高中教师之间不存在显著差异，其余各组之间均存在显著差异且均值差均为负。这表明订阅报刊的高中教师中，订阅种类越多其知识素养越高。

在教学能力上，订阅报刊种类不同的高中教师之间存在显著差异且均值差为负。这表明订阅报刊种类越多的高中教师，其教学能力越高。

在职业品格上，除订阅 1 种和订阅 2 种的高中教师之间不存在显著性差异，其余各组之间均存在显著差异且均值差均为负。这表明订阅报刊的高中教师中，订阅种类越多其职业品格也越高。

在个人特质上，除没有订阅与订阅 1 种以及订阅 2 种和订阅 3 种及以上之间不存在显著差异，其余各组之间均存在显著差异且均值差均为负。这表明订阅报刊的高中教师中，订阅种类越多其个人特质也越高。

表 5-63　　订阅报刊种类不同的高中教师在一级指标上的多重比较（LSD）

因变量	水平（I）	水平（J）	均值差（I-J）	显著性
知识素养	没有订阅	订阅 1 种	−0.138	0.005
		订阅 2 种	−0.251	0.000
		订阅 3 种及以上	−0.417	0.000
	订阅 1 种	订阅 2 种	−0.113	0.085
		订阅 3 种及以上	−0.279	0.000
	订阅 2 种	订阅 3 种及以上	−0.167	0.024
教学能力	没有订阅	订阅 1 种	−0.142	0.000
		订阅 2 种	−0.261	0.000
		订阅 3 种及以上	−0.417	0.000
	订阅 1 种	订阅 2 种	−0.120	0.009
		订阅 3 种及以上	−0.275	0.000
	订阅 2 种	订阅 3 种及以上	−0.156	0.009
职业品格	没有订阅	订阅 1 种	−0.102	0.004
		订阅 2 种	−0.191	0.000
		订阅 3 种及以上	−0.312	0.000
	订阅 1 种	订阅 2 种	−0.089	0.051
		订阅 3 种及以上	−0.209	0.000
	订阅 2 种	订阅 3 种及以上	−0.121	0.029
个人特质	没有订阅	订阅 1 种	−0.069	0.187
		订阅 2 种	−0.190	0.000
		订阅 3 种及以上	−0.293	0.000
	订阅 1 种	订阅 2 种	−0.122	0.009
		订阅 3 种及以上	−0.224	0.000
	订阅 2 种	订阅 3 种及以上	−0.102	0.196

四　教学借鉴

（一）教学观摩

图 5-12 为高中教师观摩教学情况的统计。从中可知，有 12 位高中教师从未观摩；有 682 位高中教师观摩较少；有 772 位高中教师观摩较多；有 530 位高中教师经常观摩。

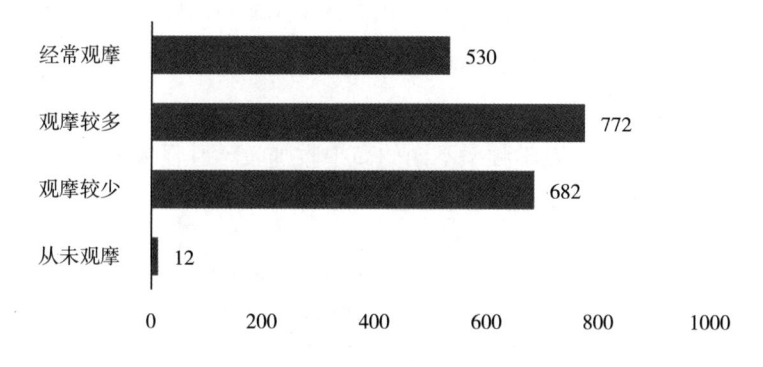

```
           经常观摩 ████████████████ 530
           观摩较多 ████████████████████████ 772
           观摩较少 █████████████████████ 682
           从未观摩 ▌12
                   0    200   400   600   800   1000
```

图 5-12　高中教师观摩教学情况统计（单位：人）

将教学胜任力总分和各一、二级指标作为因变量，把有观摩教学经历的高中教师作为自变量进行单因素方差分析后，得到表 5-64。

表 5-64　观摩教学频率不同的高中教师在教学胜任力总分与一、二级指标的差异比较

	观摩较少	观摩较多	经常观摩	F 值	P 值
胜任力总分	4.6	4.92	5.10	93.287	0.000
知识素养	4.72	4.91	5.08	36.723	0.000
教育知识	4.89	5.06	5.17	16.599	0.000
学科知识	4.93	5.08	5.35	36.921	0.000
通识知识	4.16	4.42	4.64	36.788	0.000
教学能力	4.83	5.08	5.28	81.159	0.000
教学设计	4.84	5.05	5.28	64.607	0.000
教学实施	4.82	5.07	5.25	72.726	0.000
教学探索	4.86	5.13	5.37	79.733	0.000
职业品格	4.60	4.85	5.02	105.174	0.000
职业态度	4.83	5.08	5.33	89.440	0.000
职业情感	3.94	4.19	4.36	81.283	0.000
职业追求	4.91	5.17	5.27	43.985	0.000
个人特质	4.59	4.85	5.01	88.096	0.000
自我特性	4.38	4.69	4.81	55.577	0.000
人际特征	4.75	4.98	5.18	92.668	0.000

上表显示，教学胜任力总分及各一、二级指标和观摩教学频率不同的

高中教师之间均存在显著差异（P值均等于0.000<0.001）。从各项得分均值看，高中教师观摩教学频率越高，其教学胜任力总分及各一、二级指标得分也越高。

为进一步了解观摩教学频率不同的高中教师教学胜任力的差异，我们事后进行了LSD多重比较。

表5-65　　观摩教学频率不同的高中教师在教学胜任力总分及一级指标上的多重比较（LSD）

因变量	水平（I）	水平（J）	均值差（I-J）	显著性
胜任力总分	观摩较少	观摩较多	-0.239	0.000
		经常观摩	-0.416	0.000
	观摩较多	经常观摩	-0.177	0.000
知识素养	观摩较少	观摩较多	-0.190	0.000
		经常观摩	-0.365	0.000
	观摩较多	经常观摩	-0.174	0.000
教学能力	观摩较少	观摩较多	-0.242	0.000
		经常观摩	-0.445	0.000
	观摩较多	经常观摩	-0.203	0.000
职业品格	观摩较少	观摩较多	-0.255	0.000
		经常观摩	-0.424	0.000
	观摩较多	经常观摩	-0.170	0.000
个人特质	观摩较少	观摩较多	-0.269	0.000
		经常观摩	-0.429	0.000
	观摩较多	经常观摩	-0.161	0.000

上表显示，在教学胜任力总分及各一、二级指标上，观摩教学频率不同的高中教师之间存在显著差异（P值均等于0.000<0.001），且均值差均为负。这表明观摩教学频率越高的高中教师，其教学胜任力水平也越高。

（二）教学请教

图5-13为高中教师请教教学情况的统计。从中可知，有5位高中教师从未请教；有165位高中教师很少请教；有935位高中教师有时请教；有891位高中教师经常请教。

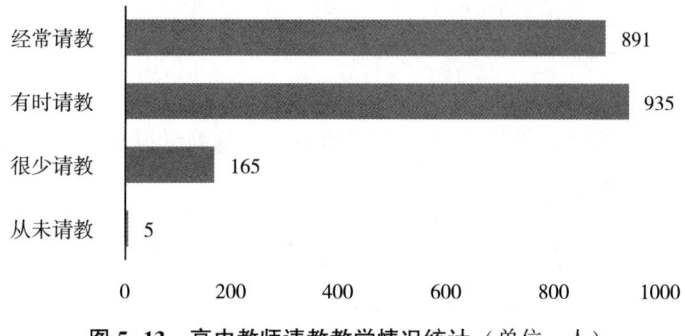

图 5-13　高中教师请教教学情况统计（单位：人）

将教学胜任力总分和各一、二级指标作为因变量，有请教教学经历的高中教师作为自变量进行单因素方差分析后，得到表 5-66。

表 5-66　请教教学频率不同的高中教师在教学胜任力总分与一、二级指标的差异比较

	很少请教	有时请教	经常请教	F 值	P 值
胜任力总分	4.68	4.80	5.01	50.904	0.000
知识素养	4.73	4.82	4.98	13.607	0.000
教育知识	4.82	4.97	5.13	13.156	0.000
学科知识	5.01	5.03	5.18	8.238	0.000
通识知识	4.28	4.33	4.47	5.771	0.000
教学能力	4.81	4.96	5.18	42.539	0.000
教学设计	4.80	4.96	5.17	35.105	0.000
教学实施	4.80	4.95	5.16	35.623	0.000
教学探索	4.87	4.98	5.27	46.597	0.000
职业品格	4.59	4.71	4.95	62.947	0.000
职业态度	4.84	4.95	5.22	50.460	0.000
职业情感	4.00	4.06	4.26	35.373	0.000
职业追求	4.84	5.01	5.25	39.545	0.000
个人特质	4.56	4.71	4.94	51.279	0.000
自我特性	4.38	4.55	4.72	18.302	0.000
人际特征	4.71	4.84	5.12	77.010	0.000

上表显示，教学胜任力总分及各一、二级指标和请教教学频率不同的

高中教师之间均存在显著差异（P 值均等于 0.000<0.001）。从各项得分均值看，高中教师请教教学次数越多，其教学胜任力总分及各一级指标得分也越高。

为进一步了解请教教学频率不同的高中教师教学胜任力的差异，我们事后进行了 LSD 多重比较。

表 5-67　　请教教学频率不同的高中教师在胜任力总分和一级指标上的多重比较（LSD）

因变量	水平（I）	水平（J）	均值差（I-J）	显著性
胜任力总分	很少请教	有时请教	-0.126	0.019
		经常请教	-0.338	0.000
	有时请教	经常请教	-0.212	0.000
知识素养	很少请教	有时请教	-0.091	0.460
		经常请教	-0.246	0.001
	有时请教	经常请教	-0.155	0.000
教学能力	很少请教	有时请教	-0.144	0.047
		经常请教	-0.369	0.000
	有时请教	经常请教	-0.225	0.000
职业品格	很少请教	有时请教	-0.118	0.029
		经常请教	-0.358	0.000
	有时请教	经常请教	-0.240	0.000
个人特质	很少请教	有时请教	-0.149	0.010
		经常请教	-0.378	0.000
	有时请教	经常请教	-0.229	0.000

上表显示，在教学胜任力总分上，请教教学频率不同的高中教师之间均存在显著差异且均值差均为负。由此可知，高中教师请教教学频率越高其教学胜任力水平越高。

在 4 个一级指标中，教学能力、职业品格和个人特质 3 个指标的表现和教学胜任力总分一致。在知识素养指标中，除很少请教和有时请教的高中教师之间未呈现显著差异，其余各组之间均存在显著差异且均值差均为负。由此可知，高中教师请教频率越高，其知识素养、教学能力、职业品格和个人特质越高。

五 教学研究

(一) 课题级别

表 5-68 承担最高级别课题不同的高中教师在教学胜任力总分与一、二级指标的差异比较

	无	校级	县区级	市级	省级	国家级	F 值	P 值
胜任力总分	4.88	4.83	4.90	4.88	4.91	4.90	0.574	0.720
知识素养	4.88	4.85	4.88	4.82	4.94	4.95	1.117	0.350
教育知识	5.03	4.98	5.00	4.96	5.05	5.12	0.830	0.529
学科知识	5.05	5.15	5.08	5.07	5.19	5.14	1.755	0.119
通识知识	4.40	4.29	4.44	4.29	4.45	4.43	1.331	0.248
教学能力	5.02	5.01	5.07	5.04	5.09	5.09	0.906	0.476
教学设计	5.01	5.02	5.10	5.02	5.08	5.09	0.948	0.449
教学实施	5.01	4.97	5.04	5.02	5.08	5.05	1.007	0.413
教学探索	5.07	5.08	5.09	5.12	5.13	5.17	0.858	0.509
职业品格	4.80	4.74	4.83	4.83	4.82	4.81	0.568	0.724
职业态度	5.04	5.00	5.10	5.10	5.07	5.07	0.744	0.590
职业情感	4.13	4.13	4.24	4.15	4.12	4.21	1.284	0.268
职业追求	5.11	4.99	5.04	5.13	5.14	5.05	1.302	0.262
个人特质	4.8	4.73	4.82	4.81	4.81	4.77	0.661	0.653
自我特性	4.61	4.59	4.67	4.60	4.63	4.54	0.468	0.800
人际特征	4.97	4.84	4.93	4.97	4.95	4.95	1.538	0.175

将教学胜任力总分和各一、二级指标作为因变量，高中教师承担最高课题情况作为自变量进行单因素方差分析后，得到表 5-68。从中可知，教学胜任力总分及各一、二级指标和承担最高课题不同的高中教师之间均不存在显著差异。

(二) 研究成果

图 5-14 为高中教师研究成果发表情况的统计。从中可知，有 571 位高中教师没有发表（或出版）成果；有 708 位高中教师发表（出版）1—2 篇（部）；有 434 位高中教师发表（出版）3—4 篇（部）；有 283 位高中教师发表（出版）5 篇（部）及以上。

将教学胜任力总分和各一、二级指标作为因变量，高中教师研究成果

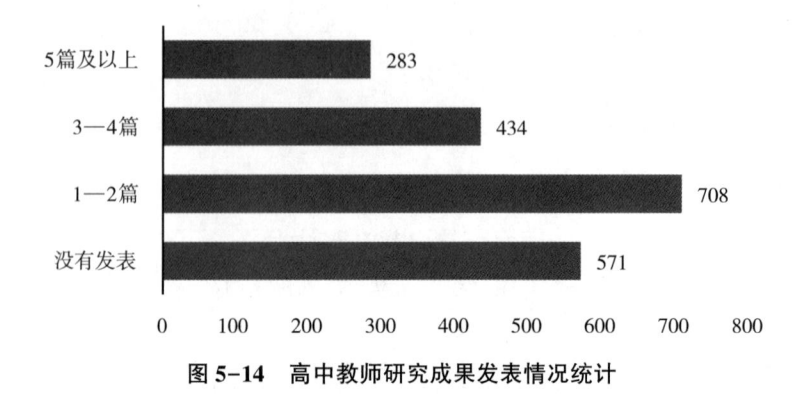

```
     5篇及以上  ████████ 283
        3—4篇  ████████████ 434
        1—2篇  ████████████████████ 708
        没有发表 ████████████████ 571
              0   100  200  300  400  500  600  700  800
```

图 5-14　高中教师研究成果发表情况统计

发表情况作为自变量进行单因素方差分析后，得到表 5-69。

表 5-69　　不同发表（或出版）研究成果高中教师在胜任力
　　　　　总分与一、二级指标的差异比较

	没有发表（出版）	1—2篇（部）	3—4篇（部）	5篇（部）及以上	F值	P值
胜任力总分	4.76	4.8	4.92	5.09	23.659	0.000
知识素养	4.69	4.91	4.96	5.10	23.224	0.000
教育知识	4.83	5.06	5.12	5.20	15.305	0.000
学科知识	4.84	5.13	5.19	5.38	32.009	0.000
通识知识	4.25	4.39	4.41	4.63	9.975	0.000
教学能力	4.88	5.04	5.10	5.29	30.910	0.000
教学设计	4.87	5.04	5.10	5.27	27.155	0.000
教学实施	4.88	5.03	5.07	5.26	24.270	0.000
教学探索	4.91	5.08	5.17	5.40	31.818	0.000
职业品格	4.75	4.78	4.82	4.99	13.572	0.000
职业态度	4.94	5.04	5.11	5.27	17.468	0.000
职业情感	4.11	4.13	4.11	4.30	8.143	0.000
职业追求	5.07	5.06	5.10	5.27	6.829	0.000
个人特质	4.74	4.79	4.79	4.97	10.082	0.000
自我特性	4.53	4.59	4.60	4.83	10.306	0.000
人际特征	4.91	4.94	4.93	5.08	6.021	0.000

上表显示，教学胜任力总分及各一、二级指标和发表（或出版）的教学研究成果不同的高中教师之间存在显著差异（P值均等于 $0.000<0.001$）。

为进一步了解发表（或出版）的教学研究成果不同的高中教师教学胜任力的差异，我们事后进行了 LSD 多重比较。

表 5-70　不同发表（或出版）研究成果教师在胜任力
总分及一级指标上的多重比较（LSD）

因变量	成果发表数（I）	成果发表数（J）	均值差（I-J）	显著性
胜任力总分	没有发表（出版）	1—2篇（部）	-0.115	0.001
		3—4篇（部）	-0.152	0.000
		5篇（部）及以上	-0.323	0.000
	1—2篇（部）	3—4篇（部）	-0.037	0.819
		5篇（部）及以上	-0.209	0.000
	3—4篇（部）	5篇（部）以上	-0.172	0.000
知识素养	没有发表（出版）	1—2篇（部）	-0.220	0.000
		3—4篇（部）	-0.274	0.000
		5篇（部）及以上	-0.415	0.000
	1—2篇（部）	3—4篇（部）	-0.054	0.753
		5篇（部）及以上	-0.195	0.001
	3—4篇（部）	5篇（部）及以上	-0.141	0.055
教学能力	没有发表（出版）	1—2篇（部）	-0.160	0.000
		3—4篇（部）	-0.217	0.000
		5篇（部）及以上	-0.407	0.000
	1—2篇（部）	3—4篇（部）	-0.058	0.496
		5篇（部）及以上	-0.247	0.000
	3—4篇（部）	5篇（部）及以上	-0.189	0.000
职业品格	没有发表（出版）	1—2篇（部）	-0.033	0.752
		3—4篇（部）	-0.069	0.255
		5篇（部）及以上	-0.240	0.000
	1—2篇（部）	3—4篇（部）	-0.036	0.754
		5篇（部）及以上	-0.207	0.000
	3—4篇（部）	5篇（部）及以上	-0.171	0.001
个人特质	没有发表（出版）	1—2篇（部）	-0.046	0.594
		3—4篇（部）	-0.046	0.690
		5篇（部）及以上	-0.231	0.000
	1—2篇（部）	3—4篇（部）	0.000	1.000
		5篇（部）及以上	-0.185	0.000
	3—4篇（部）	5篇（部）及以上	-0.185	0.001

上表显示，在教学胜任力总分及各一级指标上，除发表（出版）1—2篇（部）与发表（出版）3—4篇（部）的高中教师之间未呈现显著差异，其余各组之间均存在显著差异且均值差均为负。由此可知，发表（或出版）教学研究成果的高中教师其教学胜任力水平高于没有发表（出版）的高中教师。而发表（出版）成果的高中教师中，成果越多，其教学胜任力水平以及知识素养、教学能力、职业品格和个人特质越高。

六 教学压力

图 5-15 为高中教师教学压力情况的统计。从中可知，有 93 位高中教师感到没有压力；有 697 位高中教师感到压力较少；有 967 位高中教师感到压力较大；有 239 位高中教师感到压力很大。

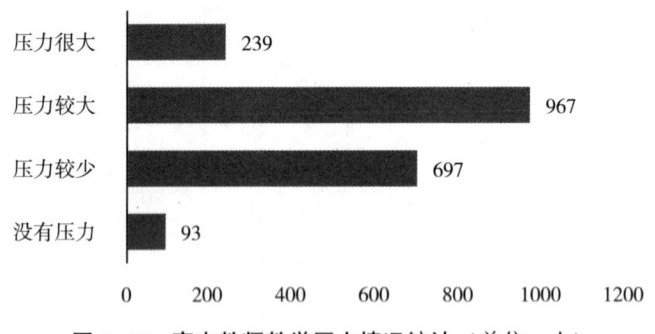

图 5-15 高中教师教学压力情况统计（单位：人）

将教学胜任力总分和各一、二级指标作为因变量，有教学压力的高中教师作为自变量进行单因素方差分析后，得到表 5-71。

表 5-71 显示，教学压力不同的高中教师在教学胜任力总分上不存在显著差异（P 值等于 $0.561>0.05$）。在 4 个一级指标中，教学压力不同的高中教师仅在个人特质上存在显著差异（P 值等于 $0.025<0.05$）。从均值看，压力越大的高中教师的个人特质得分越低。在 11 个二级指标中，教学压力不同的高中教师在教学设计、教学探索、职业态度、职业情感和自我特性 5 个指标中存在显著差异。

表 5-71　　教学压力不同的高中教师在教学胜任力总分与一、二级指标的差异比较

	压力较少	压力较大	压力很大	F 值	P 值
胜任力总分	4.86	4.89	4.85	0.564	0.561
知识素养	4.86	4.87	4.89	0.209	0.811
教育知识	4.99	5.03	5.03	0.365	0.695
学科知识	5.06	5.08	5.10	0.262	0.754
通识知识	4.39	4.36	4.41	0.290	0.736
教学能力	4.99	5.05	5.09	2.610	0.058
教学设计	4.97	5.05	5.12	5.201	0.004
教学实施	4.99	5.03	5.02	0.590	0.570
教学探索	5.03	5.09	5.23	6.263	0.001
职业品格	4.79	4.83	4.74	2.468	0.063
职业态度	4.99	5.07	5.11	3.789	0.018
职业情感	4.18	4.14	4.00	7.062	0.000
职业追求	5.08	5.14	4.99	4.431	0.006
个人特质	4.81	4.80	4.69	3.691	0.025
自我特性	4.68	4.58	4.36	14.902	0.000
人际特征	4.91	4.96	4.96	2.110	0.117

为进一步了解不同教学压力的高中教师教学胜任力的差异，我们事后进行了 LSD 多重比较。

表 5-72 显示，在教学胜任力总分上，教学压力不同的高中教师之间不存在显著差异（P 值等于 0.735>0.05）。

在 4 个一级指标中，仅在个人特质指标上，不同教学压力的高中教师之间存在显著差异且均值差均为正值。这表明压力越大的高中教师，其个人特质水平越低。

表 5-72　教学压力不同的高中教师在胜任力总分和一级指标上的多重比较（LSD）

因变量	教学压力（I）	教学压力（J）	均值差（I-J）	显著性
胜任力总分	压力较少	压力较大	-0.024	0.735
		压力很大	0.007	0.998
	压力较大	压力很大	0.032	0.838
知识素养	压力较少	压力较大	-0.016	0.913
		压力很大	-0.034	0.829
	压力较大	压力很大	-0.018	0.943
教学能力	压力较少	压力较大	-0.055	0.189
		压力很大	-0.100	0.165
	压力较大	压力很大	-0.045	0.759
职业品格	压力较少	压力较大	-0.039	0.370
		压力很大	0.046	0.657
	压力较大	压力很大	0.085	0.140
个人特质	压力较少	压力较大	0.011	0.930
		压力很大	0.116	0.032
	压力较大	压力很大	0.105	0.048

第四节　结论与建议

前文论述了高中教师教学胜任力的现状，并从不同角度分析了影响高中教师教学胜任力的因素。本节将在前文的基础上进行概括和总结，并针对高中教师教学胜任力存在的问题提出相应的对策建议。

一　基本结论

（一）高中教师教学胜任力整体处于良好水平但存在不足

从教学胜任力总分的平均值看，教学胜任力总分得分为 4.88 分，按照量表等级水平，接近"比较符合"的水平。

从 4 个一级指标的平均值看，4 个指标的得分均高于 4 分，按照量表等级水平，均接近"比较符合"的水平。其中教学能力（M=5.04）的平均值最高，超过"比较符合"的水平。接下来依次为知识素养（M=4.88）、职业品格（M=4.81）和个人特质（M=4.80），均接近"比较符合"的水平。表明江西省高中教师在教学能力上表现较好，其他方面则有待提高。

从11个二级指标的平均值看，11个指标的得分均高于4分，按照量表等级水平，均达到"有点符合"的水平。其中有教育知识（M=5.03）、学科知识（M=5.09）、教学设计（M=5.04）、教学实施（M=5.03）、教学探索（M=5.10）、职业态度（M=5.06）和职业追求（M=5.10）7个指标平均分超过5分，达到"比较符合"的水平，表明高中教师在这7方面的表现较好。而人际特征（M=4.95）、自我特性（M=4.61）、通识知识（M=4.39）和职业情感（M=4.14）平均值均未到5分，只是处于"有点符合"的水平。表明江西省高中教师在人际特征、自我特性、通识知识和职业情感方面有待提升。

从50个三级指标的平均值看，有32个指标平均值超过5分，按照量表等级水平来看，达到"比较符合"的水平。有16个指标平均值在4—5分之间，按照量表等级水平来看，达到"有点符合"的水平。但有适应性和待遇认同两个指标平均值在4分以下，得分相对较低。表明江西省高中教师的适应性和待遇认同有待提升。

综上所述，江西省高中教师在教学胜任力总分以及各一、二级指标上的表现基本达到"有点符合"或者"比较符合"的水平。由此可得，江西省高中教师教学胜任力整体处于良好水平但存在不足。

（二）不同的高中教师教学胜任力之间存在差异

本研究探讨了不同地区、学校性质、性别、年龄、教龄、编制、学历、职称、任教课程、任教年级、周课时量、任班主任情况和获表彰情况的高中教师教学胜任力水平之间的差异，根据调查的结果可得出以下结论：

从地区看，江西省11个设市区的高中教师在教学胜任力总分上得分排名由高到低分别是：抚州、吉安、新余、景德镇、宜春、九江、赣州、萍乡、上饶、南昌和鹰潭。

从年龄看，年龄在50岁之前的高中教师，其教学胜任力水平随年龄的增长而有显著的提高。50岁之后的高中教师教学胜任力水平虽然与41—50岁的高中教师之间不存在显著性差异，但明显高于40岁之前的高中教师。这表明高中教师的教学胜任力水平会随着年龄的增长而提高。

从教龄看，教龄在30年及以下的高中教师，其教学胜任力水平随教龄的增长而有显著的提高；教龄在30年以上的高中教师教学胜任力水平虽然与教龄在20年以上30年及以下的高中教师之间不存在显著性差异，但明显高于20年及以下的高中教师。这表明高中教师的教学胜任力水平会随着教龄的增长而提高。

从编制状况看，获得国家教师编制的高中教师，其教学胜任力水平、知识素养、教学能力、职业品格和个人特质均高于未获得国家教师编制的高中教师。

从学历看，本科学历高中教师教学胜任力水平高于大专和硕士学历高中教师。第一学历为师范类的高中教师，其教学胜任力水平、知识素养、教学能力、职业品格和个人特质均优于第一学历为非师范类的高中教师。

从职称看，职称在中教三级以上的高中教师，职称越高其教学胜任力水平越高。

从周课时量看，周课时量在11—15节的高中教师在教学胜任力总分上得分最高，其教学胜任力水平表现最好。

从获表彰情况看，获最高表彰为县（区）级以上的高中教师教学胜任力水平高于未获表彰的高中教师。在获表彰的高中教师中，获最高表彰为市级以上的高中教师的教学胜任力水平高于获最高表彰为校级的高中教师。

而不同性别、任教学校性质（公私）、不同任教课程、任教年级和是否任班主任对高中教师教学胜任力不产生显著影响。

（三）多种因素影响高中教师的教学胜任力

本研究从教研组织、教师培训、文献阅读、教学借鉴、教学研究及教学压力这六个因素探讨对高中教师教学胜任力水平的影响，根据调查的结果可得出以下结论：

从教研组织看，高中教师所在学校教研组织开展的教研活动越多，高中教师参加教研活动次数越多，高中教师对教研组织活动评价越高，其教学胜任力水平也越高。

从教师培训看，对高中教师开展的培训越多，高中教师参与教师培训频率越高，对教师培训的评价越高，其教学胜任力水平也越高。

从文献阅读看，高中教师阅读文献频率越高，高中教师的藏书量和报刊订阅量越多，其教学胜任力水平也越高。

从教学借鉴看，观摩教学频率越高的高中教师，其教学胜任力水平也越高。向其他教师请教频率越高的高中教师，其教学胜任力水平越高。

从教学研究看，发表（含出版）教学研究成果的高中教师，其教学胜任力水平高于没有发表（含出版）教学研究成果的高中教师。而在发表成果的高中教师中，成果越多，其教学胜任力水平越高。

而承担最高级别课题和教学压力对高中教师教学胜任力不产生显著影响。

二 主要建议

（一）开展形式多样的教研活动

调查结果表明，高中教师所在学校教研组织开展的教研活动越多，高中教师参加教研活动次数越多，对教研组织活动评价越高，其教学胜任力水平也越高。开展教研活动的主要目的是为了解决在当前教育教学中出现的各种实际问题。因此，学校不仅要积极开展教研活动，更要鼓励高中教师积极投入到学校组织的教研活动中。

为了吸引教师的积极参与，学校应当开展形式多样的教研活动。有效的教研活动形式有：（1）评课式。教师通过讲解一堂课来展示自己的教学水平。其他听课教师对这堂课进行点评，现场指出这堂课的优缺点并针对缺点提出相应的改进意见。（2）说课式。教师对某一课进行现场说课，其他教师对说课的内容进行补充和完善，在教研活动中形成一个完善的教学设计方案。（3）经验交流式。安排有经验的教师分享教学经验和教学方法，其他教师进行补充和完善。通过教研活动互相交流与学习，帮助教师形成最优化的教学方法。（4）研究成果分享式。调查结果表明发表（含出版）教学研究成果的高中教师，其教学胜任力水平要高于没有发表的高中教师。因此，鼓励教师按照自己的兴趣选择合适的课题进行研究，在教研活动过程中分享自己的研究成果。不仅如此，教研活动的开展还需要从高中教师现有的问题出发，重在解决高中教师在教学中存在的困惑。只有这样才能有助于高中教师教学胜任力水平的提升。

(二) 改善高中教师的培训方式

调查结果表明，对高中教师开展的培训越多，高中教师参与频率越高，对教师培训的评价越高，其教学胜任力水平越高。由此可以看出，让高中教师有机会参与到培训中，不仅可以弥补职前教育不能顾及的地方，同时也可以通过职后培训促进教师的专业发展，提升高中教师的教学胜任力水平。

因此，如何去改善高中教师的培训方式应当是学校关注的重点所在。首先，在高等院校和进修单位等培训机构给出的培训名额有限的情况下，应当尽量使各年级、各学科的高中教师参与培训的机会均等。其次，培训机构所设计的培训内容应当根据不同阶段、不同学科的教师，设计出不同的、有针对性地培训课程，使培训的内容更能够吸引高中教师的兴趣。再次，培训的方式也应当多样化。可以通过采取专题讲座、专家研讨、现场观摩以及线上学习等形式对高中教师进行培训。最后，对教师培训机构也应当进行定期的评估，以便不断提高其教师培训的水平。

(三) 激发高中教师的学习意识

本次调查结果显示：高中教师阅读书籍和报刊的频率越高，其教学胜任力水平也越高。作为一名高中教师要履行传道、授业、解惑的职责就需要掌握合理的专业知识结构。教师的专业知识结构是教师所必备的核心素养，更是影响教师胜任力水平的重要因素。

合理的专业知识结构主要包括精深的学科专业知识、丰富的教育理论知识以及广博的文化科学知识。要想掌握合理的专业知识结构，仅仅靠职前教育是远远不够的。在信息化的时代，由于知识的剧增以及知识更新的速度不断加快，要求教师也不断更新自身的知识体系。除此以外，《中国教育现代化2035》中也指出要夯实教师专业发展体系，推动教师终身学习和专业自主发展。因此，要求高中教师要有终身学习的意识，要在不断的学习过程中丰富自己的学识。只有通过长期的学习，教师才能不断扩充自身的知识储备，才能成为专家型教师。因此，要充分激发高中教师的学习意识，高中教师只有通过长期的努力达到自发学习，才有可能成为高胜任力水平的教师。

(四) 增强高中教师待遇认同感

本次调查结果显示：在50个三级指标中得分最低的是待遇认同（M =

1.86)。有92.6%的高中教师认为现在高中教师的社会地位偏低；有90.6%的高中教师认为经济待遇与自己在工作上付出的劳动相比差距很大。同时，有16.9%的高中教师认为经济待遇低是影响其教学水平提高的三大因素之一。可见，高中教师的待遇认同感有待提高。为了提升教师的待遇，《国务院办公厅关于进一步调整优化结构提高教育经费使用效益的意见》提出了以下建议：优先保障中小学教职工工资发放，推动落实城乡统一的中小学教职工编制标准；严格规范教师编制管理，加快符合条件的非在编教师的入编进度，并实行同工同酬；健全中小学教师工资长效联动机制，核定绩效工资总量时统筹考虑当地公务员工资收入水平，实现与当地公务员工资收入同步调整，确保中小学教师平均工资收入水平不低于或高于当地公务员平均工资收入水平。同时，教育部还指出2020年把义务教育教师平均工资收入水平不低于当地公务员作为督导检查的重点。

（五）关注高中教师的心理健康

心理健康的基本标准是：身体、智力、情绪十分协调；适应环境，人际关系良好；有幸福感等。而本次调查结果显示：三级指标中的适应性（M=3.48）得分较低。有53.5%的高中教师面对新的环境或面临新的任务时，总是感到紧张不安；甚至有30.1%的高中教师在日常生活中经常感到焦虑，老是抱怨或动不动就发怒。由此可以看出高中教师的适应性有待提高。

因此，高中教师的心理健康问题也应受到高度重视。首先，教师在日常生活和工作中要保持良好的心态，积极、从容地面对各种困难和问题，增强自身的心理素质。其次，学校应当注重加强教师心理健康教育工作。例如：定期组织教师进行心理健康测验、举办有关心理健康的讲座或设立教师心理咨询室。同时，也要为教师创设一个良好的工作环境，在校园内营造师生和谐、互帮互助的良好氛围。

附录 中小学教师教学胜任力调查问卷

尊敬的老师：

您好！

这是一份关于中小学教师教学胜任力的调查问卷。问卷共分三部分，第一部分是有关您个人的基本信息，第二部分是教师行为自评项目，第三部分是工作情况的调查。问卷内容仅供研究之用，无需填写姓名，答案无对错之分，请您不要有任何顾虑。注意不要漏答。衷心感谢您的支持和帮助！

填写说明：请您在横线上填写内容或在符合您实际情况或想法的选项上画"√"（如无特殊说明均为单选）

第一部分

1. 贵校所在地是：_____市_____县（区）_____乡（镇）_____村

2. 贵校的性质是：

    （1）公办学校　　　　　　（2）民办学校

3. 您的性别是：

    （1）男　　　　　　　　　（2）女

4. 您的年龄是：_____岁

5. 您的教龄是：_____年

6. 您是否已获得国家教师编制：

    （1）是　　　　　　　　　（2）否

7. 您的学历是：

    （1）高中（或中专）　　　（2）大专　　　　　　（3）本科

（4）硕士　　　　　　　（5）博士　　　　　　　（6）其他

8. 您的第一学历属于：

（1）师范类　　　　　　（2）非师范类

9. 您的第一学历所学的专业是：_____

10. 您的职称是：

（1）没评职称　　　　　（2）小教三级　　　　　（3）小教二级

（4）小教一级　　　　　（5）小教高级　　　　　（6）中教三级

（7）中教二级　　　　　（8）中教一级　　　　　（9）中教高级

11. 您任教的主要课程是：

（1）语文　　　　　　　（2）数学　　　　　　　（3）外语

（4）物理　　　　　　　（5）化学　　　　　　　（6）历史

（7）地理　　　　　　　（8）思品　　　　　　　（9）政治

（10）音乐　　　　　　（11）美术　　　　　　（12）体育

（13）科学　　　　　　（14）信息技术　　　　（15）劳动技术

（16）心理健康　　　　（17）综合实践活动　　（18）其他

12. 您兼教的课程有：_____

13. 您现在任教的年级是（可多选）：

（1）一年级　　　　　　（2）二年级　　　　　　（3）三年级

（4）四年级　　　　　　（5）五年级　　　　　　（6）六年级

（7）七年级　　　　　　（8）八年级　　　　　　（9）九年级

（10）高一年级　　　　（11）高二年级　　　　（12）高三年级

14. 您平均每周授课：

（1）10 节及以下　　　（2）11—15 节　　　　（3）16—20 节

（4）21 节及以上

15. 您是否担任了班主任？

（1）是　　　　　　　　（2）否

16. 您受过什么表彰？（可多选）

（1）无　　　　　　　　（2）校级　　　　　　　（3）县（区）级

（4）市级　　　　　　　（5）省级　　　　　　　（6）国家级

第二部分

说明：本部分是教师行为项目。左列是对教师行为的描述，右列为1—6个等级水平。请您参照左列的行为描述，对自己工作中的实际表现与它的符合程度做出评价，并在相应的数字上画"○"。各个数字代表的意思为：

1 表示"极不符合"，2 表示"较不符合"，3 表示"有点不符合"
4 表示"有点符合"，5 表示"比较符合"，6 表示"完全符合"

1	我没有系统学过教育科学（含教育学、心理学等）。	1 2 3 4 5 6
2	我的教育理论知识很贫乏，对许多教育现象与问题无法理解。	1 2 3 4 5 6
3	我对所教学科的课程标准很熟悉。	1 2 3 4 5 6
4	我掌握了所教学科课程资源开发的主要方法与策略。	1 2 3 4 5 6
5	我对自己所教的学科的内容掌握得很全面、很扎实。	1 2 3 4 5 6
6	我了解自己所教学科的新进展和新动态。	1 2 3 4 5 6
7	我的人文社会科学知识很丰富。	1 2 3 4 5 6
8	我对自然科学方面的知识了解很少。	1 2 3 4 5 6
9	对于每节课应当帮助学生学会什么，我在课前都做到心中有数。	1 2 3 4 5 6
10	我对我所教的学生的学习情况了如指掌。	1 2 3 4 5 6
11	如果我所教的学生学习成绩下降了，我能及时分析并找出原因。	1 2 3 4 5 6
12	我在上课前会预测学生可能出现的问题，以免上课时措手不及。	1 2 3 4 5 6
13	我经常利用各种渠道收集信息和资料并合理地运用到教学中。	1 2 3 4 5 6
14	在备课时我会对教学的内容进行全面的思考和周密的安排。	1 2 3 4 5 6
15	为了提高教学效果，我在教学中会灵活采用多种教学方法。	1 2 3 4 5 6
16	我给学生布置作业时强调反复练习，要求学生尽量多做题目。	1 2 3 4 5 6
17	我能针对学生的不同特点采取差异化的教学方式。	1 2 3 4 5 6
18	我能从容地应对教学中出现的各种情况和问题。	1 2 3 4 5 6
19	我会根据学生的反应及时地调整自己的教学内容和进度。	1 2 3 4 5 6

续表

20	我总是能营造出学生主动积极参与的课堂氛围。	1 2 3 4 5 6
21	我在教学中语言表达清晰流畅、简明扼要。	1 2 3 4 5 6
22	我能充分发挥肢体语言和表情的教学功能。	1 2 3 4 5 6
23	我在教学中能熟练地操作各种实验器材或各类教具。	1 2 3 4 5 6
24	我熟悉现代教育技术,并且经常在教学中使用。	1 2 3 4 5 6
25	为了启发学生思考,我经常使用提问、重复、强调等策略。	1 2 3 4 5 6
26	我在教学中能有效地鼓励学生积极思考和发表见解。	1 2 3 4 5 6
27	我不希望学生在课堂上提问,因为它会打断我的教学计划。	1 2 3 4 5 6
28	我在教学上没有自主权,一切都是听从学校或上级的安排。	1 2 3 4 5 6
29	我会全面评价学生的学业,而不只是看他们的考试成绩。	1 2 3 4 5 6
30	我会及时向学生提供反馈信息,使他们能准确地进行自我评估。	1 2 3 4 5 6
31	如果在教学上遇到难题,我会千方百计想各种办法解决。	1 2 3 4 5 6
32	我经常在课后分析自己的教学效果,总结教学心得体会。	1 2 3 4 5 6
33	我经常研究教学中的问题,努力探索教学的规律。	1 2 3 4 5 6
34	我在教学上从不固守常规,总是想办法改革和创新。	1 2 3 4 5 6
35	我不断尝试改进教学策略,让班上不同类型的学生都能学好。	1 2 3 4 5 6
36	我对教学工作总是恪尽职守,从不懈怠。	1 2 3 4 5 6
37	如果没有教好学生,我会感到内疚或自责。	1 2 3 4 5 6
38	为了提高教学水平,我积极参加各种培训与交流活动。	1 2 3 4 5 6
39	我乐意接受具有挑战性的工作任务。	1 2 3 4 5 6
40	我在工作中总是不断地学习新的知识和技能。	1 2 3 4 5 6
41	我时间观念很强,按时上下课,从来不会拖堂和抢课。	1 2 3 4 5 6
42	我在教学中从不使用"可能"、"也许"、"大概"这类模糊的词语。	1 2 3 4 5 6
43	在批改学生作业时即使是一个错别字,我也会向学生指出来。	1 2 3 4 5 6
44	我对学生感情深厚,学生们喜欢和我在一起。	1 2 3 4 5 6
45	当学生遇到问题的时候,他们都愿意和我交流。	1 2 3 4 5 6
46	我对教学充满热情,从未想过要放弃教师工作。	1 2 3 4 5 6
47	我喜欢现在所教的课程。	1 2 3 4 5 6
48	我认为现在中小学教师的社会地位偏低。	1 2 3 4 5 6
49	我的经济待遇与我在工作上付出的劳动相比差距很大。	1 2 3 4 5 6
50	我对所在学校有很深的感情,从未想过调到其他单位工作。	1 2 3 4 5 6
51	我认为教师工作没有什么创造性,只要按部就班就行。	1 2 3 4 5 6

续表

52	教学工作是一种重复性的劳动，没有必要进行职业规划。	1 2 3 4 5 6
53	我期望并争取做一个受学生尊敬和喜爱的教师。	1 2 3 4 5 6
54	我要努力成为一个专家型的教师。	1 2 3 4 5 6
55	我相信自己能够教好学生。	1 2 3 4 5 6
56	我坚信教师在学生的成长和发展中可以发挥重要的作用。	1 2 3 4 5 6
57	在我看来，对于差生来说教师再努力去教也没有用。	1 2 3 4 5 6
58	教学不但能促进学生的发展，也能使我自身不断完善。	1 2 3 4 5 6
59	我在帮助和促进学生的发展中总是体验到快乐和幸福。	1 2 3 4 5 6
60	当我面对新的环境或面临新的任务时，总是感到紧张不安。	1 2 3 4 5 6
61	当我工作不顺利时会努力克服困难和障碍，不会轻易放弃。	1 2 3 4 5 6
62	我的工作和生活总是计划周密、有条不紊。	1 2 3 4 5 6
63	我在工作中从不怀疑自己的能力，总是充满自信。	1 2 3 4 5 6
64	我是一个幽默风趣的人。	1 2 3 4 5 6
65	我无论遇到什么问题总是谨慎分析，不会盲目轻信。	1 2 3 4 5 6
66	我在日常生活中经常感到焦虑，老是抱怨或动不动就发怒。	1 2 3 4 5 6
67	我在工作之余不是看电视就是上网聊天或玩游戏。	1 2 3 4 5 6
68	我经常感到提不起精神，做什么事都没有兴趣。	1 2 3 4 5 6
69	我不喜欢体育运动，从来不参加身体锻炼。	1 2 3 4 5 6
70	我每天都感到很累，总是觉得精疲力竭。	1 2 3 4 5 6
71	在做出与学生有关的决定时，教师应当听取学生的意见和想法。	1 2 3 4 5 6
72	在批评和处罚学生时，教师应当听取他们的意见和辩解。	1 2 3 4 5 6
73	班级的事情应尽量让学生自主处理，教师没有必要什么都管。	1 2 3 4 5 6
74	我认为不管在什么情况下学生都应当服从老师的权威。	1 2 3 4 5 6
75	如果学生不听话，我赞成对他们实行体罚。	1 2 3 4 5 6
76	在我的职业生涯中从未对学生实施体罚或变相体罚。	1 2 3 4 5 6
77	我能公平公正地对待所有的同事和学生。	1 2 3 4 5 6
78	我会虚心听取别人提出的批评意见。	1 2 3 4 5 6
79	我会原谅别人的缺点或过错。	1 2 3 4 5 6
80	我在工作中与同事的关系非常融洽、心情舒畅。	1 2 3 4 5 6
81	我能妥善处理与领导之间的关系。	1 2 3 4 5 6
82	我能妥善处理与学生之间的关系。	1 2 3 4 5 6
83	我在工作中乐意并善于与别人开展合作。	1 2 3 4 5 6
84	我经常就教学上的问题与同事一起讨论和切磋。	1 2 3 4 5 6

第三部分

1. 您所在学校的教研组织情况如何？

①没有建立教研组织　　　　②有教研组织但从未开展活动

③有教研组织只偶尔开展活动　④有教研组织且经常开展活动

2. （注：如没有教研组织就不答此题）您所在教研组会组织教师开展教研活动吗？

①从未组织　②很少组织　③有时组织　④经常组织

3. （注：如从未组织就不答此题）您会参加教研组开展的教研活动吗？

①从不参加　②参加较少　③参加较多　④经常参加

4. （注：如从未组织就不答此题）您对所在教研组的教研活动的评价是：

①没有效果　②效果较小　③效果较好　④效果显著

5. 您所在学校对教师开展了培训吗？

①从未开展　②开展较少　③开展较多　④经常开展

6. （注：如从未开展就不答此题）您会参加学校的教师培训吗？

①从不参加　②参加较少　③参加较多　④经常参加

7. （注：如从未开展就不答此题）您对学校教师培训的评价是：

①没有收获　②收获较小　③收获较大　④收获很大

8. 您对自己的教学效果与质量满意吗？

①很不满意　②不太满意　③比较满意　④非常满意

9. 您平时阅读教育教学类书籍和报刊吗？

①从不阅读　②阅读较少　③阅读较多　④经常阅读

10. 您平时阅读自然科学类书籍和刊物吗？

①从不阅读　②阅读较少　③阅读较多　④经常阅读

11. 您平时阅读人文社会科学类书籍和报刊吗？

①从不阅读　②阅读较少　③阅读较多　④经常阅读

12. 除教材和教学参考书以外，您有多少藏书？

①10本及以下　②11—50本　③51—100本　④101本及以上

13. 您自己订阅了报纸和杂志吗？

①没有订阅　　②订了 1 种　　③订了 2 种　　④订了 3 种及以上

14. 您在教学方面的压力如何？

①没有压力　　②压力较小　　③压力较大　　④压力很大

15. 您平时会主动观摩其他教师的教学吗？

①从未观摩　　②观摩较少　　③观摩较多　　④经常观摩

16. 您向同事请教过教学问题吗？

①从未请教　　②很少请教　　③有时请教　　④经常请教

17. 您近年来参加了哪些级别的校外在职培训？（可多选）

①县（区）级培训　　　　②市级培训

③省级培训　　　　　　　④国家级培训

18. 您最愿意参加哪个级别的校外在职培训？

①县（区）级培训　　　　②市级培训

③省级培训　　　　　　　④国家级培训

19. 您承担了什么级别的研究课题？（注：本题可以多选）

①没有承担课题　　　　　②校级课题

③县（区）级课题　　　　④市级课题

⑤省级课题　　　　　　　⑥国家级课题

20. 到目前为止，您共发表（含出版）了多少研究成果？

①没有发表　　　　　　　②1—2 篇（部）

③3—4 篇（部）　　　　　④5 篇（部）及以上

21. 某些外在因素可能会制约您提高教学水平，请指出影响最大的三个因素：

①教学任务重　　　　　　②教学条件差

③经济待遇低　　　　　　④家庭负担重

⑤学校不重视　　　　　　⑥学生学风差

⑦教学评价不合理　　　　⑧杂事太多

⑨家长不配合　　　　　　⑩进修机会少

⑪应试教育倾向　　　　　⑫其他

22. 您认为自己哪一个方面的素质最需要提高？

①教育理论　　②教学能力　　③专业知识　　④通识知识

⑤职业精神　　⑥心理素质　　⑦身体素质　　⑧其他

后　　记

本书是我主持的江西省社会科学规划重点项目"基于义务教育优质均衡发展视域的乡村教师教学胜任力研究"（17JY01）、江西省教育科学规划重点课题"城乡义务教育一体化视域下乡村教师专业核心素养测评与提升路径研究"（19ZD017）和江西省 2011 协同创新中心招标课题"教师质量模型与测评研究"（JXJSZLA01）的成果。

本人主持编写的《教师胜任力实证研究》一书于 2019 年由中国社会科学出版社出版。该书对江西省的小学教师、初中教师、高校教师和高校硕士生导师进行实证研究。

本书仍然以江西省的教师为对象，从教学胜任力的视角对小学语文教师、小学数学教师、中小学英语教师、乡村教师和高中教师进行实证研究。在研究中，我们将理论研究与实证分析相结合、定性研究与定量研究相结合，在深入调研的基础上系统地分析了该省小学语文教师、小学数学教师、中小学英语教师、乡村教师和高中教师教学胜任力的现状、存在的问题及其影响因素，并在此基础上提出了提升该省上述教师教学胜任力的对策建议。

本书是课题研究的成果，本人在研究中主要负责课题研究的组织策划、中小学教师教学胜任力模型的构建、调查问卷的编制及书稿的修改与完善。各章的具体执笔者如下：涂恬（第一章）、谢玲义（第二章）、王淑芳（第三章）、康琼（第四章）、黄瑶（第五章）。

本研究得到何小忠、叶宝娟、谢美华等同志的热情帮助，在此表示诚挚的谢意！

书中存在的不足和问题，敬请读者批评指正！

何齐宗于凯美怡和寓所
2020 年 3 月